朝鮮後期 地方軍制史

金 友 哲

景仁文化社

머 리 말

책의 출판을 앞두고 몇 자 적어내려니 우선 부끄러운 마음을 숨길 수 없다. 이 책은 지은이의 학위논문을 바탕으로 만들어진 것이다. 천신만고 끝에 어렵사리 논문이 통과된 직후에는 부족한 논문을 대폭 수정해서 내야겠다고 다짐했지만, 시간이 흘러가면서 잔꾀만 늘어 결국은 얼렁뚱땅 던져버리듯이 출판에까지 이르게 되었다. 본래 재주도 신통치 않은데다가 게으름까지 천성이라, 대단한 작품을 선보이리라는 생각은 애당초 꿈도 꾸지 않았다. 다만 처음으로 내는 책인지라 꼼꼼하게는 살펴본 뒤에 낼 작정이었는데, 결과를 놓고 보니 그마저도 지켜지지 못한 것 같다.

처음 대학원에 들어와서 가졌던 관심은 전통사회의 役, 특히 軍役 문제였다. 석사과정 때에는 조선후기의 軍役을 주제로 하여 공부도 하고 논문도 제출을 했지만, 내내 해결되지 않는 문제가 있었다. 바로 조선후기의 연대기 자료나 각종 통계 자료 등에서 발견되는 수많은 兵種과 관련한 것이었다. 그러한 많은 兵種들이 어디에 소속되어 있으며, 어떠한 역할을 수행했는지 등등 기본적인 문제에 대해서 너무도 모르는 것이 많았다. 軍役에서 시작한 관심이 軍制로 옮겨진 것은 기초부터 시작하자는 소박한 마음에서였다.

조선시대의 군사제도에 대해서는 이미 몇몇 先學들이 선구적인 업적을 내놓고 계셨고 그것이 지은이에게는 절대적인 도움이 되었다. 그런데 그 동안의 연구는 거의 모두 중앙군제에 편중되어 있었다. 지방군제에 대해서는 그 핵심이라 할 束伍軍에 대해서도 충분한 설명이 되고 있지 않았다. 박사논문의 주제를 속오군으로 정한 것은 그러한 이유에서였다.

연구를 진행하면서 속오군의 독특한 특성인 '兼役'의 문제에 주목하게 되었고, 아울러 '操鍊'의 내용이 달라지는 문제에도 관심이 두어졌다. 그리고 이 두 가지 문제는 서로 밀접한 관련을 맺고 있다는 사실도 확인할 수 있었다. 이를 바탕으로 제도의 변화과정을 살펴본다면 논문거리가 될 수 있을 것이라는 생각이 들어 논문을 제출했지만, 분석도 치밀하지 못하고 역사적인 안목도 갖추지 못해 어설프기 짝이 없는 작품이 되고 말았다. 여기서 그쳤으면 몇몇 사람의 비웃음만 사고 말았을 것을 감히 公刊하겠다는 만용까지 부리게 되었다.

선뜻 이 책을 내놓기가 주저되는 것은 지은이의 재주가 만천하에 공개되는 것이 두렵기 때문만은 아니다. 오히려 분에 넘치는 사랑을 베풀어주신 여러 분들의 은혜에 이렇게 실망스럽게 답하게 된 것이 민망하기 때문이다. 거명하는 것조차 누가 될 수도 있겠지만, 그래도 지은이를 여기까지 올 수 있게 만들어 주신 많은 분들에게 드리는 감사의 마음만큼은 진실하다.

석사과정 때부터 지금까지 줄곧 애정을 가지고 지도해주신 趙珖 선생님이 아니었다면 이 나마의 작은 성과도 불가능했을 것이다. 학문으로나 인품으로나 선생님은 언제나 참 스승의 자리에 계셨다. 때로는 엄하게 때로는 자상하게 부족한 제자를 이끌어주신 柳承宙 선생님과 학부 때부터 관심을 갖고 지켜봐 주신 閔賢九 선생님의 은혜도 잊을 수 없다. 독보적으로 조선시대의 軍制史 부분을 개척해 오시면서 연구의 방향을 제시해 주셨던 車文燮 선생, 찬찬히 논문의 문제점을 지적해주시며 격려를 아끼지 않으셨던 鄭萬祚 선생님께도 고마운 마음을 전해 드린다. 모교가 자랑스럽게 기억되는 것은 姜萬吉, 金貞培, 朴龍雲 선생님 등 은사로부터 받은 薰陶 때문이다. 아무 것도 모르던 철없던 시절, 늘 따뜻하게 맞아주시던 金仁煥 선생님을 통해서 인문학에의 열정을 키울 수 있었다.

巽龍精舍의 한켠을 흔쾌히 내주시면서 자료열람과 논문구상에 전념할 수 있도록 배려해주신 汕巖 邊時淵 선생님께는 큰절을 올려야겠다. 몇 해의 방학을 聚鳳堂에서 함께 보내며 서로에게 끊임없는 자극이 된 文勇植, 邊柱承 선배님도 잊을 수 없다. 쉽지 않은 학문의 길을 묵묵히 함께 하고 있는 조선후기사 팀원들과, 살아가면서 늘 힘이 되는 高大新聞 同人들에게도 감사의 말을 전한다.

사회에서 여러 훌륭한 선생님들과 선후배들에게 과분한 대접을 받으며 얼치기 學者로 행세할 수 있게 된 것은 전적으로 가족의 희생 덕이었다. 시골에서 넉넉지도 않은 살림에 서울의 사립대학으로 유학오게 된 것만 해도 염치없는 일인데, 장래도 불투명한 학문의 길에 나선 외아들에게 부모님은 언제나 든든한 후원자이셨다. 불규칙하게 건네지는 알량한 수입만으로 불평없이 살림을 잘 꾸려내는 아내에게는 늘 미안하다. 하루가 다르게 성장해가는 孝貞, 太任 두 딸을 보면서 애써 처진 어깨를 추슬러 본다.

시장성이 없으리라는 것은 불을 보듯 환한 터에, 사명감 하나로 기꺼이 출판을 맡아 주신 경인문화사 한정희 대표께도 감사를 드린다. 여러 가지 사정으로 급하게 간행을 서두르다보니 신학태 님의 노고가 너무 많았다.

2000년 12월
지은이

〈차 례〉

序 論

壬辰・丙子의 兩亂은 조선사회의 각 부분에 있어서 커다란 변화를 수반하였다. 물론 전쟁과 직접적으로 연관되는 군사제도에 있어서도 예외는 아니었다. 中央軍에 5軍營이, 地方軍에 束伍軍이 성립됨으로써 朝鮮前期와는 다른 구조를 갖게된 朝鮮後期의 軍事制度는 그 내용에 있어서도 본질적인 변화의 모습을 보이고 있다. 새로운 武器體系의 채용으로 인한 군사조직 원리의 변화, 給料兵制의 부분적 도입, 賤人들의 軍役 入屬에 의한 신분구성의 변화, 軍役의 부세화에 따른 軍事制度의 虛設化 등이 그 주요한 변화의 내용이 되고 있다. 이에 따라 조선후기 군사제도에 대한 연구도 비교적 활발하게 진행되고 있으나, 그 주제에 있어서는 중앙군 쪽으로 자못 편중된 감이 없지 않았다.[1]

오늘날과는 달리 전통사회에 있어서 軍의 가장 큰 목적은 王을 중

---

1) 朝鮮後期의 군사제도에 대한 연구 성과는 상당히 축적되어 있다. 그 가운데 단행본으로 출간된 것만을 소개하면 다음과 같다. 車文燮, 1973, 『朝鮮時代軍制研究』, 檀大出版部; 1996, 『朝鮮時代 軍事關係 研究』, 檀大出版部; 陸軍士官學校韓國軍事研究室, 1976, 『韓國軍制史－近世朝鮮後期篇』, 陸軍本部; 李泰鎭, 1985, 『朝鮮後期의 政治와 軍營制變遷』, 韓國研究院; 崔孝軾, 1995, 『朝鮮後期 軍制史研究』, 신서원; 徐台源, 1999, 『朝鮮後期 地方軍制研究』, 혜안.

심으로 한 정권의 보위였으며, 따라서 軍制도 中央軍을 중심으로 하였고 地方軍은 상대적으로 소홀하게 취급되었다. 게다가 朝鮮後期 사회가 누리고 있었던 장기간의 평화 또한 外敵에 대한 방비를 주목적으로하는 地方軍의 육성에는 저해요인이 되었다. 이에 따라 연구도 주로 중앙군을 중심으로 진행되었다.

그럼에도 불구하고 조선후기의 지방군제에 대한 연구는 일정한 의의를 지닌다. 전통사회에 있어서의 軍은 그 쓰임새에 따라 크게 '외적의 방어[禦敵]'와 '대궐의 호위[衛闕]'로 구분할 수 있는데[2] '대궐의 호위'가 中央軍의 몫이었다면, '외적의 방어'는 地方軍의 몫이었다. 즉 중앙군이 호위를 주로 하여 전쟁에의 동원에 적당하지 않았으므로, 전투는 지방군이 담당할 수밖에 없었다.[3] 물론 이러한 분류가 다소 도식적이기는 해도, 地方軍은 '國防'이라는 관점에서 의미를 갖는다고 볼 수 있다. 중앙군제와 아울러 지방군제에 대한 균형있는 접근을 통해 조선후기 군사제도의 전반을 파악할 수 있을 것이다.

地方軍의 핵심인 束伍軍에 대해서는 柳承宙에 의해 조선후기 鑛工業 발전의 배경으로 먼저 주목되었다.[4] 壬亂을 계기로 戚繼光의 『紀效新書』에 의거한 束伍法은 訓鍊都監軍과 諸道 속오군체제의 근간을 이루었는데, 특히 諸道의 束伍軍은 良賤의 구별없이 15세 이상의 男丁을 모두 충정시킨 國民皆兵制的 兵農一致下의 국가정규군으로 유지되어 왔다. 그러나 17세기 중엽 이후 지방군위주의 군사체제가 京軍위주로 전환함에 따라 束伍軍制는 해이해져갔으며, 18세기 중엽에는 射手·殺手가 도태되고 砲手의 점증형태가 현저하게 나타

---

2) 趙翼(1579~1655), 『浦渚集』 권2, 「因求言論時事疏」 (民族文化推進會, 『韓國文集叢刊』 85책, 58쪽: 이하 『총간』으로 略記) '夫軍兵之用 內則衛闕 外則禦敵也 禦敵之兵 窃以爲申明束伍之法 則可以足用也.'

3) 吳始壽(1632~1681), 『水村集』 권5, 「箚記」(『총간』 143책, 107~108쪽) '壬癸以來 別設都監而鍊之 丙丁以後 加設各廳而訓之 … 雖然此皆扈衛而已 難可移用於攻戰 則所謂戰士 不過曰束伍也.'

4) 柳承宙, 1969, 「朝鮮後期 軍需鑛工業의 發展－鳥銃問題를 中心으로」 『史學志』 3.

났다. 이는 구식편제에 대한 근대적 개편으로의 전환이라고도 볼 수 있는 것이었다. 이상의 견해는 종래 賤隷軍으로만 알려져왔던 속오군에 국가 정규군으로서의 의미를 부여했다는 점에서, 또한 속오군제의 변화과정에서 군사 편제의 근대화를 발견했다는 점에서 주목할 만한 것이었고, 이후 束伍軍에 대한 연구의 효시가 되었다.

車文燮의 연구는 본격적으로 이 주제에 대해 다루었을 뿐아니라 향후 연구의 대체적인 골격을 제시했다는 점에서 연구사적인 의의를 부여할 수 있다.[5] 宣祖 27년을 전후해 임기응변의 비상조치로 구성된 束伍軍은 선조 29년 경에는 전국적인 완성을 본다. 후기 군제가 왕성 중심의 5군영제로 재편되기 시작하면서 속오군은 구실을 다하지 못하며 효종 사망 이후에는 마비상태에 이른다. 영조 5년에 李麟佐亂을 계기로 재정비하지만, 그 이후에도 習操의 기록이 보이지 않는다. 영조 12년부터는 賤隷軍으로만 충정되기 시작하며, 給保 등의 대우가 충분히 이루어지지 못하였다는 것이다.

속오군은 賤人들이 처음으로 정규군에 편입되는 계기가 되었다는 점에서, 그 신분 구성과 관련하여 연구자들의 관심을 모아왔다. 束伍軍의 신분은 17세기 후반에서 18세기 전반에 걸친 시기에 賤隷化된다고 보는 것이 일반적인 입장인데,[6] 李謙周는 18세기 말까지도 완전한 천예화가 이루어지지 않고 있으며 여전히 良賤 混成이 계속된다고 보았다.[7] 즉 正祖 22년(1798) 『河東府束伍軍兵戊午式改都案』을 분석해보면 여전히 良賤混成이 지속된다는 것이다. 英祖 12년 兼役良丁의 束伍頉下 조치를 賤隷化의 기점으로 파악한 기존의 견해에 대하여, 賤隷化보다는 '兼役'문제의 해소로 본 것은 주목할 만한 견해

5) 車文燮, 1973, 「束伍軍 硏究」 『朝鮮時代軍制硏究』, 檀大出版部.
6) 張弼基는 금위영이 설치되는 肅宗 8년(1682)을, 車文燮은 兼役良丁의 束伍頉下조치가 시행된 英祖 12년(1736)을 賤隷化의 계기로 보고 있다. 張弼基, 1990, 「17世紀 前半期 束伍軍의 性格과 位相」 『史學硏究』 42 및 車文燮, 앞의 논문.
7) 李謙周, 1990, 「朝鮮後期 社會身分 變動問題에 대한 硏究－軍役의 良賤混成과 관련된 側面」 『蔚山史學』 3.

이나, 18세기 軍籍의 虛簿 가능성을 염두에 두면서도 분석사료에 대한 사료비판이 이루어지고 있지 않고 있는 것은 아쉬운 점이다.

속오군의 신분과 관련해서는 이 밖에도 몇 편의 연구 성과가 더 있다. 徐台源은 속오군에 賤人들이 편성됨으로써 군역담당계층의 변화를 가져왔으며, 이는 賤人들의 良人에 대한 평등의식을 가져왔다고 평가하였으며,[8] 李弘斗는 속오군에 편제된 것을 통해 賤人들의 良人化 폭이 확대되는 등 신분변동을 가져왔다 하여, 그 의미를 부여하였다.[9]

束伍軍에 대한 연구와 관련해서는 營將制에 대한 언급을 빼놓을 수 없다. 營將制도 車文燮에 의해 연구가 시작되었다.[10] 仁祖 5년에 對淸 강경책을 주장하는 西人들에 의해 營將事目이 반포되면서 지방 束伍軍의 習操를 전담하기 위한 武將 위주의 영장제도가 성립을 보게 되었고, 이는 또한 지방의 행정권과 군사권이 표면상으로 나누어지는 계기가 되었다. 仁祖 15년에 營將制는 일단 혁파되지만 孝宗 5년 초에 전담 營將制가 復置된다. 이때의 營將制는 영장과 지방수령과의 직무한계를 인조때보다 더욱 명백하게 구분하고 있다. 즉 군사조련은 營將이 군무는 守令이 각각 그 직권을 행사하는 것이다. 물론 영장 우위의 원칙은 유지되었다. 효종 사후 영장제는 수령이 겸관하는 兼營將制로 되면서 전국적인 조직으로 된다. 즉 續大典확립기인 영조대에는 三南지방에는 전담무신의 파견을 원칙으로 하되, 그 이외의 제도 및 군영은 모두 兼官으로 대치하게 되었다는 것이다.

徐台源은 영장제도가 갖는 정치·사회적 기능에 주목하였다.[11] 營將制는 壬亂중에 束伍軍의 훈련과 지휘를 담당하기 위해 설치되어 운영형태나 통솔하는 군대 등에 변화가 있었던 것은 사실이나,

---

8) 서태원, 1993,「束伍軍의 設置意義에 대한 研究」『紀全女子專門大學論文集』 13.
9) 李弘斗, 1997,「束伍軍을 통해 본 朝鮮後期 賤人의 身分變動」『軍史』 34.
10) 車文燮, 1973,「朝鮮後期의 營將」, 앞의 책.
11) 徐台源, 1999,『朝鮮後期 地方軍制研究 -營將制를 중심으로-』, 혜안.

지방 내륙군의 군사력을 강화시키는 기능은 물론이고, 兩亂 후의 國家再造過程에서 보여준 체제유지의 기능을 계속 수행하면서 조선후기 지방내륙군의 중추역할을 수행한다. 한편 淸과의 전쟁위협이 사라진 뒤 조선후기 군대는 전쟁을 대비하는 것은 물론이고 보다 적극적으로 국내의 치안유지에 관여하게 된다는 점이 주목된다. 즉 18세기 영장제는 지방의 치안을 유지시키는데에 적극적으로 활용됨으로써 조선왕조의 체제를 안정시키는데에 커다란 역할을 담당하게 된다는 것이다.

許善道는 속오군제의 이해에 바탕이 된다고 할 수 있는 방위체제에 대한 연구를 남겼다.[12) 조선시대의 지방군제는 대체적으로 ①太祖초반에서 世祖초반에 이르는 營鎭軍・翼軍의 병존기 ②世祖초에서 乙卯倭亂을 전후한 鎭管體制期 ③乙卯倭變 전후로부터 壬辰倭亂初까지의 制勝方略期 ④壬辰倭亂으로부터 丁卯胡亂까지의 鎭管體制復舊 및 束伍軍制실시기 ⑤丁卯胡亂 이후의 營將制期로 구분된다. 그러나 진관체제의 조직과 원리 자체는 세조 초 이후 조선왕조 말기에 이르기까지 부인되지 않고, 지방군사체제의 기저로서 존속하였다. 그러므로 제승방략이나 영장제 등은 기본적으로 진관체제 조직에 대체되는 성질의 것이 아니고, 진관체제의 기저 위에서의 한 변형과 변법에 불과하였다는 것이다.

이밖에 당시 군사제도의 개편을 가져온 이론적 배경이라고 할 수 있는 兵學思想에 대한 연구를 주목할 수 있다. 石原道博은 『宣祖實錄』을 통해 『紀效新書』에 관한 기사를 검토하면서, 戚繼光 병법의 도입 문제를 다루었다.[13) 戚繼光의 병법에 의한 군사훈련은 임란기인 宣祖 26년(1593)에 도입되어 실시되다가, 중국과 조선의 풍습 등

---

12) 許善道, 1973,「鎭管官兵編伍冊」(上・中・下)『國會圖書館報』 90・91・92; 1973,「'制勝方略' 硏究 – 壬辰倭亂 直前 防衛體制의 實相」(上・下)『震檀學報』 36・37; 1973,「「鎭管體制 復舊論」硏究 – 柳成龍의 軍政改革의 基本施策 –」『國民大學 論文集』.
13) 石原道博, 1966,「壬辰丁酉倭亂と戚繼光の新法」『朝鮮學報』 37・38 합집.

의 차이로 인해 선조 38년 경에는(1605) 중지된다고 결론짓고 있다. 이러한 관심의 연장선상에서 盧永九는『紀效新書』의 보급과 陣法논의를 보다 상세히 다루었다.[14]『紀效新書』는 단순히 평양성의 승전의 결과에서만이 아니라, 그것이 포함하고 있는 군사사상이 붕괴상태에 빠진 조선의 국방체제를 빠르게 재건할 수 있는 내용을 담고 있었다. 군역을 담당하는 계층의 문제, 편제의 개혁, 병기의 특성 등의 여러 가지 측면에 있어서 전환을 가져올 수 있는 것이었다.『紀效新書』에 대한 이해는 더욱 심화되어, 현종대에는 '朝鮮本'『紀效新書』의 간행으로 이어진다는 것이다.

이상으로써 조선후기의 속오군과 관련한 연구성과를 살펴보았다. 조선후기 지방군의 핵심적 위치를 차지하고 있었던 병종은 바로 束伍軍이었다. 壬辰倭亂을 계기로 성립된 束伍軍은, 그 편성 방식이나 운영 등에 있어서 매우 독특한 모습을 보이고 있다. 따라서 속오군이 보이고 있는 그러한 특성에 대한 분석은, 조선후기 군사제도의 이해라는 영역을 넘어서 조선후기 사회의 전체상을 이해하는데 있어서 꼭 필요한 작업이라고 생각한다. 기존의 논문을 통해서 속오군의 성립 및 변천과 관련한 대체적인 문제점은 해명이 되었다고 볼 수 있다. 이제는 기존의 연구 성과를 바탕으로 보다 연구를 심화시킬 필요가 있다고 생각한다. 그것은 속오군이 갖는 특성에 대한 이해에서 출발해야 한다.

속오군에 있어서 핵심이 되는 문제는 그 역이 '兼役'의 형태로 부과된다는 점이다. 속오군에 편성되어 그 임무를 수행하는 '束伍役'은 그 자체가 독립된 身役이라기보다는, 본래의 身役에 부가되는 '兼役'이었다. 朝鮮後期 地方軍制의 변천과정은 束伍軍 '兼役' 문제의 해결과정이었다고도 볼 수 있는 것이었다. '兼役'이 束伍役의 형식이라면, '操鍊'은 束伍役의 내용이라고 할 수 있다. 유사시에 대비한 예비군

---

14) 盧永九, 1997,「宣祖代 紀效新書의 보급과 陣法 논의」『軍史』34 ; 1998,「朝鮮 增刊本 《紀效新書》의 체제와 내용」『軍史』36.

적 성격인 속오군의 주요한 임무는 정기적으로 시행되는 각급의 조련이었다.

이 책에서는 속오군의 주요한 특성인 '兼役'과 '操鍊'을 중심으로 분석하되, 시기별 변천과정을 중심으로 살펴보았다. 기존의 연구에서 취했던 통시대적인 접근방법은, 속오군의 構造를 밝히는 데에는 유효했지만 변화의 내용이나 의미를 파악하는데는 한계가 있다는 판단에서였다. 이에 따라 이 책에서는 '兼役' 문제가 어떻게 발생하여, 그 문제를 해결하기 위해 어떠한 움직임이 있었는지, 구체적으로 '兼役'은 어떻게 적용되고 운영되었는지를 밝힐 것이다. 또한 操鍊의 시행 실태와 그 내용의 변화를 통해, 속오군이 결국 기능을 잃고 변질되는 과정을 추적해 보았다. 시기별로 변화의 양상을 개관하는 동시에, 남아있는 古文書를 통해 특정 시기의 구체적인 운영 실태를 파악해보고자 했다. 속오군 부대 편성이 각 지역에서 구체적으로 어떠한 원칙에 의해 어떻게 적용되고 있었는지, 어떠한 사람들이 속오군에 편성되고 있었는지에 대한 의문을 해결해 보고자 했다.

'束伍役'에 대한 분석을 통해서 조선후기 民人들의 身役 부담에 대한 구체적인 이해가 가능할 것이다. 또한 '兼役'의 대상은 시대에 따라 변화하는 모습을 보이고 있다. '兼役' 대상의 분석을 통해서 조선후기 신역 부과의 원칙과, 그를 통한 신분의 분화 양상을 추적할 수도 있을 것이다. 한편 '束伍役'의 주요한 내용이 되고 있었던 속오군에 대한 조련의 운영도 시기적으로 차이를 보인다. 이것은 군사제도의 변질이라는 피상적인 측면과 함께, 조선후기 사회경제적 변동의 결과라는 측면도 함께 지니고 있는 것이었다. 또한 속오군에 대한 연구를 통하여 우리는 조선후기 지방제도의 일단을 파악할 수도 있다. 18세기 접어들어 지방군의 兵種이 늘어나면서 守令의 역할이 강화되는 것은, 지방제도의 재편이라는 측면에서 해석할 수도 있는 것이다.

이 책은 모두 4장으로 구성되어 있다. 束伍軍이 창설되는 宣祖代로부터, 실질적으로 군사적 기능을 잃게 되는 正祖~純祖代까지를 대상으로 시기 구분하여 각 장을 구성하였다. 시기 구분에 있어서는 대내외적인 요소를 함께 고려하였다. 전쟁을 계기로 편성되어, 전쟁을 대비하여 유지된 군사제도의 경우에 외래적인 요인도 무시할 수 없기 때문이다. 제1장에서는 宣祖代 창설된 속오군을 중심으로 朝鮮後期 地方軍制의 成立 문제에 대해 다루었다. 임진왜란을 계기로 속오군을 창설하게 되는 과정과 그 구체적인 편성실태를 살펴보았다. 제2장에서는 光海君으로부터 孝宗에 이르는 기간, 朝鮮後期 地方軍制의 强化 과정을 살펴보았다. 이 시기는 壬亂으로 형성된 地方軍制가 胡亂을 거치면서 정비·강화되는 시기이다. 특히 孝宗代는 '北伐論'과의 관련아래, 군비의 증강이 특징적인 시기였다. 제3장에서는 顯宗代에서 英祖代까지 지방군제가 변화·재편되는 과정을 살펴보았다. 대외적인 위협이 사라지고, 자연재해가 빈발하면서 조선왕조의 주된 관심은 군사적인 문제에서 재정적인 문제로 이행하였다. 이에 따라 전국적인 편성을 가진 속오군의 운영에는 부담이 따르게 된다. 중앙군제가 재정적인 목적으로 이용되면서 야기된 良役變通論의 대두도 지방군제의 운영에 영향을 주었다. 이는 속오군에 대한 조련의 축소 등으로 나타났는데, 戊申亂 등의 발생과 함께 조정에서는 지방군제를 다시 재편하게 된다. 제4장의 正祖~純祖代는 실제적으로 地方軍制가 虛設化되는 시기로 파악하였다. 속오군의 조련은 徭役 동원을 위한 수단으로 변질하게 되며, 그 신분 구성도 하락하여 賤人들 중심으로 재편되고 있었다. 한편 이러한 지방군제의 공백상태를 맞아 향촌 자치의 방위론이 대두하게 된다.

이 책을 짓는 데에는 『朝鮮王朝實錄』과 『備邊司謄錄』 및 『承政院日記』 등의 年代記 자료가 주로 이용되었다. 이러한 연대기 자료들을 통해서, 지방군제의 변화과정을 개관할 수 있었다. 각 연대기 자료에 드러나는 공백이나 부족한 점은 당대의 文集類 등을 통해 보충하였다. 문집을 통해서는 연대기 자료에 빠진 부분 뿐 아니라, 생략된 부분이나 잘못 기록된 부분 등을 보완하고 바로잡을 수 있었다. 또한 연대기자료와는 달리, 한 인물의 사상의 변화과정을 용이하게 추적할 수 있었다.

各司謄錄을 포함한 地方史資料나 古文書 등은 논문이 구체성을 띄는데 도움을 주었다. 특히 監營이나 兵營의 軍案이나 각종 成册類를 검토함으로써, 속오군의 편성이나 兼役의 실태를 파악할 수 있었다.

지방군제 변화 양상의 규명에만 치중하여, 중앙군과의 관계가 유기적으로 결합되지 못한 점은 이 책의 한계로 남을 것이다. 중앙군과 지방군을 아우르는 보다 큰 틀 속에서 앞으로의 작업이 수행되어야 할 것이다. 궁극적으로 이러한 문제점은 조선후기 사회 전체를 보는 시각과 결부되어야 할 것인데, 미시적인 분석에만 그치고 말았다. 시기적으로는 19세기 이후 부분이 소략하게 넘어간 부분도 지적될 수 있을 것이다. 속오군이 형해화 된 이후의 지방군제의 향방에 대한 이해는, 개항기 이후 식민지화의 과정을 설명하는데 도움을 줄 수 있을 것이다. 역시 앞으로의 과제로 남겨두겠다.

제1장

朝鮮後期 地方軍制의 成立

I. 壬辰倭亂과 束伍軍의 창설

1. 束伍軍 成立의 배경

조선후기 지방군의 근간인 속오군의 형성은 널리 알려진 바와 같이 임진왜란이 그 계기가 되었다. 임진왜란이 일어나기까지의 조선의 지방방위체제는 '制勝方略'의 체제였다. '制勝方略'은 남·북 변경에서 倭·野人의 침입이 간헐적으로 계속되는 상황에서, 그들의 침투 경로와 수단이 비교적 일정하게 되풀이되었으므로 이를 중점적으로 방어할 필요에서 생겨난 제도였다.[1] 이는 남방과 북방에서 각각 사정에 따라 약간 다르게 적용되고 있었는데, 특히 남방의 경우에는 위급의 발생과 더불어 중앙에서 京將이 중앙군과 무기 등을 거느리고 내려가, 兵·水使와 나란히 군사를 나누어 갖고 대응함을 원칙으로 하는 것이었다. 그러나 임진왜란이라는 전면전을 맞이하자, 급격히 북상하는 적의 진격을 즉시 막을 만큼 재빨리 京將을 파견하는 방위체제가 이루어질 수 없었고, 또 부근의 군사력을 모두 제1선에 집중 배치하였던 만큼 제1선이 무너지자, 그 이후는 제2, 제3의 방어선이 전무하였으므로 결정적으로 불리한 전략임이 드러났다. 즉 변방의 국지전을 대비하는 방어체제로서 전면전을 감당할 수는 없었으며, 이에 따라 조선은 초기 전투에서 크게 패하게 된다.

明軍의 참전과 평양성의 전투는 새로운 전략의 필요성을 절감케 하였다. 明은 개전 3개월 후인 선조 25년(1592) 7월에 祖承訓이 지휘

---

1) 許善道, 1973, 「『制勝方略』 研究 - 壬辰倭亂 直前 防衛體制의 實相」 (下)
   『震檀學報』 37, 39쪽.

하는 遼東지방의 수비군을 파병하지만, 馬兵이 중심이 되었던 이들
은 평양성 전투에서 참패를 하게 되었고,2) 이해 12월 비로소 明에서
는 李如松에게 4만 3천의 대군을 이끌고 참전하게 하였다. 이듬해 1
월 6일부터 사흘간 같은 지역에서 전개된 전투에서, 明軍은 평양성
의 일본군을 완전히 제압하였고, 그 결과 평안·황해·경기·강원의
4도를 회복할 수 있었다. 이처럼 전황이 일거에 역전된 배경을 묻는
선조의 질문에 李如松은

　　전에 온 북방의 장수는 항상 胡敵을 방어하는 전법을 익혔기 때문에 싸움
　이 불리하였고, 지금 와서 사용하는 것은 바로 戚將軍의 紀效新書인데, 곧 왜
　적을 방어하는 법이라서 전승하게 된 것입니다.3)

라고 대답하였다. 이렇듯 평양전투의 승전은 왜적에 효과적인 새로
운 전법인『紀效新書』의 병법과 그 창안자인 戚繼光에 대한 관심을
불러일으켰다.
　　戚繼光(1528~1587)은 明代의 장수로 嘉靖 34년(1555)부터 44년
(1565)까지 왜구의 피해가 극심한 浙江과 福建 등 중국의 동남지역
에서 활약하면서 왜구를 막는데 혁혁한 공을 세운바 있었고,4) 이러
한 경험을 바탕으로 嘉靖 39년(1560)에『紀效新書』를 저술하였다.5)
또한 실제로 壬亂에 참전한 明의 장수 중에는 척계광과 직접적으로
관련있는 사람이 많이 있었다. 그의 養子 혹은 姪子로 알려진 戚金
은6) 遊擊으로 직접 참전하였다가 돌아가면서 조선 정부에『紀效新

　2) 趙湲來, 1992,「明軍의 出兵과 壬亂戰局의 推移」『韓國史論』22, 國史編
　　纂委員會, 115~116쪽.
　3)『宣祖修正實錄』권28, 선조 27년 2월 경술, 25집 646쪽. '初平壤之復也 上
　　詣謝都督李如松 問天兵前後勝敗之異 都督曰 前來北方之將 恒習防胡戰法
　　故戰不利 今來所用 乃戚將軍紀效新書 乃禦倭之法 所以全勝也.'
　4) 張文達 編, 1988,「戚繼光」『中國軍事人物辭典』, 哈爾濱, 黑龍江人民出版
　　社, 489~490쪽.
　5) 童來喜, 1991,「戚繼光大事年表」『戚繼光』, 北京, 軍事科學出版社, 139쪽.
　6) 范中義, 1990,「戚繼光軍事學說及其歷史地位」『兵家史苑』2, 北京, 軍事

書』를 선물로 주기도 했다.[7] 당시 明軍의 參政이었던 黃應陽은 척계광의 참모로서 왜군의 정벌에 참석한 적이 있었으며,[8] 遊擊 葉鱓도 척계광을 수행한 경험이 있었다.[9]

戚繼光의 『紀效新書』와 그 병법에 대한 이해에는 평양성 전투가 계기가 되었던 것이 분명하지만, 척계광의 존재에 대한 이해는 이미 이전부터 있어왔던 것으로 보인다. 선조 7년(1574) 중국으로 가는 使行에 質正官으로 참가했던 趙憲이 돌아와 올린 상소에서, 당시 薊鎭 摠兵官이던 척계광 부대의 규율이 엄격함을 칭송하면서 이를 모범으로 할 것을 청한 바 있었다.[10] 이듬해에 趙憲은 척계광의 문집인 『止止堂稿』를 眞德秀, 朱熹의 저서와 함께 간행할 것을 청하여 선조의 허락을 받았다.[11] 하지만 실제로 간행이 이루어져 선조에게 까지 바쳐지지는 않았던 것같다. 임진왜란이 진행중이던 선조 27년

科學出版社, 95쪽.

7) 『宣祖實錄』권97, 선조 31년 2월 병자, 23집 390쪽. '戚遊擊揭帖 往年以兵革從事貴邦 得接光儀 足慰平生至願 繼而賊勢小熾 斂卒西歸 … 但倭賊情形不測 金亦知有變詐狀 故臨別時 以紀效新書爲別後贈 欲貴邦知此書而教此法 富國强兵以拒賊耳.'

8) 『宣祖實錄』권28, 선조 25년 7월 무오, 21집 510쪽. '徐指揮 … 且曰 吾等三人 皆杭州人 黃則參謀 我則贊畫 與軍師一般 黃則爲間謀者也 昔年譚綸戚繼光 征倭經略時 黃參政是參謀云.'

9) 『宣祖實錄』권76, 선조 29년 6월 기유, 23집 11쪽. '(葉)遊擊 … 仍曰 吾隨戚[繼光]摠兵有年 頗熟軍機 往年浙江 亦被倭禍甚酷 賴戚爺得以掃蕩 不然則其禍與此處何異.'

10) 趙憲(1544~1592), 『重峯集』권3, 「質正官回還後先上八條疏」 '軍師紀律之嚴' (『총간』 54집, 196~197쪽.) '臣於薊州之路 見步卒數千 … 臣奇其師行有律而問之 則曰 猰虜寇邊 薊鎭摠兵官戚繼光 令中軍將倪善領畿縣軍三萬以赴之 盖以主將威信之素著 故軍畏其令 而不敢擾民也 … 伏願聖明以楊兆戚繼光之事 命儒臣作傳 而幷印其文 廣布于中外將士.'

11) 『宣祖實錄』권9, 선조 8년 3월 을묘, 21집 329쪽. '(禮曹佐郞)趙憲 … 又陳新啓 請印匠手生者 令刊眞西山政經 止止堂稿 又移印童蒙須知 … 又陳薊將戚元(敬)之爲人 公勤却敵 乞以文 下于備邊司 廣抄而頒之 … 乞於八道四五官土處 均有而藏之 使監兵使守令邊將 及窮居有志之志 各尋其類而見之 上答曰 … 所印三書 各取一二件投進.'

(1594), 선조가 척계광에 대한 관심을 표명하며 병조판서 李德馨에게 척계광의 문집이 있는가를 묻자, 이덕형도 그의 문집인『止止堂集』을 아직 보지 못하였다고 대답하고 있다.12) 이때 언급된『止止堂集』이 앞의『止止堂稿』과 어떠한 관련이 있는지는 확인할 수 없다. 다만『止止堂集』이 완성되는 해는 萬曆 10년(1582)으로13) 趙憲이 간행을 청했던 선조 8년(1575)보다는 훨씬 후인 것으로 보아『止止堂稿』는『止止堂集』이 간행되기 이전의 원고이거나 초간본 정도가 되는 간행물로 추측된다. 아무튼 임진왜란이 있기 10여년전에 이미 戚繼光이라는 인물에 대한 이해가 조정 차원에서 있었던 것이다. 그렇기 때문에 일개 무장인 척계광의 문집이 대학자들의 저작과 나란히 간행이 논의될수 있었던 것이다. 하지만 이 때 간행이 논의되었던 것은 척계광의 문집일 뿐, 그의 병서 내지 병법 전반에 대한 이해는 역시 壬辰倭亂이 계기가 되었다.

평양성 전투에서 위력을 보인 戚繼光의 병법은 여러 가지 측면에서 조선에서 받아들여질 수 있는 소지를 지니고 있었다. 우선 평양성 전투에서 드러난 明軍의 우수한 무기체계, 특히 火器에 대한 조선 정부의 관심이 그 첫 번째 요인으로 지적될 수 있을 것이다. 물론 일찍이 고려말 공민왕대에 화기가 전래된 이래, 조선초기에도 나름대로 화기의 발달이 있었다.14) 하지만 오랫동안 외세의 위협을 받지 못한 조선정부는 조선초기에 개발한 무기체계를 크게 개선하지 않고 壬亂을 맞이하게 된다.15) 그러던 중에 평양성 전투에서 明軍의 강력한 火器의 효과를 실감하게 된 것이다.

(병조판서) 李德馨이 아뢰기를, "平壤城을 함락시킬 때 보니 비록 金城湯

---

12)『宣祖實錄』권49, 선조 27년 3월 무술, 22집 240쪽. '上曰 戚繼光心智出衆之人也 此人文集有之乎 (兵曹判書李)德馨曰 有止止堂集 而未得見之矣 兵書則又有武經總要矣.'

13) 童來喜, 1991,「戚繼光大事年表」『戚繼光』, 北京, 軍事科學出版社, 143쪽.

14) 許善道, 1994,『朝鮮時代火藥兵器史硏究』, 一潮閣.

15) 柳承宙, 1996,「朝鮮後期 銃砲類 硏究」『軍史』33, 154쪽.

池라 하여도 어쩔 수 없었습니다." 하니, 상이 이르기를, "무슨 기구로 함락 시키던가?" 하였다. 이덕형이 아뢰기를, "佛狼器·虎蹲砲·滅虜砲 등의 기구를 사용하였습니다. 성에서 5리쯤 떨어진 곳에서 여러 포를 일시에 발사하니 소리가 하늘을 진동하는 것 같았는데 이윽고 불빛이 하늘에 치솟으며 모든 왜적들이 붉고 흰 깃발을 들고 나오다가 모두 쓰러졌습니다. 그러자 중국 병사들이 우르르 성으로 들어갔습니다" 하니, 상이 이르기를, "몇 시간이나 서로 대치하였는가?" 하였다. 이덕형이 아뢰기를, "辰時에 교전이 시작되었는데 巳時 초에 성이 함락되었습니다." 하니, 상이 이르기를, "우리 군병은 결코 믿고 의지할 수가 없다. 그리고 후세에는 火攻이 아니고서는 성공할 수 없다. 군사의 수효가 3만이라고 하지만, 이것이 많은 것이 아닌데 평소에 훈련이 되어 있었기 때문에 잘 싸웠던 것이다." 하였다.16)

기사 중에 언급된 佛狼器·虎蹲砲 등은 당시 우리나라에는 없었던 것으로, 특히 佛狼器는 이때 전래된 이래 18~19세기까지 조선의 주요한 화기로 자리잡게 된다.17) 그런데 佛狼器와 같은 火砲 보다 더욱 관심을 끈 것은 개인화기로서의 鳥銃이었다. 임란중에 明의 南方兵들과 왜병들이 휴대한 조총은 곧 서양의 火繩銃으로, 中宗 38년 (1543) 種子島에 표류했던 포르투갈 상인을 통해 일본에 전해졌다.18) 조선에는 宣祖 22년(1589)에 對馬島主가 선물하여 전해졌지만, 중요시하지 않고 軍器寺의 창고에 사장시킨채 왜란을 맞았던 것이다. 한편 중국에는 浙江省에 침입했던 왜구를 통해 전해져,19) 明

---

16) 『宣祖實錄』 권49, 선조 27년 3월 무술, 22집 240쪽. '(兵曹判書李)德馨曰 平壤陷城時見之 則雖金城湯池 亦無奈何 上曰 以何器陷之乎 德馨曰 以佛 狼器虎蹲砲滅虜砲等器爲之 距城五里許 諸砲一時齊發 則聲如天動 俄而火 光觸天 諸倭持紅白旗出來者盡僵仆 而天兵駢闐入城矣 上曰 相持幾時乎 德馨曰 辰時接戰 巳初陷城矣 上曰 以我軍決不可憑仗矣 且後世非火攻 不 能成功矣 軍數三萬云 此不多 而素所節制者 故能戰矣.'

17) 柳承宙, 앞의 논문, 132~134쪽.

18) 柳承宙, 1993, 「17세기 監官制下의 官營軍需鑛業實態」 『朝鮮時代鑛業史研 究』, 高麗大出版部, 175쪽.

19) 중국학계에는 조총이 일본으로부터 전래되었다는 설 이외에도, 중국에서 스스로 만든 것이라는 견해와 서양으로부터 직접 전입한 것이라는 견해 가 나와있다. 王兆春, 1991, 『中國火器史』, 北京, 軍事科學出版社, 134~

宗 18년(1563)부터는 중국에서도 사용하게 되었다. 임진왜란 초기전
투의 실패를 조총이 없었기 때문이라 단언한 柳成龍이 조총의 제조
및 운용에 힘쓴 것은 당연한 것이었다.

　兵器에는 長短이 있지만 … 멀리 미치는 것으로는 弓矢보다 나은 것이 없
다. … 근래에는 또한 火砲와 같은 기계가 있으니, 그 이로움은 오히려 弓矢
의 배가 된다 … 戚繼光의 紀效新書에서도 또한 鳥銃을 神器라고 했으니, 진
실로 그럴만하기 때문이다. … 임진년의 변란에 안팎이 쇠퇴하여 열흘 사이
에 도성을 지킬 수 없게 되고 팔방으로 무너진 것은, 비록 나라가 태평한지
오래되어 백성이 兵을 알지 못한 탓도 있으나, 실로 왜적에게는 조총의 이로
움이 있기 때문이었다. … 조총은 왜의 진영에서 얻은 것이 많으니, 이제 장
인들에게 모양대로 만들게 하였다.20)

이렇듯 조총을 주요한 무기로 삼게 되자, 그러한 무기에 적합한
병법을 찾지 않을 수 없었다. 『紀效新書』는 火器의 운용에 아주 적
합한 병서였다. 『紀效新書』에서는 조총이나 불랑기 등과 같은 화기
에 대해 그 사용법 등을 圖解를 덧붙여 친절히 설명하고 있으며,21)
조총병으로 이루어진 편제를 구상하고 있었다.22) 또한 戚繼光은 火
器 뿐 아니라 각종 '冷兵器'23)들을 적절하게 활용하는 전술을 구사

137쪽.
20) 柳成龍(1542~1607), 『西厓集』 권16, 「記鳥銃製造事」, (『총간』 52집, 319~
320쪽.) '兵器有長短 … 然及遠之器 莫過於弓矢 … 近世又有火砲器械 則
其利反倍於弓矢 … 戚氏紀效新書 亦以鳥銃爲神器 良有以也 … 及壬辰之
變 內外靡然 旬日之間 都城失守 八方瓦解 雖出於昇平百年 民不知兵而然
實由於倭賊有鳥銃之利 … 而鳥銃則得於倭陣者爲多 遂令匠人依樣鑄造.'
21) 戚繼光(1528~1587), 『紀效新書』 권3, 手足篇. (1998, 『紀效新書』 上, 國防
軍史硏究所, 109~159쪽. 이하 『紀效新書』의 인용은 이 영인본에 의함.)
22) 戚繼光, 『紀效新書』 권1, 束伍篇, 「編伍法」(『紀效新書』 上, 32쪽.) '每編
隊一司 先殺手四哨完 次鳥銃一哨.'
23) 冷兵器와 火器를 구분하는 기준은 火藥의 사용 여부에 있다. 칼이나 창, 활
등과 같이 화약을 사용하지 않는 무기는 냉병기이고, 총이나 포와 같이 화
약을 사용하는 무기는 화기이다. 陳力恒 · 王景佳 主編. 1988, 「火器」 · 「冷兵
器」條, 『軍事知識詞典』, 北京, 國防大學出版社.

하고 있었다.24) 戚繼光이 다루고 있는 병기에는 종래의 병기인 칼이
나 활 뿐만 아니라 狼筅이나 鏜鈀와 같이 새로 편제한 장비들이 있
었는데, 이들도 평양성 전투에서 효과적으로 사용되었다.25) 狼筅은
戚繼光이 왜와의 전쟁 중에 개발한 장비인데,26) 대나무가지를 이용
한 것으로 왜병의 長刀를 막는데 효과적이었다.27) 鏜鈀는 원래 漁撈
나 수렵, 농업생산 등에 쓰이던 기구인 叉의 일종으로, 역시 戚繼光
에 의해 개량되어 사용되었다.28) 이와 같은 무기들은 기존의 무기와
는 달리 주변에서 쉽게 재료를 구해서 제작할 수 있었고, 따라서 농
민들이 익숙해지는데 어려움이 없었다.29) 따라서 戚繼光의 병법은
위력이 입증된 火器와 쉽게 제작할 수 있는 冷兵器를 병용하여 편제
를 갖출 수 있었으므로, 조선 정부에서 받아들이기에 가장 적합한
것이 될 수 있었던 것이다.

戚繼光의 병법에서 보여준 군역 담당계층에 대한 새로운 이해도
戚繼光의 법을 받아들일 수 있게 하는 요인이 되었다.30) 『紀效新書』
에서는 군역을 담당하기에 가장 적합한 계층으로 '시골의 노실한 사
람(鄕野老實之人)', 즉 일반 농민층을 상정하고 있다.31) 이전의 군역
담당층인 양인 상층이 각종의 방법으로 군역에서 이탈해가고 있는

---

24) 張云勛, 1990, 「淺談戚繼光的軍事哲學思想」 『兵家史苑』 2, 北京, 軍事科學
   出版社, 103~104쪽.
25) 李德馨(1561~1613), 『漢陰文稿』 권8, 「陳時務八條啓」 (『총간』 65집, 400
   쪽.) '且臣見平壤攻城時 筤筅鏜鈀 爲殺倭之妙器 而浙兵亦謂長槍用劍 則
   臨戰不及於此二器.'
26) 茅元儀(1594~1630), 『武備志』 권104, 軍資乘, 戰9, 器械3. (1989, 『中國兵
   書集成』 31책, 北京・沈陽, 解放軍出版社・遼沈書社, 4343~4344쪽.)
27) 中國軍事史編寫組編, 1994, 『中國軍事史 -第1卷 兵器』, 北京, 解放軍出版
   社, 299~300쪽.
28) 같은 책, 296~297쪽.
29) 盧永九, 1997, 「宣祖代 紀效新書의 보급과 陣法 논의」 『軍史』 34, 138쪽.
30) 같은 논문, 137쪽.
31) 戚繼光, 『紀效新書』 권1, 束伍篇, 原選兵. (『紀效新書』 上, 43쪽.) '第一可
   用 只是鄕野老實之人 所謂鄕野老實之人者 黑大粗壯辛苦 手面皮肉堅實
   有土作之色 是也.'

조선의 사정에서, 일반 농민층을 중심으로 한 편제를 강조하는 戚繼光의 병법은 구미가 당기는 것이 아닐 수 없었다.

　한 걸음 나아가 조선정부에서는, 종래에 군역편성에서 제외되어 있었던 公·私 賤人까지도 군역의 대상으로 포함시키려는 시도를 하게 된다. 조선 초기이래 노비층의 꾸준한 증가는[32] 군역을 담당할 대상인 양인의 감소를 의미하는 것이었고, 따라서 천인의 군역 편입은 어떠한 형태로든 이루어져야 하는 것이었다. 물론 朝鮮前期에도 鄕吏나 公私賤人 등으로 이루어진 雜色軍이 있었으므로, 賤人의 군역 편입이 이 시기에 처음 시도된 것은 아니었다. 하지만 朝鮮前期의 雜色軍은 평시에 훈련에도 참가하지 않았으므로, 군사적 기능을 기대할 수 있는 것은 아니었다.[33] 公私賤에게 과거를 보여 그 재주에 따라 羽林衛 등의 특수군에 편입시키려는 宣祖의 시도에 뒤이어,[34] 유성룡은 신설된 훈련도감의 군병으로 公私 賤人을 편입시키자는 제안을 하게 된다.

　　유성룡이 아뢰기를, "公賤·私賤을 막론하고 모두 군사로 편입시켜야 됩니다." 하였다. 상이 이르기를, "적이 물러간 다음 그 주인이 찾아간다면 訓鍊都監의 호령도 시행되지 않을 것이다." 하니, 성룡이 아뢰기를, "적이 물러간 뒤를 기다릴 것도 없이 지금도 그러합니다." 하였다. 상이 이르기를, "이미 奴主의 분별이 있으니 그 上典이 잘 조처하여야 할 것이다." 하니, 성룡이 아뢰기를, "어찌 사람마다 좋게 할 수 있겠습니까. 지금은 妻妾까지도 行伍에 편입해야 할 때입니다. 國初에 金宗瑞는 대간으로 있다가 시골에 내려간 사람까지도 軍役을 정하고자 했다 합니다. 지금이 어느 때인데 감히 奴主를 따지겠습니까." 하였다.[35]

---

32) 임란 직후 경상도 지역의 경우, 노비층의 비율이 무려 50% 내외로 나타나고 있다. 김성우, 1998, 「壬辰倭亂 이후 戰後復舊事業의 전개와 兩班層의 동향」 『韓國史學報』 3·4 합집, 310~311쪽.

33) 閔賢九, 1983, 「鎭管體制의 確立과 朝鮮初期 地方軍制의 成立」 『朝鮮初期의 軍事制度와 政治』, 韓國硏究院, 211~214쪽.

34) 『宣祖實錄』 권39, 선조 26년 6월 정유, 22집 11쪽. '上教政院曰 … 公私賤 設科 如三醫司雜科之例 定其額數 試以武材 其入格者卽爲良屬羽林衛 私賤則其主儒生則除職 庶孽則許通 公賤並爲良.'

公私의 천인, 특히 私賤의 充軍과 관련해서는 그 주인의 반발이 예상되었지만 당시의 급박한 상황에 의해 어쩔 수 없는 것이기도 했다. 비록 비상시의 조치이기는 했지만, 公私 賤人의 충군은 군역 대상의 확대라는 점에서 의의를 둘 수 있는 것이었고, 이것은 뒤에 제도적으로 시행되기에 이른다.

무엇보다도 戚繼光의 병법이 거부감 없이 받아들여질 수 있었던 것은, 우리 지형에 적합한 것이라는 점이었다. 임란기에 병조·이조판서 등을 역임했던 李德馨의 지적은 戚繼光 병법의 수용과 관련하여 많은 시사를 준다.

또한 騎兵은 평지에서 이롭고, 步兵은 험지에서 이롭습니다. 우리나라는 구릉이나 논이 많아, 진실로 보병을 쓰는 것이 합당합니다. 그리고 왜적을 막는데에도 또한 보병보다 나은 것이 없습니다. 중국의 남방이 10년동안 왜적의 소굴이 되었는데, 거듭 기병을 이용해도 이롭지 못했습니다. 척계광이 보병을 교련한 이후 비로소 난을 평정할 수 있었으니, 이 일로써 알 수 있습니다. 다만 우리나라는 기병과 활쏘기를 높게 여기는데, 射手는 戰馬를 얻은 후라야 돌진하는 용맹함이 왕성해집니다. 속오의 射隊 외에, 용력이 있고 활 잘 쏘는 자를 가려뽑아 갑옷을 입혀 기병을 삼은 다음, 보병과 더불어 營을 마주하게 합니다. 그리고 한가지로 훈련에 힘쓰면, 후일에 힘입을 수 있을 것입니다.[36]

이에 따르면, 步兵 중심의 戚繼光 병법은 구릉이 많은 우리 지형

35) 『宣祖實錄』권48, 선조 27년 2월 병자, 22집 230쪽. '(柳)成龍曰 勿論公賤 私賤 盡括爲兵 然後可爲也 上曰 賊退之後 闕主能推 訓鍊都監號令 亦恐 不能行也 成龍曰 不待賊退之後 今亦如是矣 上曰 旣有奴主之分 其上典好 爲處置 成龍曰 豈可每人而悅之乎 此乃妻妾編於行伍之時也 國初金宗瑞 以臺諫下鄕 而尙欲定軍役云 此何等時 而敢言奴主乎.'
36) 李德馨, 『漢陰文稿』권8, 「陳時務八條啓」(『총간』65집, 400쪽.) '且騎兵 利平地 步兵利險地 我國多有丘陵水田 眞合於用步 而捍禦倭賊 又莫尙於 步兵也 中原南方 十年爲倭窟 累用騎兵而不利 戚繼光敎鍊步兵 而後始得 蕩平 此其事可見 但我國以騎射爲尙 而射手必得戰馬 始逞其馳突之勇 除 束伍射隊外 揀聚有勇力善射者 着甲爲騎卒 與步兵爲對營 而一樣勤加訓鍊 則他日有恃勢之益矣.'

에 적합한 것이었다. 또한 왜와의 실전을 통해서 그 유용성이 입증
된 것이기도 했다. 다만 우리의 장기로 남아있는 전통적인 기병은
그대로 두어, 보병과 짝을 이루게 하자는 주장이었다. 이는 척계광의
병법을 도입하되, 단순한 모방이 아닌 우리 실정에 맞게 재구성하자
는 것이었다.

지금까지 속오군의 성립 배경을 살펴보았다. 특정한 지점에서의
局地戰에 대비하였던 制勝方略의 체제로서 全面戰인 壬辰倭亂을 맞
이하였던 조선은, 초기전투에서 크게 패배한다. 한편 평양성 전투에
서 위력을 발휘하면서 소개된 戚繼光의 병법은 무기체계나 군역 담
당계층 등의 측면에서 조선의 사정에 맞는 것이었고, 또한 조선의
지형에도 적합한 것이었다. 制勝方略을 대체하는 새로운 방어체제로
의 개편이 요구되었던 조선에서는 척계광의 병법을 바탕으로 조선
의 중앙군과 지방군을 재편한다. 다음으로는 이러한 배경하에서 束
伍軍이 창설되는 과정을 살펴보기로 한다.

2. 束伍軍의 창설 과정

束伍軍은 編伍軍, 三手軍, 哨軍 등으로 불리며 조선후기 지방군의
중추를 형성하던 군대였다. 여기에서 '束伍'는 字意대로라면 '대오를
단속'하는 즉 군대의 편제를 의미하는 것[37]으로, 결국 '編伍'와도 같
은 의미를 갖는 것이었다. 하지만 특히 '속오'라고 많이 불린 이유는
뒤에서 자세히 언급되는 바와 같이, 그것이 戚繼光의 分軍法에 바탕
을 두고 있기 때문이었다. 기효신서의 요지는 分軍에 있어서의 '束伍
法'과 무기체계에 있어서의 '三手技法'이라고 할 수 있었다.[38]

---

37) 『仁祖實錄』 권19, 인조 6년 12월 신묘, 34집 309쪽. '軍籍廳堂上李曙啓曰
兵家所謂束伍二字 以其團束隊伍之意 雖是正軍 作束則此亦束伍.'
38) 柳承宙, 1969, 「朝鮮後期 軍需鑛工業의 發展 -鳥銃問題를 中心으로」 『史
學志』 3, 3쪽.

『紀效新書』를 바탕으로 군제를 재편하면서 무기체계도 재구성되었는데, 그것이 바로 '三手技法'이었다. 『紀效新書』의 주요한 무기체계는 砲手의 鳥銃과 殺手의 槍劍 및 射手의 弓矢를 중심으로 하는 것이었다.[39] 그 가운데 弓矢는 우리 전래의 무기체계에서도 중심이 되는 위치에 있었고, 따라서 종래의 군인은 射手라고도 볼 수 있는 것이었다. 하지만 砲手와 殺手의 기예는 우리로서는 낯선 것이었고, 그러한 까닭에 『紀效新書』의 번역 및 보급에 주도적 역할을 한 韓嶠는 『紀效新書』의 무기체계를 '砲殺法'이라 지칭하였던 것이다.[40] 특히 『紀效新書』에서도 부대 편성은 殺手와 砲手만으로 이루어지는 것이 원칙이었다.[41] 이렇게 『紀效新書』에서 받아들인 '砲殺法'에 우리 전래의 射手를 포함시켜 독립된 부대로 편성한 것이 바로 '三手法'이었다. 따라서 지방의 속오군보다 앞서 동일한 방식에 의해 편제된 훈련도감의 군대를 포함한 조선후기의 군대는 모두 分軍法에 따라서는 '束伍軍'으로, 무기편성을 중시하면 '三手軍'으로 각각 부를 수도 있는 것이었다. '哨軍'이라는 표현도 자주 보이는데, 속오편제에 있어서의 주요한 단위인 '哨'를 기준으로 편성되었기 때문에 붙여진

---

39) 『宣祖修正實錄』 권41, 선조 40년 5월 계해, 25집 701쪽. '豊原府院君柳成龍卒 … 成龍於壬辰亂後 建議始置訓鍊都監 倣戚繼光紀效新書 抄選砲射殺三手 以爲軍容 修繕外方山城 修鎭管法以爲備禦之策 成龍去位 皆廢不行 獨訓鍊都監 仍存 至今賴之.'

40) 『光海君日記』 권39, 광해군 3년 3월 기사, 31집 615쪽. '先是朝廷 以副司勇韓嶠 習知兵事 今往西邊 與議操鍊一事 至是還京師上疏曰 車騎步防胡之法 本出於中朝戚將軍繼光 盖繼光在南 征倭則用新書砲殺之法 至於在北 防胡則用實紀車騎步之法 其因敵制勝之妙 出尋常萬萬 然新書砲殺 皆是步兵也 若用之西北鐵騎馳突 則必見蹂躪 無以住足矣 至如實紀車騎步之法 則亦可以通用於南倭.' 이외에도 『紀效新書』의 무기체계를 '砲殺法'이라고 지칭하고 있는 예는 당대인의 문집에서 많이 발견할 수 있다. 鄭琢(1526~1605), 『藥圃集』 권3, 「紀效新書節要序」(『총간』 39집, 481쪽); 黃愼 (1562~1617), 『秋浦集』 권1, 「諫院進言箚」 '修軍政'條.(『총간』 65집 592~594쪽.)

41) 戚繼光, 『紀效新書』 권1, 束伍篇, 「編伍法」(『紀效新書』 上, 32쪽.) '每編隊一司 先殺手四哨完 次鳥銃一哨.'

이름이었다.따라서 이러한 명칭들은 초기에는 조선후기의 중앙군과 지방군을 포함하는 보통명사였다가, 명칭이 점차 지방군을 지칭하는 것으로 고유화해간 것이다.42)

속오군은 전국적인 편성을 가진 군대였다. 그러나 그 내용상 각도별로 특성과 편차를 가지고 있었다. 그 이유는 성립과정이 일원적인 기준에 의해 일제히 시작되었다기 보다는 각 도별로 사정에 맞게 이루어진데 있으며, 근본적으로는 壬辰倭亂이라는 위기를 맞아 응급적인 조치로서 시작된 데에 있었다. 따라서 속오군의 성립은 특정한 어느 시점을 전후해 이루어진 것이 아니라, 임진왜란을 거쳐가는 과정에서 모습을 갖추어 나간 것이었고 이는 이후 두 차례의 호란을 거치면서 다시 정비된다.

평양전투 후 조선의 입장에서 가장 시급한 일은 중국 남방병의 화기와, 그를 토대로 戚繼光의 진법을 익히는 일이었다.43) 그러려면 우선 戚繼光의 『紀效新書』에 대한 이해가 필수적이었다.44) 선조는 26년(1593) 9월 『紀效新書』의 정본 입수를 명하고,45) 훈련도감의 훈련에 적용하기로 하여,46) 실제로 『紀效新書』에 의한 習陣이 이루어지기도 하였다.47) 이듬해인 선조 27년(1594) 2월에는 『紀效新書』를 바탕으로 하여 훈련도감이 설치된다.48) 훈련도감은 三手兵으로 구성

---

42) 車文燮, 1973, 「束伍軍 研究」『朝鮮時代軍制研究』, 檀大出版部, 181쪽.

43) 柳成龍, 『西厓集』 권6, 「募京城軍卒練習浙江火砲狀」(『총간』 52집, 126쪽.) '大抵今日備賊之事 一刻爲急 而抄出年少勇銳之軍 配於天將 傳習南方器械陣法 乃是第一件事.'

44) 선조대에 『紀效新書』가 도입되고 보급되는 과정에 대해서는 盧永九, 앞의 논문 참조.

45) 『宣祖實錄』 권42, 선조 26년 9월 병자, 22집 103쪽.

46) 『宣祖實錄』 권43, 선조 26년 10월 병술, 22집 108쪽.

47) 『宣祖實錄』 권46, 선조 26년 12월 계유, 22집 195쪽.

48) 『宣祖修正實錄』 권28, 선조 27년 2월 경술, 25집 646쪽. '設訓鍊都監 以柳成龍爲都提調 … 及上還都命設訓鍊都監 成龍爲都提調 武宰臣趙儆爲大將 兵曹判書李德馨爲有司堂上 文臣辛慶晉李弘冑爲郞屬 募飢民爲兵 應者頗集 趙儆設法以限之 … 旬日得數千人 敎以戚氏三手練技之法 置把摠哨官 部分演習 實如戚制 數月而成軍容.'

되었지만, 실제로는 砲手가 중심이 되고 殺手와 射手가 그에 첨가된
형태였다.[49)]

훈련도감의 설치로 중앙군의 편제가 어느 정도 마무리되자, 이제
는 완전히 붕괴된 지방군의 재건에 착수하였다. 선조 27년 3월에는
각 지방에서도 각각 훈련도감의 예에 의해 사격술을 교습시켜 포수
를 양성케 하였다.[50)] 이렇듯 지방군의 재건은 砲手의 양성으로부터
시작되었다. 즉 戚繼光의 병법을 받아들임에 있어서도, 전래의 무기
체계와 연결된다고 할 수 있는 冷兵器類의 殺手보다는 火器를 다루
는 砲手의 기예를 중점적으로 받아들인 것이었다. 포수 중심의 원칙
은 훈련도감에서도 견지되고 있었다. 도감군들에 대한 試才 후 賞格
을 두고, 포수의 論賞이 殺手보다 더 나은 것에 대해 불만이 일어나
자 선조는

> 아뢴 말이 또한 마땅하다. 다만 조총은 새로 익히는 기예인데 그 기예는
> 五兵을 뛰어넘어 으뜸가니, 참으로 천하의 神器이다. 근래 권장함에 따라 점
> 점 오묘한 경지에 들어가고는 있으나 많은 사람들이 늘 익히는 정도까지는
> 아직 안 되었으니 상을 중하게 하지 않을 수 없다.[51)]

라고 하여 조총을 다루는 기술이 더욱 보급되기 이전까지는 포수에
대한 우대가 불가피함을 피력하였다. 포수 우대에 대한 비판은 단순
히 무기체계간의 균형을 유지하려는 데에서 나온 것이라기 보다는,
궁극적으로 추구하는 병법이 어떠한 것인가와 관련이 있는 것이었다.

---

49) 金鍾洙, 1996, 『朝鮮後期 訓鍊都監의 設立과 運營』, 서울대 박사학위논문,
   67쪽.
50) 『宣祖實錄』 권49, 선조 27년 3월 기묘, 22집 231쪽. '備邊司啓曰 … 且外
   方監兵使水營及各官 各以人衆多寡 隨便招集 願爲砲手之人 敎習放砲 一
   依近日訓鍊都監勸獎之規 … 此等條件 皆係今日急務 請別爲事目 廣布中
   外 刻日施行 上從之.'
51) 『宣祖實錄』 권64, 선조 28년 6월 정묘, 22집 518쪽. '答曰 依啓 啓辭亦當
   但鳥銃乃新習之技 而其技冠絶五兵 眞天下之神器也 近因勸獎 漸入於妙處
   而人之常習衆多則未也 賞之不可不重'

따라서 전통적인 병법을 중요시하는 입장에서는, 弓矢 위주의 군사훈
련을 계속 추구하였다. 다만 선조의 언급에서 보듯 조총을 우대하는
것이 당연시되는 분위기에서는, 균등한 대우를 요구하는 형식으로 나
타나고 있었다.52) 이러한 분위기는 척계광의 砲·殺手 위주의 병법
에 射手를 포함시킨 '三手法'이 성립될 수 있는 바탕이 되었다.

이렇듯 中央軍과 地方軍에 속속 새로운 무기체계가 도입되자, 무
기의 조달이 과제로 등장하였다. 이에 조정에서는 訓鍊都監을 중심
으로 무기의 생산에 착수하여, 지방에까지 생산을 확대하였다. 즉 倭
亂 중에 중앙에서는 訓鍊都監에서 鳥銃과 火藥 및 鉛丸 등을 주로
생산하였고, 지방에서는 각 道의 監·兵·水營과 産鐵地의 각읍을
중심으로 鳥銃·焰硝·弓矢 등을 생산하였던 것이다.53) 鳥銃과 같은
새로운 무기체계의 도입은, 이렇게 전쟁 중임에도 불구하고 무기의
생산을 추진함으로써 가능할 수 있었다.

지방군의 재건을 위해서는 또한 통수계통을 확립하는 것이 시급
하였다.54) 이는 선조 27년(1594) 영의정 柳成龍이 올린 진관체제의
복구 주장으로 구체화되었다. 3월에 그는 초기 전투에서 패전하게
된 원인을 '制勝方略'의 문제점으로 지적하고, 그에 대한 대안으로서
祖宗朝의 鎭管制度를 복구할 것을 주장하여 선조의 동의를 얻었
다.55) 4월에도 그는 箚子를 올려 制勝方略의 단점과 진관체제로의
복구를 거듭 주장하였다.

---

52) 『宣祖實錄』 권67, 선조 28년 9월 계사, 22집 561~562쪽. '左議政金應南上
    箚曰 … 今日鍊兵之要 弓矢爲上 鳥銃次之 刀槍又次之 三者固不可廢一
    而亦不可偏有厚薄也 近來自上 褒賞之典 多及於砲手殺手 而似略於弓矢
    中外武士 莫不爲之缺望 咸曰 聖上之視武士 不如砲手殺手.'
53) 柳承宙, 1993, 「17세기 監官制下의 官營軍需鑛業實態」 『朝鮮時代鑛業史研
    究』, 高麗大出版部, 178~184쪽.
54) 許善道, 1973, 「「鎭管體制 復舊論」 硏究 - 柳成龍의 軍政改革의 基本施
    策 - 」 『國民大學 論文集』, 47쪽.
55) 柳成龍, 『西厓集』 권7, 「請修擧鎭管之制啓」 (『총간』 52집, 144~146쪽.) ;
    『宣祖實錄』 권49, 선조 27년 3월 정미, 22집 243쪽.

兵法에서는 分數하여 管轄하는 것이 가장 중요합니다. 그러한 후에야 조리있게 가지런해져, 호령이 통하게 되고 골라 뽑을 때 어긋남이 없게 되는 것입니다. 그러한 까닭에 中國의 장수는 대소 고하를 막론하고 모두 통솔하는 군사가 있어서, 평시에는 마음을 다해 조련하였다가 한번이라도 위급한 일이 생기게 되면 이로써 징용하게 됩니다. 각처의 장수들은 이끌고 온 군사를 합하여, 한곳에 모은 후 움직입니다. 그 군졸들은 또한 그 장수에 익숙하여, 끝내 서로 따를 것을 압니다. 따라서 두려워하면서 동시에 사랑하여, 감히 구차한 마음을 품지 못합니다. 비록 끓는 물에 나아가고 불 속에 빠진다 하여도, 어찌 흩어질 걱정이 있겠습니까?

우리나라는 그렇지 못합니다. 병사는 장수에 매어있지 않고, 장수는 병사를 통솔하지 못합니다. 평시에 막연히 서로 접하지 못하니, 한번 위급한 일을 만나면 모두 들판이나 거리에서 병사를 모아, 허둥대며 속한 곳을 알지 못합니다.56)

그에 의하면 制勝方略의 단점은 장수와 병사가 분리되는 것이었다. 따라서 유사시에는 큰 힘이 될 수 없었다. 따라서 고을 단위로 통수 계통이 명확한 진관제도가 회복되는 것이 절실하였다. 하지만 진관체제의 부활을 위해서는 해결해야할 문제가 있었다. 진관체제의 통수계통은 主鎭의 兵馬節度使로부터 巨鎭의 節制使 및 僉節制使, 諸鎭의 同僉節制使 및 節制都尉 등으로 이어지는 일원적인 것이었다. 이 경우 兵馬節度使는 專任官 이외에 觀察使가 例兼하고 있었고, 節制使 이하의 軍職은 府尹이하의 수령들이 겸임하고 있었다. 행정권을 담당하는 관찰사는 평소에도 各級 鎭의 軍職을 겸하는 수령의 상관이었기 때문에 군사면에서도 강력한 권한을 행사할 수 있었다.57) 하지만 巨鎭과 諸鎭의 관계에 있어서는 문제가 발생할 소지가

---

56) 柳成龍, 『西厓集』 권5, 「陳時務箚」(『총간』 52집. 94~95쪽.) ‘兵法最以分數管轄爲重 然後條理整齊 號令通行 調發無敢參差矣 故中原將官 勿論大小高下 皆有所統之軍 平時盡心操練 一有事警 以此徵用 各處之將 合率其軍 聚于一處而行 其軍卒亦習隷於其將 而知其始相隨 故畏而愛之 不敢有苟且之心 雖使之赴湯陷火 豈有潰散之患乎 我國不然 兵不隷將 將不統兵 平時邈不相接 一遇警急 皆聚兵田野閭閻之間 瞿瞿不知所屬.’

57) 閔賢九, 앞의 논문, 251쪽.

있었다. 즉 비록 관품의 차이는 있었지만 다같이 고을을 다스리는 수령이었던 탓에, 별도의 賞罰權 등이 보장되지 않는 한 절제사의 절제가 통하지 않게 될 소지가 있었던 것이다.

진관제도의 복구에 대한 柳成龍의 주장에 宣祖가 동의를 하면서도, 그 실효성에 대해 의문을 표시하였던 것은 이러한 문제점이 드러났기 때문이었다.58) 당시에는 전쟁을 치르고 있었던 시기였기에 큰 문제가 되지 않을 수 있었지만, 평상시에도 구조적으로 軍令의 시행이 강제될 방법이 필요했다. 그러한 문제는 단지 '申明'한다고 해서 해결될 수 있는 것이 아니었기 때문이다. 실제로 世祖때 진관제도가 성립된 이후 진관체제의 조직과 원리 자체가 부정되었던 적은 없었다. 制勝方略도 역시 진관체제의 기저위에서의 변형 내지는 변법에 불과하였던 것이다.59) 결국 유성룡이 사망하는 선조 40년(1607) 경에 이르면 벌써 진관법의 복구가 유성룡의 업적 중의 하나로 소개되면서도, 이미 시행되고 있지 않은 듯한 표현이 나오게 된다.60) 鎭管體制가 지닌 위와 같은 문제점은 후에 전임 무신으로서의 營將이 설치되는 배경이 되었다.

'束伍分軍法'으로 군대를 편제하는 문제에 대해서는, 宣祖 27년(1594) 10월에 柳成龍이 올린 '戰守機宜 10條'를 통해 소개되고 있다. 여기에서 '束伍' 즉 대오를 단속한다는 것은 곧 '分數' 즉 수를 나눈

---

58) 『宣祖實錄』 권59, 선조 28년 1월 을미. 22집 422쪽. '上曰 鎭管之制則是矣 予思之 鎭管無權 此法之所以不行也 鎭管無權 則傍邑誰從 予平日粗有所 思故言之 同是守令而別無刑賞之柄 何能節制乎 昔宋之沿江爲大鎭者 能有 所節制 故其制行焉 我國則不然奈何 成龍曰 祖宗朝 有鎭管節制使之言 上 曰 徒有節制使之名 而無節制之權 必有軍令然後 可以爲之 成龍曰 申明鎭 管之法 使之預爲統屬 有事則主將率鎭管 鎭管率所屬諸邑 則庶有統攝矣.'

59) 許善道, 1974, 「『制勝方略』研究 -壬辰倭亂 直前 防衛體制의 實相」(下) 『震檀學報』 37, 38쪽.

60) 『宣祖修正實錄』 권41, 선조 40년 5월 계해, 25집 701쪽. '豐原府院君柳成 龍卒 … 成龍於壬辰亂後 建議始置訓鍊都監 倣戚繼光紀效新書 抄選砲射 殺三手 以爲軍容 修繕外方山城 修鎭管法以爲備禦之策 成龍去位 皆廢不 行 獨訓鍊都監 仍存 至今賴之.'

다는 것이었다. 즉 大부대를 司-哨-旗-隊-伍 식으로 세분화해서, 각
각 직접 지휘·통솔해야할 대상의 수를 적게 함으로써 실효를 거둘
수 있도록 하는 것이었다.[61] 물론 조선초기 오위제에서의 부대편성
도 旅-隊-伍-卒의 조직에 기반한 衛-部-統의 부대조직으로 구성되어
있었지만, 이것은 고정된 지휘관하의 책임이 분명한 조직이 아니었
다.[62] 반면에 『紀效新書』의 束伍法은 명확한 지휘책임과 연대책임을
강조하는 편제였다. 柳成龍이 언급하고 있는 것은 바로 戚繼光의
『紀效新書』에 의거한 것이었다.

> 많은 사람을 다스리되 적은 사람을 다스리는 것과 같이 하는 법은 分數에
> 있다. 分數는 군사를 다스리는 강령이요, 束伍는 分數의 조목이 된다.[63]

'束伍法'의 유래에 대하여, 柳成龍은 春秋시대 菅仲의 '隣里團結'하
는 향촌조직에서 기원을 찾기도 했고,[64] 중국 전국시대의 尉繚가 지
었다고 전해지는 『尉繚子』에도 편제와 관련하여 '束伍'라는 표현이
보이지만,[65] 역시 직접적으로 영향을 준 것은 戚繼光의 『紀效新書』
에 나오는 束伍法이었다.[66] 같은 달(27년 10월) 비변사가 宣祖에게
아뢰면서 속오편제의 중요성을 강조한 다음의 사료에서 그 영향을

---

61) 柳成龍, 『西厓集』 권14, 「戰守機宜十條」(『총간』 52집, 270~271쪽.) '故
一司統五哨 則所號令者只五人而已 一哨統三旗 一旗統三隊 則所令只三人
而已 一隊統二伍 則所令只二人而已 伍則只率軍四人耳 故所統愈衆則所分
愈細 所分愈細則所察愈精 此軍法之綱領也 … 以此知束伍一事 爲軍政之
大綱 而其在於紀效新書者 極爲明備.'

62) 金鍾洙, 앞의 논문, 60쪽.

63) 戚繼光, 『紀效新書』 권1, 束伍篇. (『紀效新書』 上, 29쪽.) '治衆如治寡 分
數是也 分數者治兵之綱也 束伍者分數之目也.'

64) 柳成龍, 『西厓集』 권5, 「陳措置防守事宜兼辭職箚子」(『총간』 52집, 105
쪽.) '至於束伍之法 則當從管子內政篇之意 以隣里團結.'

65) 『尉繚子』 권4, 「束伍令」 제16. (劉春生 譯注, 1993, 『尉繚子全譯』, 貴陽,
貴州人民出版社, 77~78쪽.) '束伍之令曰 五人爲伍 共一符 收于將吏之所
亡伍而得伍 當之.'

66) 車文燮, 앞의 논문, 180쪽.

알 수 있다.

군졸이 潰散되지 않게 하는 가장 긴요한 것은 오직 束伍에 있으니, 紀效
新書 중에 장수가 해야 할 일에 대해서 논한 말이 많지만 그 요점은 모두
'束伍' 한 편에 들어 있습니다. 지금 사람들이 군졸만 많이 모아 놓으면 적을
방어하는 줄로만 알고, 대오를 결속하고 부대를 나누는 법은 모르기 때문에
질서가 어긋나고 문란해져서 두서가 없습니다. 이러한 군대로써 죽음을 무릅
쓰고 전쟁에 임하기를 바랄 수 있겠습니까. 때문에 우리 나라의 士卒이 쉽게
무너지는 것은 그 죄가 사졸에게 있는 것이 아니고 장수에게 있는 것이니,
그때는 속오의 법을 몰랐기 때문입니다.[67]

통수계통으로서의 鎭管體制의 복구, 군대조직편제로서의 束伍分
軍法의 시행은 지방군을 재건하는 기반이 될 수 있었다. 이를 바탕
으로 선조 27년 12월에는 지방에 束伍軍이 성립된다. 다음은 束伍軍
의 설치를 말해주는 기사이다.

각도에 教士를 보내 三手技法[砲法·射法·砍法]을 훈련시키고 哨軍을 배
치하였다. 당시 서울에는 訓鍊都監을 설치하고 군사를 모집해서 훈련시켰고
지방에도 哨軍이나 束伍軍을 배치했는데, 良民이나 公賤·私賤을 막론하고
장정을 선발하여 정원을 채운 다음 戚繼光의『紀效新書』의 제도로써 결속시
켜 삼수를 교련하고 御史를 나눠 파견하여 시험케 하니, 이로부터 軍額이 상
당히 증가되었다.
그런데 우리 나라 六軍의 법은 단지 양민만 초출하여 軍籍에 올린 다음
保人 세 명을 지급하고 무예를 시험하여 軍職을 제수해 왔는데, 그 기예는
弓矢이고 陣法은 세조 대왕이 정한 陣書法을 사용했었다. 兵과 農이 나뉘지
않아 무사할 때는 서울에 上番하고 유사시에는 진관에 소속되어 출정할 따
름이었다. 그러나 賤人은 母系를 좇는 법이 오랫동안 시행되어 양민이 날로
줄어들고 군액도 크게 감손되었으므로 이때에 이르러 公私의 천인을 모두

---

67)『宣祖實錄』권56, 선조 27년 10월 을축, 22집 382쪽. '欲其軍卒之不爲潰散
則其最所緊要處 唯在於束伍 紀效新書中 所論將家之事 其說多矣 然其精
神 盡在於束伍一篇 今人徒知多聚軍卒 則可以禦賊 而不知有束伍分部之法
故參差紊亂 不成頭緖 以此而可望於赴湯蹈火乎 故我國士卒之善潰 其罪不
在於士卒 而在於將帥 其時不知有束伍之法故也.'

징발하여 속오군에 편입시켰다. 그리고 척씨의 제도는 또 세조 대왕이 정한
陣書와는 달랐다. 즉 京軍은 관에서 廩養하여 병·농이 이미 나뉘었는데 반
해 外軍은 이미 本役이 있는데도 다시 束伍軍에 편입시키면서 給保나 廩食
이 없었다. 그래서 초출된 자들은 苦役을 원망하여 도망하는 자가 속출했으
므로 州縣의 폐해가 되었다.[68]

위 기사를 통해 束伍軍의 구조에 대한 몇 가지 사실을 확인할 수
있다. 첫째로 조직편제와 무기체계에 관한 것이다. 명칭을 束伍軍이
라 한데서 알 수 있듯이, 『紀效新書』의 束伍分軍法에 의해서 편제되
었으며, 그 무기체계는 三手法에 의한 것이었다. 三手法은 砲法·射
法·砍法이었는데, 砲法은 조총이나 대포 등 화기를 이용하는 기술이
었고 射法은 弓矢 등을 이용하는 기술이었다. 砍法은 殺法으로 더욱
많이 불리는데 劍이나 鋭鈀, 狼筅 등의 兵器를 이용하는 것이었다.
둘째로는 담당 계층에 관련된 문제이다. 기존에 良人만이 군역을
담당하던 것에 대해서, 公私의 賤人을 포함하는 것으로 그 신분구성
이 변화하였다. 이는 군역 대상자의 확대라는 점에서 의미를 둘 수
있는 것이었다.[69]
셋째로는 束伍軍의 대우 내지는 부담에 관한 것이다. 동일한 원칙
에 의해 동일한 신분을 대상으로 구성되었음에도 불구하고, 중앙군인
訓鍊都監과 지방군인 束伍軍 사이에는 차이가 존재했다. 訓鍊都監의

---

68) 『宣祖修正實錄』 권28, 선조 27년 12월 갑진, 25집 653쪽. '遣敎士于各道
　　訓習三手技法[砲射砍法] 置哨軍 時京城 設訓鍊都監 募兵訓鍊 而外方亦
　　置哨軍 或束伍軍 毋論良民公私賤人 選壯充額 束以戚書之制 敎鍊三手 分
　　遣御史試閱 自是軍額頗增益矣 本朝六軍之法 只抄良民着籍 給保三人試藝
　　而授軍職 其技則弓矢 其陣法則用世祖大王所定陣書法 兵農不分 無事則上
　　番京師 有事則屬鎭管出征而已 然而賤人從母之法久行 良民日縮 軍額大耗
　　至是盡用公私賤人 入束伍 而戚氏之制 又與陣書異同 京軍則 自官廩養 兵
　　農已分 外軍則 既有本役 又入束伍 無給保無廩食 被抄者怨苦 逃亡相繼
　　爲州縣之弊矣.'
69) 속오군에 賤人이 편입되는 의미에 대해서는 다음의 논저를 참조. 서태원,
　　1993, 「束伍軍의 設置意義에 대한 硏究」『紀全女子專門大學論文集』 13 ;
　　李弘斗, 1999, 『朝鮮時代 身分變動 硏究』, 혜안.

경우에는 兵農分離的인 長番 급료병으로서 그 자체가 本役이었음에 반하여, 束伍軍은 이미 本役이 있는 상태에서 부가적으로 부과된 兼役이었다는 것이다. 아울러 保人도 지급되지 않았고, 별도의 보수도 책정이 되지 않아 큰 부담이 되었다. 속오군에 대한 대우의 문제는 孝宗代에 給保·給復策이 전개되면서 다시 논의된다.[70]

마지막으로 束伍軍의 훈련에 관한 것이다. 즉 초기에는 각 지역에서 별도의 훈련체계가 갖추어졌던 것이 아니라, 중앙에서 중국인 교사가 파견되어 훈련을 시켰다. 즉 훈련도감 소속으로 전쟁중에 파견되어 있었던 중국인이거나,[71] 따로 교련을 위해 중국에 청하여 파견된 교사였다.[72]

宣祖 27년 3월에 각 지방에서 砲手를 모집해서 훈련시키기 시작한 이래, 같은해 12월 경에는 束伍軍이 설치되기에 이른다. 하지만 束伍軍의 조직이 이 때에 완성된 것은 아니었다. 오히려 위의 기사는 束伍軍이 설치되기 시작한 것을 전해주는 사료라고 생각된다. 기존의 연구에서는 이 때부터 시작해 늦어도 宣祖 29년(1596)말부터 宣祖 30년(1597)을 전후해서 전국적인 편성이 끝난 것으로 보고 있다.[73] 柳成龍은 후에 자신이 체찰사로 있던 선조 28~29년 경에 경기도 등에서 束伍軍을 조직하고 조련한 사실을 회고한 기록을 남겼는데,[74]

---

70) 이 책 제2장 II절 참조.
71) 『宣祖實錄』 권61, 선조 28년 3월 병신, 22집 467~468쪽. '訓鍊都監啓曰 教師分道派遣事 昨日習陣罷後 更爲齊會商議 則議論粉起 爭詰未定 多般 措辭開諭 如是磨鍊以啓矣 … 葉大潮武藝勝人 曾從事於戚繼光軍中 多有 所聞見之事 葉大潮先往全羅敎訓後 及於慶尙則何如 京城造火箭火器之人 則陳千總親丁吳天明吳守仁 不讓於陳應龍 故應龍 派分慶尙道矣.'
72) 『宣祖修正實錄』 권29, 선조 28년 7월 임신, 25집 655쪽. '敎鍊遊擊胡大受 出來 爲敎三手軍請來也.'
73) 柳承宙, 1969, 「朝鮮後期 軍需鑛工業의 發展 -鳥銃問題를 中心으로」 『史學志』 3, 4쪽 ; 車文燮, 앞의 논문, 189~190쪽.
74) 柳成龍, 『西厓集』 別集 권4, 「記蓄儲爲軍粮仍救飢民法」, (『총간』 52집, 482쪽.) '因憶乙未丙申間 余爲體察使於京畿等道 束伍鍊兵 從戚氏紀效新書法 十二人爲一隊 以隣近團束.'

전국을 남·북으로 나누어 각각 都體察使의 책임아래 속오군을 편
성했던 것이다. 즉 경기·황해·평안·함경의 4道는 柳成龍이, 강
원·충청·전라·경상의 4道는 李元翼이 각각 도체찰사로서 군무를
전담하고 있었다.[75] 선조 29년 1월경에 유성룡은 '鍊兵規式'을 정해
그가 도체찰사로 있던 경기·황해·평안·함경 4도에 반포하는데,[76]
이 시기를 전후해서 경기도의 경우에는 훈련도감군을 中營으로 편
제한 5營 - 5司 - 5哨의 편제가 완료되는 것으로 보인다. 바로 같은달
軍案작성이 부진한 것과 관련하여 柳成龍이 평안도 관찰사인 尹承
吉에 대한 징계를 요구하자 추고키로 결정하는 것으로 보아[77] 평안
도의 편성시기는 경기도에 비해 다소 늦어지고 있었던 것 같다. 『鎭
管官兵編伍册』[78]에 따르면, 자료에 남아있는 평안도 지역에 진관편
성이 완료되는 것은 宣祖 29년(1596) 5월이었다. 한편 李元翼이 右
議政에 임명된후 都體察使를 겸했던 下四道의 경우에는 조금 늦어
졌던 것으로 보인다.[79] 그것도 도별로 편차가 있어서, 충청도의 경
우에는 이미 편성을 마친후 宣祖 28년(1595) 12월에는 조련을 실시

---

75) 임진왜란이 일어난후 도체찰사는 柳成龍, 鄭澈, 金應南 등 여러명이 임
   명되지만, 교체가 빈번하며 체찰지역도 일정하지 않았다. 남·북으로 4
   도씩 나누어 체찰하는 것이 제도화되는 것은 선조 28년 8월에 우의정
   李元翼이 도체찰사에 임명된 이후인 것으로 보인다. 10월에는 나머지 지
   역의 도체찰사를 새로 임명하는 문제가 거론된후, 유성룡이 4도 도체찰
   사로서 다시 등장한다. 『宣祖實錄』 권66, 선조 28년 8월 신축, 22집 542
   쪽;『宣祖實錄』 권68, 선조 28년 10월 임자, 22집 577쪽;『宣祖實錄』 권
   68 선조 28년 10월 신유, 22집 583쪽.

76) 柳成龍,『西厓集』年譜 권2, 萬曆 24년 丙申 1월. (『총간』 52집, 519쪽.)

77) 柳成龍,『西厓集』권8,「請推治柳永詢尹承吉啓」(『총간』 52집, 165쪽.) ;
   『宣祖實錄』권71, 선조 29년 1월 신미, 22집 627쪽.

78) 이 자료에 대해서는 鄭求福의 상세한 해제가 있으며,(鄭求福, 1994,「
   1596년 平安道 鎭管官兵編伍册」『古文書研究』5.) 이 책 제1장 Ⅱ절에서
   분석될 것이다.

79) 車文燮, 앞의 논문, 189쪽. 車文燮은 이 시기 도체찰사를 영의정 李恒福
   으로 파악하고 있는데, 이는 우의정 李元翼의 착오로 보인다. 이원익은
   선조 28년(1595) 8월에 도체찰사에 임명된 후, 선조 34년 李德馨으로 교
   체되기 이전까지 下四道의 도체찰사로 활약하였다.

하고 있었다.[80] 宣祖 30년(1597) 2월, 丁酉再亂이 발발한지 얼마 되지 않아 大司成 金宇顒이 李元翼 휘하의 군사를 釜山의 방어에 동원할 것을 요청하고 있는 것을 보면[81] 늦어도 이 시기에는 편성이 완료되었다고 볼 수 있다.

지금까지 살펴본 바와 같이, 束伍軍의 성립은 壬亂이 발발한 이후 전쟁의 진행과정에서 즉각적인 응급조치로서 이루어진 것이었다.[82] 물론 中國의 병법을 도입하여 군대의 조직이나 무기체계의 편성 등에 참고했고, 통수체계를 확보하기 위하여 鎭管體制의 복구가 시도되기도 했지만 그와 같은 것은 모두 전쟁을 치르는 상황 속에서 구상되고 시행된 것이었으며, 따라서 체계적이지 못한 것이었다. 따라서 전쟁이 끝난 이후에는 어떤 형태로든 정비를 필요로 하는 것이었다. 전쟁이 종료된지 2년 남짓한 시점인 宣祖 33년(1600) 忠淸監司였던 張晩의 보고는 그러한 상황을 전해주고 있다.

> 충청도 감사 張晩이 아뢰기를, "전쟁 때 쓸 長技로는 砲射보다 더 나은 것이 없습니다. 일찍이 李時發이 본도의 御史가 되었을 때에 훈련시킨 砲手가 많지 않은 것이 아닌데 束伍가 이미 파하였으므로 산만하여 紀律이 없어졌으니 진실로 애석하기 그지없습니다. 신이 본도에 도임한 뒤 편의대로 거두어 모아 급한 일에 대비하려 하는데 반드시 教師가 있어야 교련할 수 있겠습니다. 都監의 포수 가운데 善手 1~2인을 가려 데리고 가는 것이 어떻겠습니까?" 하니, 아뢴 대로 하라고 전교하였다.[83]

---

80) 『宣祖實錄』 권70, 선조 28년 12월 갑인, 22집 614쪽. '兵曹啓曰 … 如忠淸道 則李時發下去之後 粗成操練模樣 而砲殺每一名 各給奉足二名云 則編伍軍三千 而統計其奉足 幾至萬名矣 實軍則裹粮往來 奉足則計率出米 應行徭役之外 又以此被徵 不待人言 而民間之紛擾厭苦 斷可知矣.'

81) 金宇顒(1540~1603), 『東岡集』 권5, 「進言疏」(『총간』 50집, 255쪽.) '伏願下書于李元翼 亟發內地束伍軍五六千人 以益釜山之守 增其器械 壯其聲援.'

82) 車文燮, 앞의 논문, 179~180쪽.

83) 『宣祖實錄』 권123, 선조 33년 3월 경오, 24집 52쪽. '忠淸監司張晩啓曰 戰用長技 莫過於砲射 李時發 曾爲本道御史時 所練砲手 不爲不多 而束伍已罷 散漫無紀律 誠爲可惜 臣欲於到界之後 從便收拾 以備緩急 必有教師方可教練 都監砲手擇善手一二人 帶去何如 傳曰依啓.'

전쟁이 끝난 이후에는 전쟁중과 같이 통제 및 편제가 되지 않음을
보여준다. 따라서 '속오가 이미 파'한 상태에 빠진 것이다. 또한 그 이
듬해인 宣祖 34년(1601)에 都體察使를 맡고 있던 李德馨의 언급에서
는, 이미 束伍軍이 지난날의 제도로서 본받아서는 안될 것처럼 묘사
되기에 이르고 있다.[84) 이는 속오군의 제도 자체가 군사적으로 적절
치 못했다는 지적이라기보다는, 운영상의 문제점이 심각했음을 말해
주는 것이다. 이미 本役이 있음에도 불구하고 아무런 보상없이 兼役
하도록하는 제도는 전쟁기라는 비상한 시기에는 용납될 수 있었지만,
전쟁이 끝난 이후까지 지속될 수는 없었던 것이다.

왜란을 맞아 朝鮮정부는 戚繼光의 병법을 받아들여, 중앙에는 訓
鍊都監을 지방에는 束伍軍을 설치한다. 戚繼光 병법은 편제방법으로
서의 束伍法과 무기체계로서의 三手法을 내용으로 하는 것이었다.
조선에서는 束伍法과 三手法을 받아들이면서 특히 전래의 射手隊를
독립적으로 편제하도록 하였다. 한편 초기 전투의 참패를 制勝方略
을 적용한데 있었다고 파악한 정부는 일원적 통수체계로서의 鎭管
體制의 복구에 나선다. 하지만 이 시기의 이러한 조치들은 큰 한계
를 안고 있는 것이었다. 그 자체가 本役이었던 訓鍊都監과 달리 本
役이 이미 있는 상태에서 兼役으로 편성된 束伍軍은, 전쟁을 맞아서
는 응급적인 효과를 발휘할 수 있었지만 지속적으로 유지될 수 있는
것은 아니었다. 또한 군사적인 측면과 행정적인 측면의 유기적인 결
합이 구조적으로 보장되어 있지 않은 鎭管體制의 구조 또한 束伍軍
制를 유지시키기에는 크게 취약한 것이었다. 이러한 문제점은 이후
다양한 논의를 낳게 되며, 결국 營將制度와 給保·給復策의 시행으

84) 『宣祖實錄』 권136, 선조 34년 4월 을유, 24집 234쪽. '兼四道都體察使李德
馨馳啓曰 今日之策 莫急於勸農鍊兵 … 國家平日 素不以治兵爲事 百姓之
中 被侵者軍士也 庸劣者軍士也 官家之偏虐使者軍士也 往年選編民兵 名
爲束伍軍 其時案付正軍與公私賤 不爲品別 混爲作隊 一應賤役 必調用此
軍 以致民怨滋蔓 而有本役者 尤不堪其苦 其入束伍 不啻如入地獄 富力者
圖脫 孤弱者見靡 千態萬狀 難可盡言 今者守令 欲奉令塞責者 輒尋舊時束
伍之類 以爲鍊兵 則不但此弊 當痛革.'

로 귀결된다. 다음 절에서는 성립기 속오군 편성의 원칙과 그 실태 등에 대해 살펴보기로 하겠다.

Ⅱ. 成立期 束伍軍의 編成

1. 束伍軍의 編成 원칙

宣祖代 束伍軍이 창설되던 시기의 상황과 관련해서는 경기·황해·평안·함경 4道의 都體察使로서, 편성을 주도했던 柳成龍이 남겨놓은 자료가 상세하게 남아있어 많은 도움을 주고 있다. 柳成龍은 宣祖 29년(1596) 1월, 束伍軍의 편성과 조련의 원칙을 담은 '鍊兵規式'을 소속 4道에 반포하였다.[85] 이는 『紀效新書』의 편제를 기준으로 柳成龍이 나름대로 변형한 것인데, 각 지방의 사정에 맞추어서 탄력적으로 적용할 수 있게 한 것이었다. 그 내용은 크게 세 부분으로 나뉘어져 있는데, 그 하나는 각 거주지 단위로의 단속과 연습의 원칙을 규정한 것이고, 그 둘은『紀效新書』分軍法을 적용한 것, 그 셋은 分軍法의 잇점을 논하고 그에 따라 경기도에 적용시킨 것이다.

우선 柳成龍은 중국 周나라의 比閭에서 병사를 내는 제도를 본받아 각 面·里의 크기에 따라 哨官, 旗摠, 隊摠을 정해 백성을 모아 조련토록 하고,[86] 이것이 가장 요체가 되는 것이라고 강조하고 있다. 周나라의 법은『周禮』「地官」'小司徒'에 나오는 군사제도를 말한다. 이 제도는 평상시 5家를 比로, 5比를 閭로 해 같은 순서로

---

85) 柳成龍,『西厓集』年譜 권2, 萬曆 24년 丙申 1월. (『총간』52집, 519쪽.)

86) 같은 사료. '其一 言古人以鄕井比閭出軍 今依此意 令各邑先求地面有某某 里 各以其面其里 分其濶狹 定爲哨官 各出旗隊摠 抄民鍊習 此乃提綱挈領 之法也.'

族-黨-州-都(또는 鄕)으로 이어지는 지방제도를 유지하다가 유사시 출병하게되면 5人을 伍로 하고, 5伍를 兩으로 해, 마찬가지로 卒-旅-師-軍의 군사제도로 전환할 수 있는 것이었다.[87] 즉 지방제도와 군사제도를 일치시킴으로써 편제가 용이하고, 훈련이나 전투에서의 효율성을 높일 수 있는 제도였다. 柳成龍이 이와 같이 周의 제도를 예로 든 것은, 마찬가지로 각 거주 지역 단위와 군사편제 단위를 일치시킴으로써 효과를 보려고 한 것이었다. 柳成龍의 이러한 구상은 分軍法의 적용을 통해 더욱 구체적으로 드러난다.

柳成龍의 分軍法은 『紀效新書』의 제도를 준용하고 있었다. 『紀效新書』에 따르면 5人을 1伍로 하여 2伍인 10인을 1隊의 기준으로 하되 隊長과 火兵을 포함하여 12인으로 1隊를 구성토록 되어 있었다. 그 이후 순차적으로 3~5隊로 1旗를, 3~5旗로 1哨를, 3~5哨로 1司를, 3~5司로 1營을, 3~5營으로 1師를 구성하도록 하였다.[88] 1伍를 기본 단위로 하되, 상급 부대의 편성은 상황에 따라 신축적으로 운용할 수 있도록 하고 있었다. 柳成龍은 隊長을 제외한 11人=1隊, 3隊=1旗, 3旗=1哨, 5哨=1司, 5司=1營으로 규정하고 있었지만, 이를 적용함에 있어서는 『紀效新書』의 내용과 같이 수효의 많고 적음에 따라 신축적으로 조정할 수 있게 했다. 各里나 各村의 주민이 가까운대로 합쳐 대오를 구성하도록 하는데, 원칙적으로는 3旗가 1哨를 구성하게 되어 있으나 사람이 많으면 4~5旗로 구성할 수도 있게 했으며, 旗와 隊의 구성도 마찬가지로 할 수 있었다. 그렇게 함으로써 거주 지역을 떠나 다른 지역에 편제되는 것을 방지할 수 있었다. 이

---

87) 李德懋(1741~1793), 『靑莊館全書』 권24, 編書雜稿 4, 兵志, 周軍制論.

88) 戚繼光, 『紀效新書』 권1, 束伍篇, 明活法, (『紀效新書』 上, 33~34쪽.) '凡隊長三隊以至五隊皆可 一隊二伍 五人爲伍也 一隊十二人 卽十人爲什也 每一旗下三隊五隊皆可 五十爲旗也 一哨官下三旗以至五旗皆可 百人爲哨也 一把總下三哨以至五哨皆可 五百人爲司也 一千總下三司以至五司皆可 三千爲營也 三千一營以至四千五千皆可爲一營 三營五營皆可爲一司 卽什保師旅井田內政之遺也 不必拘定數目 五人而後謂之伍 他皆倣此 但順人土之利 相時措之 宜因兵食之額 要之不出乎用法而不泥于法是已.'

렇게 하면 훈련할때나 유사시 군병을 동원할 때 거주지가 뒤섞여서
올 수 있는 혼란을 방지하고, 명령을 내리면 일제히 같은 시각에 도
착하도록 유도할 수 있었다.[89] 한편 각급 지휘관의 명칭은 약간 달리
하고 있었다. 隊의 책임자는 『紀效新書』에 '隊長'인데 비하여 '隊摠'으
로, 營의 책임자는 '千摠' 대신에 '營將'으로 각각 호칭하고 있었다.

分軍法은 이밖에도 장수가 부하를 통솔하기에 용이한 장점이 있
었다. 각급의 지휘관들은 각각 3~5인의 次下級 지휘관만을 장악하
면 아무리 대부대라도 통솔이 가능했다.[90] 물론 그렇게 하려면 부하
를 확실히 장악하여야한다는 전제가 필요했다. 柳成龍이 거주지별로
의 편성을 강조한 것은 바로 그러한 이유에서였다. 각 주민을 거주
지별로 편성하고, 각 단위별 지휘관이 같은 지역의 주민일 때 더욱
효과를 볼 수 있었기 때문이다. 이상과 같은 편성을 바탕으로, 營-司
-哨 등 각 단위부대는 그 지역에 규모에 맞는 훈련장을 설치하여 훈
련을 실시하도록 했다. 司 단위의 훈련장은 유사시에 부근의 노약자
와 糧穀 등을 함께 모아 들어가는, 이른바 '淸野入保'의 근거지가 될
수 있었다.[91] 거주지 중심의 편성·훈련과 지휘책임을 명확히 하는
것이 柳成龍의 속오편제의 특징이었다.

이상과 같은 원칙아래 유성룡은 경기도를 예로 들어 속오 편제를
제시하고 있다. 그것을 알기 쉽게 도표화하면 다음과 같다.

---

89) 柳成龍, 앞의 사료. '其二 言分軍之法 依紀效新書 而稍加增損 一營統五司
一司統五哨 一哨統三旗 一旗統三隊 一隊幷火兵凡十一人 此其大綱也 今
從各里各村居民 附近團結爲隊 若人多則三旗之外 雖四旗五旗亦可 三隊之
外 雖四隊五隊亦可 軍少則一隊雖不滿十一人亦可 不必移此而就彼 離近而
附遠也 凡習陣或調發時 大將傳令各營 營將傳令把摠 把摠以下以此傳令
各率其軍 齊赴信地 不可參差時刻.'

90) 같은 사료. '其三 言軍數雖多 而大將令營將則所統只五人 營將令把摠 把
摠令哨官則所統亦五人 哨官令旗摠 旗摠令隊摠則所統只三人而已 天下豈
有不能運用五人三人者哉 此乃操約施廣之道也.'

91) 같은 사료. '各營皆擇形勢要險 前臨平野 可設敎場處築城 用土樓櫓 務令
完固 各司所在處 亦擇地爲小壘 平時則合五哨之軍 敎鍊於此處 有事則收
近處老弱及糧穀 淸野入保於其中 各哨於各里 亦設敎場 以便訓鍊.'

〈표 1〉京畿道의 束伍軍 편제

營(지역)	司(지역)
左營(龍津)	前司(利川), 左司(驪州), 中司(楊根砥平), 右司(廣州), 後司(楊州, 抱川)
右營(禿城)	(水原, 南陽, 仁川, 富平, 陽川, 通津, 金浦, 安城)
中營(京城)	(訓鍊都監軍)
前營(龍仁)	(竹山, 陰竹, 振威, 安山, 陽智, 龍仁, 果川)
後營(坡州)	(高陽, 坡州, 交河, 豊德, 長湍, 漣川, 朔寧, 永平, 開城)

출전 : 車文燮, 1973,「束伍軍 研究」『朝鮮時代軍制研究』, 191쪽에서 轉載.
비고 : 1. 右營 이하는 司의 편제 미상
　　　 2. 江華와 喬桐은 水軍으로 별도로 1영을 만들고, 陸軍에는 속하지 않음.

한편『經國大典』상의 경기도 육군 진관편성은 다음 표와 같다.

〈표 2〉京畿道 陸軍 鎭管 편성표

巨鎭(僉節制使)	諸鎭(同僉節制使)	諸鎭(節制都尉)
廣州鎭管(廣州牧使)	(驪州牧使・利川府使・楊根郡守)	(廣州判官・驪州判官・砥平縣監・陰竹縣監・陽智縣監・竹山縣監・果川縣監)
水原鎭管(水原府使)	(富平府使・南陽府使・仁川府使・安山郡守・安城郡守)	(水原判官・振威縣令・陽川縣令・龍仁縣令・衿川縣令・陽城縣監・通津縣監)
楊州鎭管(楊州牧使)	(坡州牧使・高陽郡守)	(永平縣令・抱川縣監・積城縣監・交河縣監・加平縣監)
長湍鎭管(長湍府使)	(江華府使・豊德郡守・朔寧郡守・麻田郡守)	(漣川縣監・喬桐縣監)

출전 : 閔賢九, 1983,『朝鮮初期의 軍事制度와 政治』, 韓國研究院, 252쪽에서 轉載.

위의 두 표 사이에는 몇 가지 차이점을 발견할 수 있다. 朝鮮前期 鎭管의 구성이 철저히 행정단위를 기초로 이루어졌다면, 宣祖代 속오 군의 편성은 그보다는 실제 군사력의 동원을 염두에 두고 이루어졌 다는 것이다. 鎭管체제에서 鎭管을 이루는 巨鎭과 諸鎭의 각 고을의 수령은 고을의 위계에 따라 각각 그에 적합한 군직을 띠고 있다. 諸 鎭 내에서도 역시 위계에 따른 차별이 이루어지고 있다. 이와 같은 구성은 行政權과 軍事權의 일원적인 파악이라는 점에서는 긍정적인 것이지만, 앞에서 언급한 바와 같이 巨鎭과 諸鎭사이에 軍令의 철저한 이행을 담보하는 권리-의무관계가 존재하지 않는다면 실효를 거두기 힘든 것이었다. 반면에 속오군의 편성은 그보다는 현실적인 측면이 있었다. 큰 고을이라기보다는 군사적 요충지에 營을 설치한 것이라든가, 營 아래 단위인 司의 편성이 고을의 크기에 따라 신축적으로 이루어진 것 등을 들 수 있다. 左營을 제외하고는 司의 구성을 확인할 수 없고, 司 이하의 편제가 구체적으로 어떻게 전개되었는지를 확인할 수는 없지만, 국초의 진관편성과는 다른 측면이 있었다.

물론 이 시기 경기도의 속오편제 만을 가지고 조선후기 속오군 편제의 일반적인 모습이라고 해석하기는 어려울 것같다. 이때는 일본군과 대치한 상태에서의 임시적인 체제였다. '鍊兵規式'을 반포한 것과 같은 해인 선조 29년에 유성룡은 경기도의 右防禦使를 속히 차출할 것을 청하고 있다.[92] 즉 경기도를 좌·우로 나누어 左營과 後營은 左防禦使에게, 前營과 右營은 右防禦使에게 맡기도록 하는 것으로 이때 左방어사는 이미 경기지역의 防禦使로서 左營인 龍津에 진을 치고 있던 邊應星에게 그대로 맡기고, 새로이 右방어사를 뽑아 나누어 지킬 수 있도록 하자는 제안이었다. 같은해 4월의 실록기사에서 선조가 右防禦使의 차출을 독려하고, 이에 대해 유성룡이 禿城將 趙撥을 추천하고 있는 것으로 보아,[93] 아마 柳成龍의 제안은 그 직전에 이루어졌을 것으로 추정된다. 전임 兵使가 없이 監司가 병사를 겸하던 경기도의 사정에서, 전쟁을 맞아 군무를 전담할 사람이 필요하게 되고 그래서 임시로 만든 직책이 邊應星의 경기방어사였다. 하지만 속오군의 편성과 조련의 업무가 증대하자, 다시 防禦使를 2명으로 늘리게 된 것이다. 즉 경기도의 속오 편제는 이러한 상황 속에서의 임시적인 것이었다고 보인다. 다만 國初의 鎭管체제와는 일정한 거리가 있었던 것은 확실하다. 평안도 속오군의 편성도 鎭管을 단위로 이루어지고 있었지만, 國初의 9개 鎭管이 아닌 6개 鎭管이었고 그 형태도 左營, 後營 등과 같이 營의 체제를 이루고 있었음

---

92) 柳成龍, 『西厓集』 권8, 「請出京畿道右防禦使啓」(『총간』, 52집 164~165쪽.)
93) 『宣祖實錄』 권74, 선조 29년 4월 갑진, 22집 677쪽.

을 보면 束伍法에 의한 방위체제의 개편이 이루어지고 있던 것으로
보이기 때문이다.[94]

이상과 같이 유성룡이 자신의 체찰지역에 반포·시행했던 '鍊兵規
式'은 그 전해에 조정에서 반포했다고 전해지는 '武學事目'을 바탕으
로 하였던 것으로 보인다. '武學事目'의 정확한 반포일자나 그 내용
은 확인되지 않지만, 宣祖 28년(1595) 12월의 기사에서 처음 언급되
는 것으로 보아 그 직전에 반포된 것으로 추측된다.[95] 또 그 내용은
거주지 중심의 편성과 그에 따른 조련을 요체로 하고 있었다. 즉 살
고 있는 面이나 村에 따라 모여 소규모로 연습함으로써, 군병의 입
장에서는 먼 길을 왕래하면서 따르게 되는 고통을 덜 수 있었고, 官
의 입장에서는 대규모 집회에 따른 군량 지급의 부담을 덜 수 있었
다. 즉 조련의 시행은 관의 명령에 의해서가 아닌, 각 거주지 단위의
사정에 따라 자율적으로 시행할 수 있는 것이었고 그 시기도 농한기
에 국한시켜, 兵農一致의 정신을 구현할 수 있는 것이었다.[96]

그런데 조정에서의 의도와 실제 지방에서의 시행 사이에는 일정한
거리가 있었다. 宣祖 29년(1596) 4월에 병조는 武學事目에 따라 편제
한 것이 본의와는 다르게 전달이 되지 않는 부분이 발견된다는 보고
를 올리고 있다.[97] 즉 外方에서 兵曹에 도착한 軍案을 살펴보니, 거

---

94) 鄭求福, 앞의 논문, 106~110쪽.
95) 『宣祖實錄』 권70, 선조 28년 12월 갑인, 22집 614쪽. '兵曹啓曰 … 前日啓
下武學事目 只欲各面 各村之人 從其居住所近處 而團聚鍊習 無道路往來
之苦 無聚會餉餉之弊 事甚不煩 而鍊兵成效 已有五六分矣 今各道鍊兵 似
當盡依此規 早爲處置 民情之不便者改之 事勢之拘碍者通之 以爲永久無弊
之規 … 上從之.'
96) 『宣祖實錄』 권73, 선조 29년 3월 을유, 22집 662쪽. '訓鍊都監啓曰 … 上
年因外方鍊兵 多有弊端 欲爲痛革其習 頒行畫一之規 將武學事目 別爲磨
鍊 使之依倣施行 此則各官各面各村 從其見存丁壯之數 而簽括團束 私習
於所居之地 非傳令裹糧聚會官門之比 且於農時 則專力於穡事 農隙則各習
其技藝 守令但當審擇其哨官旗隊領率之人 而明示以賞罰 則向來括軍聚會
之弊 庶可以永祛 而平時以此而防備土賊 各保鄕井 有事則一號令而易爲調
集 其爲道 豈非要約而有利益哉.'
97) 『宣祖實錄』 권74, 선조 29년 4월 정사, 22집 692쪽. '兵曹啓曰 … 前日武

주지를 중심으로 조직한다는 본래의 의도와는 달리 서로 뒤섞여 혼잡스럽게 편성되어 있다는 것이다. 또한 그 구성에 있어서도 砲手 중심으로 편제되는 문제점이 지적되고 있다. 즉『紀效新書』에 의하면 1司 5哨 내에 砲手는 1哨이고, 殺手는 많을 경우 4哨까지로 되어있는데, 당시 도착한 군안은 모두 砲手로 되어있었다. 화약·조총의 마련도 실제적인 문제가 될 수 있었기 때문에, 병조에서는 砲手의 수를 감축하고 나머지는 射手와 殺手로 충당할 것을 건의하고 있다. 이러한 사정은 실제로 지방에서 속오군의 편성을 담당하고 있었던 수령의 상소를 통해서도 확인된다. 宣祖 30년(1597)을 전후해서 江原道 平康의 守令으로 있던 吳允謙은 다음과 같은 언급을 하고 있다.

> 저희 縣의 砲手는 다른 현에 비교해서 지나치게 많습니다. 신이 당초의 事目을 살펴보니, 자원한 사람 중에서 건장한 자를 가려 뽑도록 하고 있습니다. 작은 현의 경우 50명을 넘지 않도록 하는데, 실로 지나치게 많으면 폐단이 생기는 까닭에서 그러한 것입니다. 저희 현은 경내의 남자를 모두 끌어 모아, 전부 砲手에 속하게 하니 그 수가 무릇 170인입니다. 신이 각도 砲手의 수를 두루 살펴보니, 큰 府나 巨鎭이라도 이보다 많지 않았습니다. … 원컨대 저희 현의 砲手는 단지 건장하여 쓸만한 자를 제외하고, 나머지 유명무실한 무리는 모두 제거하여 일체로 사목에 의해서 시행토록 하기 바랍니다.98)

이를 통해 보면, 조정에서는 각 고을의 크기에 따라 일정한 액수

學事目內 從其所居里面 束爲旗隊者 亦倣此意 而各官不識其指 視同平時 括軍 紊雜汨董 尙無端緒之可論 唯忠淸道御史李時發 粗成模樣 而餘道則 猶紛然未知向方矣 卽見外方花名冊 來到本曹者 或全與都里團束之本意相背 而舛錯顚倒 不一而足 更以此意 申勅各道 另加省念施行 且紀效新書束伍篇 一司五哨內 鳥銃只爲一哨 而殺手多至於四哨 今之鍊兵花名 則隨見在之數 盡爲砲手 火藥鳥銃 于何辦得而習放乎 火藥旣不可多得 則減定砲手之數 使得精鍊 而其餘則敎以射弓槍劍之技 固無所妨.'

98) 吳允謙(1559~1636),『楸灘集』권2,「平康縣陳弊疏」(『총간』64집, 118~119쪽.) '臣縣炮手 比他縣過多 臣按當初事目 從其自募 抄擇精壯 小縣則 不過五十名 誠以過多則弊生故也 臣縣則悉起境內男子 盡屬炮手 數凡一百 七十人 臣遍閱各道炮手之數 雖大部巨鎭 不是過也 … 臣願臣縣炮手 只抄 精壯可用者 其餘有名無實之類 悉皆除去 一依事目施行.'

를 편성하도록 하는 지침을 내려 보낸 것으로 보인다. 물론 원칙은
자원자 가운데 건장한 자에 한하여 편성하는 것이었다. 그러나 실제
로 각 고을에서 편성을 할 때는 이러한 원칙이 무시되고 있었던 것
같다. 고을에 따라서는 정해진 액수의 몇 배나 되는 수가 束伍軍으
로 편제되었던 것이다. 물론 그렇게 편성될 경우 직접 전쟁에 동원
할 만큼 정예화를 기하기는 힘들었다. 또 吳允謙의 언급에서도 초기
속오군의 편성은 砲手가 중심이 되고 있었음이 다시 한번 확인된다.
이는 새로운 기예인 鳥銃 기술의 습득에 급급하던 당시의 상황을 반
영하는 것이었다. 하지만 砲手의 액수가 늘어난다고 해서 당장 실전
에 투입할 수 있는 정예한 砲手가 많아졌다고 보기는 어려운 것이었
다. 오히려 火藥 등 군비의 부족을 초래해 다같이 부실해질 우려가
있었다. "인원의 많음을 바라지 말고, 기예가 익숙해지기를 바라야한
다."[99]는 吳允謙의 언급은 그러한 문제점을 지적한 것이었다.

　宣祖代 束伍軍의 구체적인 편성 원칙에 대해서는, 『紀效新書』와
『兵學指南』에 상세히 기술되어 있다. 『兵學指南』은 『紀效新書』를 바
탕으로 이를 알기 쉽게 요약하여 전국에 반포한 것으로, 유성룡에
의해 편찬이 주관되었다.[100] 『兵學指南』은 이후 조선후기 내내 군사
교련의 교재로서 이용되었다. 특히 正祖代에는 몇몇 오류를 바로 잡
아 壯勇營에서 재간행되고,[101] 해설서인 『兵學指南演義』가 李象鼎에
의해 편찬되기까지 했다. 이 글에서는 위의 兵書를 바탕으로 하여,

---

99) 같은 사료. '此所謂炮手者 非欲取名數之多也 必欲致技藝之熟 而火藥常乏
　　諸具不備 徒煩聚會之勞 而未有練習之實.'
100) 李象鼎, 『兵學指南演義』 天, 兵學指南演義序, (國防軍史硏究所, 1996, 『兵
　　學指南演義(Ⅰ)』, 영인본 6~13쪽. 이하 『兵學指南演義』의 인용은 이에
　　의함.) '此書之行于東方 其亦久矣 在昔黑龍之歲 島夷作孼 … 適其時 接
　　伴使李公德馨 目見其布陣用器之狀 益服其妙 以爲此法不可不傳於我國
　　力求是書於天將得八冊 所謂紀效新書是已 … 聖祖睿智一覽 而知其爲制
　　勝戰法 … 又令柳公悉主其事 扣質疑難於帷幢之暇 而撮其操鍊之要 印布
　　于中外 所謂兵學指南是已.'
101) 현재 전해지고 있는 『兵學指南』이 이 때(정조11년, 1787) 간행된 판본
　　이다. 현재 규장각에 소장되어 있다. (도서번호 奎 2452)

구체적인 편성원칙을 살펴보았다.[102]

『紀效新書』에서 주로 설명하고 있는 대오의 편성 원칙은 殺手隊에 대한 것이었는데, 서로 다른 무기를 조합하여 편성한 것이 殺手隊이기 때문이었다. 『兵學指南』에서도 『紀效新書』의 殺手隊의 편성 원칙과 거의 같다. 다만 『紀效新書』의 '藤牌'가 '圓牌'로 표현된 것이 다를 뿐이었다. 다음은 『兵學指南』에 나타난 殺手隊의 편성 원칙이다.

> 군사를 선발하여 대오를 편성할 때에는 반드시 把摠이 哨官을 뽑고, 哨官이 旗摠을 뽑고, 旗摠이 隊長을 뽑고, 隊長이 직접 병사들을 뽑는다. 나이가 젊고 몸집이 중간이며 뼈가 유연한자 두 명을 제1, 제2로 삼아서 圓牌手로 충원하고, 나이가 장성하고 얼굴이 크고 힘이 센 사람을 제3, 제4로 삼아서 狼筅手로 충원하며, 정신과 뼛심이 있는 자 네 명을 제5, 제6, 제7, 제8로 삼아서 長槍手로 충원하고, 殺氣와 담력이 있는 자 두 명을 제9, 제10으로 삼아서 鎲鈀手로 충원하며, 사람이 용렬하고 녹록하여 남의 부하됨을 달게 여기는 자 한 명을 제11로 삼아서 火兵으로 충원한다.[103]

『兵學指南演義』에서는 무기의 특성에 따라 그 이유를 하나하나 설명하고 있다. 圓牌의 경우에는 크기에 제한이 있으므로 몸집은 중간으로 하되, 일어나고 엎드리는 등을 자유자재로 해야하므로 신체가 유연한 자를 선발하는 것이다.[104] 狼筅은 부대의 선봉이 되므로 신체가 커야 적에게 위압감을 줄 수 있었고, 또 무거워서 다루기 힘

---

102) 『兵學指南演義』는 國防軍史研究所의 번역본을 참고하였다. 당 연구소의 『軍事文獻集』 총서의 17권~19권으로 간행된 본서의 각권 말미에는 국립중앙도서관 소장의 『兵學指南演義』(古 제20991호) 영인본이 덧붙여 있다.

103) 『兵學指南』 권2, 營陣正彀, 編兵 제1. '凡選編必用把選哨 哨選旗 旗選隊 隊選兵 以年少幼中骨軟者二名爲第一第二充圓牌手 年大貌偉力猛者二名爲第三第四充狼筅手 有精神骨力者四名爲第五第六第七第八充長槍手 有殺氣膽性者二名爲第九第十充鎲鈀手 庸碌甘爲人下者一名爲第十一充火兵.'

104) 李象鼎, 『兵學指南演義』 地, 권2, 營陣正彀, 編兵 제5. (『兵學指南演義 (Ⅱ)』, 영인본 11쪽.) '牌不過數尺 遮得身過爲妙 故取身中也 又起伏得宜然後可以禦敵 故用骨軟也.'

들기 때문에 힘이 센 사람을 선발해야 했다.105) 또한 長槍은 본래
힘이 많이 들고 기구가 길어 사용할 때 쉽게 피로해지므로 정신과
뼛심이 있는 자를 쓰고,106) 鎲鈀는 창을 막고, 적을 죽이는 등 담력
이 필요한 기구이므로 용맹과 위엄이 있는 자를 쓰도록 하고 있었
다.107) 한편 火兵은 오늘날의 취사병에 해당했으므로108), 직접적으
로 전투와 관련이 있지는 않았다. 따라서 상대적으로 떨어지는 자들
을 사용해도 무방하였다.109)

속오군의 대상이 되는 연령은 15세 이상 50세 이하로 규정되고 있
었다.110) 하지만 50세 이상이라도 勇力이 뛰어난 사람은 나이에 구
애받지 않고 충정할 수 있도록 했다. 그런데, 여기에서 속오군의 대
상이 되는 연령과 직역 부담의 연령 사이에 차이가 나타나고 있다.
즉 정군의 군역을 포함한 직역이 16세~60세를 대상 연령으로 하고
있는데 비하여111) 속오군은 15세~50세로 그 상한과 하한에 있어서
차이를 보이고 있는 것이다. 하한인 15세의 경우는 나이를 滿으로
계산하는가의 여부에 따라서 달라질 수 있는 것이지만, 상한의 경우
가 다른 이유는 실제 전투에의 투입 여부가 중요한 기준이 되었기
때문일 것이다. 50세를 넘는 경우 전투에서의 활용을 보장할 수 없

---

105) 같은 사료. '筅爲一隊之先鋒 貌儀豊偉則足奪敵人膽視也 此器重滯 故兼
得猛力然後可使制用矣.'
106) 같은 사료. (11~12쪽.) '槍本勢多器長 架手易老 故必用精神骨力者.'
107) 같은 사료. (12쪽.) '殺氣言其外也 膽性指其內也 鈀本防槍殺敵 故必取勇
威者而授之也.'
108) 같은 사료. (22쪽.) '擔卽荷擔也 火兵乃炊爨之徒 故但著鋒刃於所荷之木
以防意外之變而已.'
109) 같은 사료. (13쪽.) '庸碌下愚 猶尙不棄者 將化無用爲有用之意.'
110) 柳成龍, 『軍門謄錄』, 乙未(선조28년;1595) 4월 14일. (正文社 영인본, 33
장. 이하 장수는 이에 의함.) '且年五十歲以下 十五歲以上 不至殘病者
則雖不解操弓者 皆可編入行伍 且又雖過五十歲 而勇力絶倫者 則亦不當
以年歲爲拘.'
111) 16세부터 男丁으로 각종 신역을 부담하며, 60세에 免役되었다. 『續大典』
「戶典」, 戶籍, '男丁十六歲以上佩號牌.'；『經國大典』「兵典」, 免役, '軍士
年滿六十者 篤疾廢疾者並免役.'

었기 때문이다. 예외적으로 50세 초과자를 충정하는 경우 남보다 勇力이 매우 뛰어난 자를 뽑도록 한 것도 같은 맥락에서 이해할 수 있을 것이다.

이상과 같은 속오군의 편제는 앞에서 살펴본 바와 같이 완성된 형태라고 보기에는 어려운 것이었다. 그렇지만 壬亂 이전의 지방방위체제와는 확실히 구분되는 것이었다. 鎭管체제의 복구를 통해 지방군제를 재건시켜 나가려던 유성룡의 구상은, 國初의 체제 그대로의 환원을 의미하는 것은 아니었다. 오히려 각 지역단위별로 自戰自守하는 鎭管체제의 정신을 유지하는 선에서, 束伍法에 의한 새로운 군사제도의 성립을 예고하는 것이었다. 그것은 仁祖~孝宗代에 營將制가 실시되면서 어느 정도 모습을 갖추어가게 된다. 또 戚繼光의 병법을 받아들임에 있어서도, 우리 실정과의 조화를 꾀하고 있었다. 주로 砲·殺手 중심의 편성을 내용으로 하고 있는『紀效新書』와 달리 전통적인 射手隊를 합하여 三手체제로 한 것이라든가, 砲·殺手의 구성에 있어서도 砲手의 비중을 높게 한 것 등이 그러하였다. 다음으로는 이상과 같은 속오군의 구조, 특히 편성이 실제로 어떻게 이루어지고 있었는지를 당시의 軍案을 통해 살펴보도록 하겠다.

2. 束伍軍의 編成 실태 - 平安道 사례

성립기 속오군의 구체적인 편성 실태를 파악하기 위해서는 당시에 작성되었던 軍案의 분석이 필요하다. 그러나 다른 지역의 자료는 모두 散佚되고, 지금까지 남아있는 것으로는 평안도 지방의 자료 일부가 유일하다. 이 자료는 宣祖 29년(1596) 평안도 지방의 속오군 편제자료로 柳成龍의 宗家에 전해 내려왔는데, 이후 수차례 영인된 바 있었지만 착오가 적지 않았다. 수년전에 鄭求福이 상세한 해제와 함께 순서를 바로잡아 영인하였는데,112) 이 책에서는 이 영인본을 근거로 하여 분석하였으며,113) 그 명칭도 鄭求福이 사용한『鎭管官

兵編伍冊』과『鎭管官兵容貌冊』이라는 이름을 그대로 따랐다. 기존의
논문에서도 이미 이 자료를 분석한 바 있었지만114) 분석이 자료에
실린 전 구성원을 대상으로 이루어지지 않았고, 분석의 방법도 좀더
다양화하고 체계화할 여지가 있었다.

『鎭管官兵編伍冊』(이하『편오책』으로 略記)에는 寧邊·安州·龜
城·義州 네 진관의 속오군 편성 내용이 실려있고,『鎭管官兵容貌冊』
(이하『용모책』으로 略記)에는 그 가운데 安州 진관의 군병에 대한
신체검사내용이 실려있다. 이 당시 평안도 지방의 속오군 편성 담당
자는 관찰사였던 尹承吉이었다. 尹承吉은 초기 속오법에 의한 지방
군의 편제에 큰 역할을 했던 인물로,115) 평안도에 부임해서는 편성
의 지연과 관련하여 징계되는 곡절을 겪기도 했다.116) 하지만 직전
의 감사였던 李元翼이 편성의 대강을 마련해 놓은 덕분에,117) 선조
29년 5월에는 편성을 완료할 수 있었다.

평안도에는 모두 6개 진관이 있었고,118) 따라서 6營으로 편제되었
다.『편오책』에 따르면, 영변 진관이 左營, 안주 진관이 右營, 구성

---

112) 鄭求福, 1994,「1596年 平安道 鎭管官兵編伍冊」『古文書研究』5, 韓國古
　　文書學會.

113) 鄭求福은 각 진관과 사-초-기-대의 순서를 고려해 정확하게 복원하였
　　다. 다만『鎭管官兵容貌冊』의 경우 139쪽과 140쪽의 자료는 순서가 바
　　뀌었다. 이는『鎭管官兵編伍冊』을 통해서 확인된다.

114) 車文燮, 앞의 논문 및 鄭求福, 앞의 논문 참조.

115) 『宣祖修正實錄』권28, 선조 27년 3월 기묘, 25집 646쪽. '以尹承吉爲江原
　　道觀察使 承吉勤於職事 創行束伍法 頗有條緖.'

116) 이 책 제1장 I절 참조.

117) 『宣祖實錄』권68, 선조 28년 10월 신유, 22집 583쪽. '兼四道都體察使柳
　　成龍啓曰 平安道軍兵 右議政李元翼爲監司時 已曾分部定將 有哨官旗總
　　隊摠 以相統屬 敎之以砲殺之器 其數已多 比諸他道不經訓鍊之軍 相去遠
　　矣 元翼適來之後 未知練習成就 能不廢舊規與否 且不知當初分定哨官旗
　　總隊總 皆未移易 而所屬之軍 亦果保無離散與否 治兵條理 只在於此 令
　　本道巡察使 急速修正軍案一冊 依訓鍊都監下送規模 劃卽上送 以憑後考.'

118) 柳成龍,『軍門謄錄』, 丙申(선조29년:1596) 4월 14일, 70장. '成川鎭管所
　　屬各官 於平安道六鎭管中最多 其故何也'

진관이 後營, 의주 진관이 後別營으로 각각 되어 있다. 이외에는 平壤과 成川 진관이 있었는데, 평양이 中營, 성천이 前營이 되었을 것으로 추측된다.[119] 앞에 경기도의 경우에서도 살펴보았듯이 속오군제의 실시와 함께 복구된 진관제도는 경국대전의 것과는 다른 것이었다. 즉 조선전기의 평안도 육군 진관수는 17개였던데 비하여 이때에는 6개로 감소하고 있는 것이다.[120]

1) 『鎭管官兵編伍冊』의 분석

『편오책』은 '제목', '計開', '편성표', '各官下雜類', '관찰사 확인'의 순서로 되어 있다. '제목'과 '관찰사 확인'을 제외한 부분이 내용을 이루는데, 우선 각 진관별로 '計開'라 하여, 營將 이하 각 군대의 직급·직무별 정원수가 표시되어 있다.[121] '편성표'에는 각 隊 별로 대원의 주특기와 성명이 기재되어 있고, '各官下雜類'는 각 단위부대의 長官 직속의 非戰鬪員에 대한 기록이다. 즉 營將·把摠·哨官 등 산하의 中軍, 旗鼓官, 旗牌官으로부터 馬夫 까지의 명단이다. 즉 일정한 편제하의 전투원·비전투원에 대한 명단이 편성표와 '各官下雜類'에 각각 기록되고, 그 수효만을 앞에 '計開'라 하여 따로 요약하고 있는 것이다. 다음 〈표 3〉은 각 진관별의 병력 현황을 '計開'를 근거로 도표화한 것이다.

---

119) 鄭求福, 앞의 논문, 110쪽.
120) 『經國大典』의 平安道 兵馬僉節制使는 모두 16員이고, 觀察使가 지휘하는 平壤진관을 포함하면 모두 17개의 진관이 된다. 한편 英祖代에 편찬된 『續大典』에는 평안도의 鎭營將이 9員으로 나타나고 있는데, 이외에 宣川·昌城 등이 防禦營으로 나타나고 있다. 『經國大典』 권4, 「兵典」, 外官職 ; 『續大典』 권4, 「兵典」, 外官職.
121) '計開'는 '총계의 내용을 조목조목 나열하여 제시한다'는 뜻이다. 鄭求福, 앞의 논문, 105쪽.

〈표 3〉 平安道 각 鎭管의 병력 현황

구 분	寧邊	安州	龜城	義州
營 將	1	1	1	1
把 摠	2	3	2	3
哨 官	7	11	6	9
留哨 哨官		2		
旗 摠	20	27	18	28
留哨 旗摠		3		
砲殺手·隊摠	366	492	331	484
射手·隊摠	330	465	324	382
留哨 射手·隊摠		105		
(소계)	(726)	(1,109)	(682)	(907)
中 軍	1	1	1	1
旗鼓官	1		1	
旗牌官	3	3	3	3
書 記	3	4	2	4
吹打手	31	36	21	37
旗 手	37	79	35	58
軍 牢	6	15	6	17
馬 夫	6			
號銃手				5
工 匠				7
(소계)	(88)	(138)	(69)	(132)
합 계	814	1,247	751	1,039

출전 : 『鎭管官兵編伍冊』
비고 : - 원전의 순서를 일부 바꾸어, 전투원과 비전투원으로 구분하여 재구성
 - 寧邊 진관을 제외하고는 軍牢와 馬夫의 구별이 없음
 - 안주진관은 '留哨'가 있어, 이를 따로 계산

　　이 표를 통해 몇가지 사실을 확인할 수 있다. 우선 柳成龍이 제시한 편성원칙이 그대로 지켜지고 있지는 않다는 것이다. 1營에 5司를 두게 되어 있지만 把摠이 지휘하는 司는 2~3司에 불과하며, 1司에 5哨를 두게 되어 있는 규정도 마찬가지였다. 哨 이하의 구성에 있어서는 편성원칙이 거의 그대로 적용되고 있었다.

　　다음으로는 砲殺手와 射手를 구별해서 표시하고 있다는 점이다. 三手의 기예별로 砲手·殺手·射手를 따로 구분하지도 않고, 그렇다

고 모든 군병을 아울러서 집계하지도 않고 있는 것이다.

이는 새로운 병법의 채용에 따른 과도기적인 현상이라고 생각된다. 전통적으로 전해져 내려오던 弓矢를 주로 하는 射手와, 새로 편제된 조총 및 창검을 다루는 砲殺手를 구분해서 파악할 필요가 있었던 것이다. 射手와 砲殺手는 그 기예의 전래 여부 이외에도 신분적으로도 상당히 다른 구성을 하고 있었다. 이에 대해서는 앞으로 자세히 분석될 것이다.

또한 隊摠의 경우에는 砲殺手나 射手 등 일반 군병과 함께 통계처리되고 있다. 旗摠 이상의 장교가 따로 파악되고 있는 것과는 대비되는 것이다. 이는 隊摠의 지위가 일반 대원들과 큰 차이가 없음을 나타내는 것으로 보여진다. 隊摠 및 旗摠에 대해서는 역시 앞으로 분석이 이어질 것이다.

마지막으로는 非전투원인 中軍 이하 각급 본부 소속 군병들의 파악 방식이나 편제가 일정하지 않다는 것이다. 旗鼓官과 같이 鎭管에 따라 두어지지 않는 명색이 있는가 하면, 軍牢나 馬夫처럼 진관별로 파악하는 방식이 다른 경우도 있었다. 또한 각 명색의 구성 비율도 큰 편차를 드러내고 있다. 이와 같은 현상은 역시 성립기의 불완전성을 드러내주는 것이라고 생각되는데, 직접 전투에 참가하는 단위 부대의 군병이 아닌 까닭에 이러한 불완전성이 문제되지 않았던 것으로 보인다.

이 글에서 본격적으로 분석할 부분은 『편오책』의 각 단위 부대별 '편성표' 부분이다. 이 부분이 양적으로도 가장 많으며, 직접적으로 전투를 담당한 단위 부대의 편성을 다루고 있으므로 내용적으로도 핵심이 되는 부분이라고 할 수 있다. 편성표의 기록 양식은 다음과 같다. 우선 상급 단위부대별 長官인 營將-把摠-旗摠을 명기한 후, 각 대별로 隊摠 1인과 火兵을 포함한 대원 11인의 명단을 밝히고 있다. 賤人일 경우에는 이름 앞에 奴라 하여, 그 신분을 명기하고 있다. 명단의 작성은 비교적 신중을 기했던 것으로 여겨지는데, 同名異人의 경우 이름 앞에 '大'와 '小'를 명기해 착오를 방지하고 있다.[122] 이 부분의 분석을 통하여 속오군의 편제의 구체적인 부분들, 즉 각 단위부대와 진관 및 각읍의 관계, 砲手·殺手·射手 등 三手 기예의 구성 비율 및 편성원칙, 신분의 구성비율 등이 밝혀질 수 있을 것이다. 편성표는 安州 진관의 일부가 결락되었지만, 전체적으로는 양호한 상태로 남아있어 분석에는 큰 지장이 되지 않는다.

다음 〈표 4〉는 편성표를 바탕으로 하여, 단위부대별로 각 진관 및 군현과의 관계를 살펴본 것이다.

앞에서도 언급했듯이, 5司를 모두 갖추고 있는 진관은 없었다. 左司-右司의 2司체제나, 前司-中司-後司의 3司체제를 택하고 있었다. 3司체제 진관의 경우에는 진관이 설치된 군현이 中司를 차지하고 있고, 2司체제의 경우에는 左司를 차지하고 있다. 寧邊과 같이 1司의 병력을 모두 한 고을이 충당하고 있는 경우가 있는가 하면, 義州 진관의 경우처럼 한 고을이 1旗의 병력만을 충당하기도 하는 등 고을의 크기에 따라 큰 편차를 드러내고 있었다. 하지만 한 고을이 그 규모에 걸맞는 단위부대를 형성하고 있다는 것은 거주지 중심의 편성원칙이 군현단위로는 지켜지고 있다는 점을 보여준다. 이는 한 고을의 군병이 소속 부대가 다름으로써 올 수 있는 통솔상의 혼란을

---

122) 安州鎭管 前司 中哨 2旗 1隊의 '康守'의 경우처럼 같은 隊에 편성된 경우 이외에도, 前司 永柔 留哨 1旗 2隊와 2旗 1隊에 각각 편성된 '趙彦守'의 경우처럼, 旗를 달리하여 편성될 경우에도 '大'자와 '小'자를 붙여 구분하고 있다. 이외에도 同名異人은 몇 경우가 더 발견되는데, 哨를 달리하는 경우는 발견되지 않는 것으로 보아 哨가 편성에 있어서 중요한 기준이 되고 있었던 것같다. 그런데 大小로 구분하는 근거가 무엇인지 『편오책』만으로는 알 수 없다. 한편 『용모책』에는 각 군병의 나이·신장·근력 등이 표시되고 있는데, 어느 하나가 절대적인 기준이 되는 것은 아니었다. 일례로 '趙彦守'의 경우에는 '大趙彦守'가 '小趙彦守'보다 나이도 많고 신장이 커서 그 기준이 될 법도 하지만, '康守'의 경우에는 '大康守'가 '小康守'보다 나이도 어리고 신장도 작다. 한편 근력의 경우, '大康守'가 '小康守'보다 세지만, '大趙彦守'는 '小趙彦守'보다 약한 것으로 나타나, 역시 그 기준이 되기는 곤란하다. 이것은 각 읍별로 군안을 작성하는 때의 관행에 따른 것으로 일정하지는 않았던 것으로 보인다.

방지하고자 한 것이며, 또한 自戰自守하는 진관체제의 정신이 구현
된 것이기도 했다.

〈표 4〉平安道 鎭管과 郡縣의 구조

구분		寧邊 鎭管	安州 鎭管	龜城 鎭管	義州 鎭管
左司	前哨	寧邊		龜城	
	中哨				
	後哨			郭山	
右司	前哨	博川		宣川	
	中哨				
	後哨			郭山	
	留哨	泰川			
前司	前哨		永柔(留哨 포함)		龍川
	中哨				龍川(1·2旗) 彌串(3旗)
	後哨		肅川(留哨 포함)		鐵山
中司	前哨		安州		義州
	中哨				
	後哨				
後司	前哨		定州		麟山
	中哨				麟山(1旗) 水口(2旗) 玉江(3旗)
	後哨				方山(1旗) 淸城(2旗) 靑水(3旗)

출전 :『鎭管官兵編伍册』『鎭管官兵容貌册』
비고 : - 安州 진관의 後司 前哨는 누락되어 소속읍이 불명
      - 安州 진관의 後司 中哨 이하는『鎭管官兵容貌册』에서 확인

龜城 진관의 경우에는 예외적이다. 즉 龜城과 宣川이 각각 左·右
司의 前·中哨를 맡고 있는데 대하여, 郭山은 左·右司의 後哨를 담
당함으로써 병력이 분산되어 있기 때문이다. 그러나 이 경우에도 편
성 원칙에 어긋난 것이라고 볼 수는 없을 것이다. 오히려 편성원칙
에 충실한 것이라고 할 수 있다. 즉 龜城·宣川·郭山의 세 고을의
병력이 모두 2哨로 비슷한 관계로, 어느 한 고을은 두 司로 분산될
수 밖에 없었다. 물론 각각 별도의 司로 독립할 수도 있겠지만, 그렇

게되면 1司의 병력이 2哨에 불과해 너무 적어지게 된다. 유성룡의 편성원칙인 1司=5哨는 지키지 못한다고 해도, 최소한 3哨를 유지하는 것이 평안도의 편성원칙이었다. 따라서 지리적으로 龜城과 宣川의 중간에 위치한 郭山의 병력을 분산하는 것이 최선의 방법이었을 것으로 보인다.

(1) 三手別 구성

다음으로는 편성표상에 있어서의 砲手와 殺手 및 射手의 비율과 구성원칙을 추적해보기로 하겠다. 위의 '計開'에서도 射手는 구분되었지만, 砲手와 殺手는 함께 파악되어 정확한 구성비를 살펴볼 수 없었다. 또한 각 기예의 구성 단위나 구성원칙에 대해서도 확인할 필요가 있었다. 우선 射手나 殺手, 砲手 등은 隊를 기초 단위로 하고 있었다. 즉 같은 기예로 이루어진 최소의 단위는 隊이다. 다음 〈표 5-1〉~〈표 5-4〉는 '隊'를 단위로 하여, 三手 구성을 각 진관의 단위부대별로 살펴본 것이다.

〈표 5-1〉 寧邊 진관의 三手 구성

司	左司			右司			
哨	前哨	中哨	後哨	前哨	中哨	後哨	留哨
1旗	살살살	포포포	살살포	살살포	살살포	살살포	사사사
2旗	살살살	사사사	포사사	포포사	포포사	포사사	사포사
3旗	포포포	사사사	사사사	사사사	사사사	사사사	
殺手 14대, 砲手 17대, 射手 29대. 총 60대							

〈표 5-2〉 安州 진관의 三手 구성

司	前司				中司			後司			미상
哨	前哨	中哨	後哨	留哨	前哨	中哨	後哨	前哨	中哨	後哨	미상
1旗	살살살	사사사	살살포	사사사	살살살	사사사			포포포	살살포	사
2旗	포포포	사사사	포사사	사사사	포포포	사사사		살살살	포사포	포포	
3旗	포포포	사사사	사사사	사사사	포포포	사사사	사사사	포포포	사사사	사사사	
殺手 13대, 砲手 25대, 射手 43대. 총 81대											

〈표 5-3〉龜城 진관의 三手 구성

司	左司			右司		
哨	前哨	中哨	後哨	前哨	中哨	後哨
1旗	살살살	사사사	살살살	살살살	사사사	사사사
2旗	포포포	사사사	포포포	살살살	사사사	사사사
3旗	포포포	사사사	포포포	포포포포	사사사	사사사
殺手 12대, 砲手 16대, 射手 27대.　　총 55대						

〈표 5-4〉義州 진관의 三手 구성

司	前司			中司			後司		
哨	前哨	中哨	後哨	前哨	中哨	後哨	前哨	中哨	後哨
1旗	살살살	사사사	살살포	살살살	포포포	사사사	살살살	포사	포포사
2旗	포포포	사사사	포사사	살살살	포포포	사사사	포포사	포사	포포사
3旗	포포사	포포사	사사사	살살살	포사사	사사사	사사	포사	포사
餘旗		포사							
殺手 17대, 砲手 27대, 射手 34대.　　총 78대									

출전 :『鎭管官兵編伍册』

비고 : -'살'은 殺手隊, '포'는 砲手隊, '사'는 射手隊
　　　-순서는 1-2-3隊의 순서
　　　-安州 진관 留哨의 1·2旗는 永柔 留哨의 1·2旗. 3旗는 肅川 留哨의 1旗.
　　　-安州 진관 미상은 中司 後哨의 1, 2旗 혹은 後司 前哨 1旗의 3隊로 추정
　　　-龜城 진관 右司 前哨 3旗는 餘隊 1隊 포함
　　　-義州 진관 前司 後哨의 餘旗와 後司 中哨의 1~3旗는 2隊로 구성

　위의 표를 살펴보면, 隊의 바로 상급 단위인 旗의 단계에 있어서도 같은 기예로 편성된 경우가 많았다. 위 표에서 2隊 이상으로 구성된 旗는 모두 93개인데, 그 중 67旗가 같은 기예로 구성되어 있었다. 72%의 비율로, 기본적으로는 한 旗는 하나의 기예로서 구성되는 것이 보편적이라고 볼 수 있다. 龜城 진관은 같은 기예를 가지고 한 旗를 편성하는 원칙에 예외가 없다. 참고로 한 哨가 모두 같은 기예로 편성된 경우도 7哨나 된다.

　한편 旗의 단위에서 서로 다른 기예를 가진 隊의 조합을 살펴볼 때 흥미로운 규칙이 발견된다. 즉 殺手隊와 砲手隊로 이루어진 旗나 砲手隊와 射手隊로 이루어진 旗는 있어도, 殺手隊와 射手隊의 조합

은 발견할 수 없다는 것이다. 그 이유는 병기간의 특성을 고려해보면 쉽게 이해할 수 있다. 殺手와 射手의 병기는 弓矢와 槍劍으로 모두 冷兵器에 해당한다. 따라서 서로 같이 편제된다고 하더라도 조합에 따른 상승효과를 기대하기 힘들다. 반면에 殺手나 射手가 화기를 이용하는 砲手와 결합할 경우에는 효과를 극대화할 수 있다. 하지만 기본적으로 한 旗는 같은 기예로 구성되는 것이 원칙이었던 것 같다. 殺·砲·射手의 三手隊가 한 旗에 모두 편성된 경우가 한 건도 발견되지 않는 것은 바로 그러한 이유에서 비롯되었을 것이다. 불가피하게 서로 다른 기예끼리 조합하게 되는 경우에는 2가지 기예를 조합하되 효과를 극대화시키는 방안에서 추진했던 것이다.

그 밖에도 旗나 哨의 순서에 따른 기예의 배치와 같은 것도 고려되었던 것으로 보인다. 대체적으로 殺手-砲手-射手의 순으로 배치된다든지, 司의 중심이 되는 中哨는 射手隊로 구성되는 경우가 많다든지 하는 문제 등이 그러하다. 하지만 이와 같은 문제는 陣法에 대한 세밀한 고찰이 있은 연후에야 분석이 가능할 것 같아서, 이 글에서는 다루지 못하였다. 中哨가 射手隊로 구성되는 문제는, 진법의 문제와 함께 신분적인 문제도 작용하고 있었던 것으로 짐작된다. 삼수의 기예에 따른 신분문제에 대해서는 앞으로 분석이 이어질 것이다. 다음 〈표 5-5〉는 위의 〈표 5-1〉~〈표 5-4〉를 종합하여, 隊를 단위로 삼수의 구성을 살펴본 것이다.

〈표 5-5〉 平安道 진관별 三手隊 구성

구분	殺手		砲手		射手		계	
	隊	%	隊	%	隊	%	隊	%
寧邊	14	23.3	17	28.3	29	48.3	60	100
安州	13	16.0	25	30.9	43	53.1	81	100
龜城	12	21.8	16	29.1	27	49.1	55	100
義州	17	21.8	27	34.6	34	43.6	78	100
계	56	20.4	85	31.0	133	48.5	274	100

출전 : 『鎭管官兵編伍册』

위의 표에 의하면, 각 진관별로 비율에 약간의 차이는 있지만 射
手가 가장 많고 砲手·殺手의 순으로 나타나는 경향은 모든 진관에
서 일치하고 있다. 즉 아직까지는 전통적인 射手의 비중이 가장 높
아서, 三手의 기예가 산술적인 균형을 이루지는 못하고 있다. 하지만
殺手와 砲手의 비율이 전체적으로 50%를 넘어서고 있다는 사실
은[123] 충분한 의미를 갖는 것이다. 선조 27년 지방군에 砲手를 모집
하기 시작한 이래 2년여만에 이루어진 성과이기 때문이었다. 종래
弓矢를 위주로 하던 조선의 무기체계는 속오군의 성립과 함께 급속
하게 변화한 것이었고 그 변화의 내용은 殺手와 砲手의 급증, 특히
鳥銃과 같은 화기 사용의 급증에 있었던 것이다.

(2) 身分別 구성

다음으로는 속오군의 구성원을 신분별로 분석해보도록 하겠다. 이
에는 각급 장교의 분석과 三手 기예별 분석이 포함될 것이다. 직역
을 포함한 보다 구체적인 분석은 더 자세한 정보를 담고있는『용모
책』의 분석에서 이어질 것이기 때문에, 여기에서는 다만 良·賤別로
구분해보도록 하겠다. 이 작업도 나름대로는 의미있는 것이 될 수
있다.『용모책』에는 安州 진관의 일부 군병만을 대상으로 하고 있기
때문에, 보다 많은 대상이 수록되어 있는『편오책』으로부터 전체적
인 경향을 파악한 후에 구체적인 분석으로 들어가는 것이 순서일 것
이기 때문이다.

분석 대상이 된 將兵은 모두 3,319명이다. 그 중에 각급 부대의
지휘관인 營將, 把摠, 旗摠, 隊摠 등의 장교가 410명, 일반 병사가
2,909명이다. 편성표에는 殺手의 경우 藤牌·狼筅·長鎗·鏡鈀 등

---

123) 安州 진관은 射手隊가 53.1%인 것으로 나타나고 있지만, 이는 편성표
　　의 누락된 부분이 砲·殺手隊에 집중된 탓으로 보인다. 앞의 〈표 3〉에
　　따르면, 안주진관의 경우에도 砲手와 殺手의 합이 射手보다 많게 나타
　　나고 있다.

주무기가 구분되어 기재되어 있고, 砲手의 경우 진관에 따라 鳥銃 혹은 砲手라 기재되어 있으며 射手는 그대로 射手라 표기되어 있다. 그 밖에도 각 隊에는 1인씩의 火兵이 있었다. 이상을 각 진관별로 파악하여 직급별, 직무별로 구분한 것이 아래의 〈표 6-1〉이고, 그 가운데 대총 이상의 지휘관은 제외하고 일반 군병 2,909명을 대상으로 삼수별로 신분을 구분한 것이 〈표 6-2〉이며, 진관별로 구분한 것이 〈표 6-3〉이다.

〈표 6-1〉 平安道 각 진관 束伍軍 직무별 수효

鎭管	將校					殺手				砲手	射手	火兵	계
	營將	把摠	哨官	旗摠	隊摠	藤牌	狼筅	長鎗	鐃鈀				
寧邊										164	272	60	726
安州	1	2	7	20	60	28	28	56	28	250	428	77	1,004
龜城	1	2	8	27	81	26	26	52	26	155	270	55	682
義州	1	2	6	18	55	24	24	48	24	229	316	73	907
	1	3	9	28	78	34	34	68	34				
계	4	9	30	93	274	112	112	224	112	798	1,286	265	3,319

〈표 6-2〉 平安道 속오군병의 三手別 신분 구분

구분	良		賤		계	
	인원	%	인원	%	인원	%
殺手	308	55.0	252	45.0	560	100
砲手	475	59.5	323	40.5	798	100
射手	1,168	90.8	118	9.2	1,286	100
火兵	195	73.6	70	26.4	265	100
계	2,146	73.8	763	26.2	2,909	100

〈표 6-3〉 平安道 속오군병의 鎭管別 신분 구분

구분	良		賤		계	
	인원	%	인원	%	인원	%
寧邊	398	62.6	238	37.4	636	100
安州	640	72.3	245	27.7	885	100
龜城	442	73.7	158	26.3	600	100
義州	666	84.5	122	15.5	788	100
계	2,146	73.8	763	26.2	2,909	100

출전 : 『鎭管官兵編伍册』

위의 隊別 분석에서도 확인되었듯이, 射手가 가장 많은 비중을 차지하고 있으며, 砲手-殺手의 순으로 구성이 이루어지고 있다. 그리고 신분 구성은 良人이 73.8%, 賤人이 26.2%의 비율을 보여주고 있다. 그런데 三手 기예별로 신분 구성에 있어서 상당한 편차가 드러남을 발견할 수 있다. 賤人의 비중이 가장 높은 기예에는 殺手로 전체의 45%나 차지하고 있다. 반면 射手의 경우에는 9.2%만이 賤人으로 구성되어 있다. 이는 새로 군에 편입되기 시작한 천인이, 새로 도입된 기예인 殺手와 砲手를 중심으로 편제되었음을 의미한다. 전통적인 무기체계였던 弓矢는 단기간에 습득하기가 어려운 것이었고, 따라서 기존의 무사들이 그대로 射手에 편입되었다. 따라서 射手에 있어서는 良人의 비율이 압도적으로 나타난 것이다.

새로 편제된 기예 가운데 砲手보다는 殺手에서 천인들의 비중이 높게 나타나는 이유도 설명이 가능할 것 같다. 조총·화약과 같이 별도로 제작하여 보급이 필요한 砲手와 달리, 殺手의 주무기는 주변에서 쉽게 구할 수 있는 것들이었다. 따라서 천인들이 殺手에 입속하는데에는 큰 장애가 있을 수 없었다. 또한 殺手隊는 적과 근접하여 직접 백병전을 치르는 부대였다. 상대적으로 원거리에서 적과 교전하는 砲手나 射手와는 달리 위험에 노출될 가능성이 더욱 컸다. 신분적으로 낮은 천인을 殺手隊를 중심으로 편제한 이유를 이런 측면에서도 찾아 볼 수 있는 것이다.

殺手의 경우 1隊에 藤牌·狼筅·長鎗·鐺鈀의 구성이 2:2:4:2로 이루어져 있으며, 이와 같은 원칙은 모든 진관에 예외없이 관철되고 있다. 殺手隊의 이러한 비율도 『紀效新書』의 편성원칙을 그대로 따른 것이었다. 다음 〈표 6-4〉는 편성표에 나타난 殺手의 주무기별로 신분 구성을 살펴본 것이다.

이에 의하면 주무기별로 심한 편차를 보이고 있지는 않다. 藤牌에 있어서는 賤人이 차지하는 비중이 오히려 약간 높은 정도가 눈에 띄지만, 전체적인 비율과 큰 차이를 보이고 있지는 않다. 殺手隊의 주무기별 특성은 앞으로 『용모책』의 분석에서 자세히 이루어질 것이다.

〈표 6-4〉 平安道 殺手의 身分別, 武器別 구분

구분	良		賤		계	
	인원	%	인원	%	인원	%
藤牌	54	48.2	58	51.8	112	100
狼筅	67	59.8	45	40.2	112	100
長鎗	123	54.9	101	45.1	224	100
鐃鈀	64	57.1	48	42.9	112	100
계	308	55.0	252	45.0	560	100

출전 : 『鎭管官兵編伍册』

편성표 상에는 410명의 각급 부대의 장교들이 등장하는데, 장교 가운데에서도 哨官 이상과 旗摠 이하는 신분적으로 구분되는 존재였던 것으로 파악된다. 편성표에 哨官 이상은 직역이 기재되는데 대하여, 旗摠 이하는 직역이 기재되지 않고 있는 점을 보아도 알 수 있다. 실제로 임명하는 방식도 哨官 이상과 그 이하는 달랐다. 유성룡은 鍊兵에 있어서 가장 중요한 것은 哨官을 선택하는 것에 있다고 강조하면서, 그로 하여금 旗摠을 임명케 하고 旗摠이 隊摠을, 隊摠이 병사를 각각 선발케 하는 방식을 제안하고 있다.124) 그렇게 함으로써 엄격한 지휘책임을 기할 수 있었던 것이다.

하지만 哨官 이상의 장교라 하여 그 직급에 따라 서열이 체계화된 것은 아니었다. 진관의 책임자인 營將부터 품계가 일정하게 나타나고 있지 않다. 4품 이상으로 임명케 되어있는 守門將으로부터125), 郡守(종4품)126), 軍資監 主簿(종6품)127) 등으로 일정치 않았으며, 龜城 진관의 營將은 出身이 담당하고 있었다. 그런데 守門將의 경우에는 임진왜란이 발발하면서 賤人들도 軍功에 의해 임명할 수 있게

---

124) 柳成龍, 『軍門謄錄』, 乙未(선조28년:1595) 12월 14일, '移京畿巡察使'. (영인본, 30장.) '鍊兵之事 必先擇哨官 使之自擇旗摠 旗摠定隊摠 隊摠抄 軍 如是等等 自擇而編成行伍之後 觀其能否 賞罰連坐 以次而上 故事不 煩而成效易矣.'
125) 『經國大典』 권4, 「兵典」, 入直.
126) 『經國大典』 권1, 「吏典」, 外官職.
127) 『經國大典』 권1, 「吏典」, 京官職.

해.[128] 선조 27년에는 430여명에 이르러 그 중 일부를 훈련도감의 殺手로 삼는 문제가 논의될 만큼[129] 지위가 하락하고 있었다. 따라서 寧邊 진관의 營將으로 나오는 守門將 吉安仁의 정확한 품계는 확인하기 어렵다.

把摠은 9인 가운데 8인이 出身이었는데, 義州 진관의 中司 把摠인 張鴻壽는 종6품인 主簿였다. 哨官도 30인 가운데 出身이 24명으로 대부분을 차지하고 있으나, 甲士가 1인에 保人도 2인이 나타나고 있으며 아예 직역이 표시되지 않은 哨官도 3명이나 된다. 이렇듯 각급 지휘관의 품계가 일정치 않은 것은 역시 성립기 속오군의 미숙성으로 볼 수 있다. 그렇지만 把摠이나 哨官에 出身이 대부분을 차지하는 것은 나름대로 이유가 있었다. 武科에 합격만 한 상태로 적당한 관직을 얻지 못하고 있던 출신들에게는 속오군의 把摠이나 哨官의 자리가 매력적인 것이 될 수 있었다. 전쟁을 맞아 전국에 1만명에 달하는 出身을 별도로 편성하여 동원하는 문제가 논의되는 상황에서는[130] 더욱 그러했을 것이다.

旗의 책임자인 旗摠은 모두 93명이었는데, 기총 이하는 편성표에 따로 직역이 기재되지 않고 있다. 초관에 의해서 군병 중에서 선택되었기 때문에, 그 처지는 일반 군병들과 크게 다르지 않았을 것이다. 하지만 기총과 대총 그리고 일반 군병들 사이의 신분적 구성비

---

128) 『宣祖實錄』 권51, 선조 27년 5월 을유, 22집 266쪽. '軍功廳啓曰 公私賤 一級則免賤 二級則羽林衛 三級則許通 四級則除守門將 已成規例矣.'

129) 『宣祖實錄』 권51, 선조 27년 6월 계유, 22집 303쪽. '上引見大臣及備邊司 有司堂上 … (兵曹判書沈)忠謙曰 當初守門將二十人 而今者多至四百三 十餘人 今試其才 不能者送於都監 俾習刀槍何如.'

130) 『宣祖實錄』 권86, 선조 30년 3월 기유, 23집 181쪽. '備邊司啓曰 今三月 初九日朝講 上曰 許多出身 兵曹置之何處乎 領事金應南曰 下三道出身亦 甚多 而或入束伍哨官 或稱軍官而閑遊者甚多云 … 上曰 備邊司與兵曹議 處之事傳敎矣 各道前後出身武士 幾至萬名 而一度赴防之後 歸臥其家 警 急之時 亦不搜出調用 果如經筵官啓辭 極爲寒心 今者兵曹已抄各道出身 五十歲以下 成冊之數八千餘名 … 使之點名考准 定朔赴防 准朔則啓聞放 送爲當 傳曰 依啓.'

는 조금씩 다르게 나타나고 있다.

旗摠은 1명을 제외하고는 모두가 良人이었다. 奴로서 旗摠을 맡고 있었던 사람은, 龜城 진관의 左司 前哨 3旗의 旗摠인 應南이었다. 이 旗는 모두 砲手로 구성된 부대로서, 산하 3隊의 隊摠도 모두 賤人이었다. 그리고 구성원도 旗摠 포함 37명 중 9명만이 良人이고, 나머지 28명은 奴로 이루어진 부대였다. 따라서 신분적인 문제가 지휘통솔에 큰 장애요인이 되지 않는 경우였다. 그렇다고는 해도 奴로서 양인을 지휘하는 기총에 임명된 경우가 있었다는 것은 속오군이 갖는 신분적 의미를 생각하게 하는 것이었다. 隊摠에 이르러서 이러한 경향은 더욱 두드러진다. 즉 모두 274명의 대총 중에 奴는 27명으로, 거의 10%에 달하고 있었다. 27명의 賤人 隊摠을 진관별, 삼수별로 파악한 것이 다음의 〈표 7〉이다.

〈표 7〉賤人 隊摠의 三手 구분

구분	殺手	砲手	射手	계
寧邊	4	5	4	13
安州	3	6	1	10
龜城	1	3	0	4
계	8	14	5	27

출전 : 『鎭管官兵編伍冊』

賤人 隊摠은 의주 진관을 제외하고는 골고루 분포하고 있으며, 그 중에도 砲手와 殺手에 집중적으로 나타나고 있다. 역시 앞에서 살펴본 바와 같이, 賤人들이 砲·殺手를 중심으로 편제되었음을 의미하는 것이다. 砲手 隊摠이 殺手 隊摠보다 많이 나타나는 것은 모집단의 차이에서 온 것으로 보인다. 즉 〈표 5-5〉에서 나타난 것처럼 砲手隊는 85개로, 56개의 殺手隊보다 훨씬 많이 나타나고 있다. 한편 義州 진관에서 천인 대총이 전혀 등장하지 않는 것은, 義州에 賤人 속오군의 비율이 낮았던 데에서 원인을 찾을 수 있을 것 같다. 위의 〈표 6-3〉에서 보듯이, 義州 진관의 속오군에서 천인이 차지하는 비율은 15.5%에 불과해, 전체 평균인 26.2%와 큰 차이를 보이고 있다.

그렇기 때문에 賤人이 隊摠으로 등장하지 않고 있는 것이다. 義州 진관의 속오군에 이렇게 賤人이 적게 나타나는 이유에 대해서 이 책에서는 더 이상 살펴보지 못했지만, 義州 지방 賤人의 비율이 본래 적거나 아니면 義州 지방이 신분적으로 보수성이 강한 지역이 아니었나 추측할 뿐이다. 진관 營將의 직급도 義州의 경우에는 종4품인 前職 郡守로 다른 진관보다 높게 나타나고 있으며, 出身이 대부분인 把摠에 유일하게 종6품인 主簿가 나타나고 있는 지역도 義州였다. 이러한 점 등이 義州 진관에서 천인의 속오군 입속이 적게 나타난 원인으로 작용하지 않았나 한다.

2) 『鎭管官兵容貌册』의 분석

지금까지 『鎭管官兵編伍册』를 중심으로, 평안도 속오군의 구성 및 신분문제에 대해 살펴보았다. 그런데 이 자료와 함께 전해지는 『鎭管官兵容貌册』이 있어 당시 속오군에 대한 좀더 깊은 이해를 가능하게 하고 있다. 이 『용모책』은 안주 진관의 속오군에 대한 신체검사서인데, 安州 진관의 前司 前哨 3旗 2隊로부터 後司 中哨 2旗 3隊까지의 552명이 기재되었다. 중간중간 결락되어있는 부분이 있어서,[131] 『편오책』에 비하여 대상의 수는 적지만 기록되어 있는 내용이 매우 상세하여 당시 군정 전반을 이해하는데 큰 도움을 줄 수 있는 자료이다.

이 자료의 기재 양식은 다음과 같다. 기총 이하 군병의 직역, 성명, 나이와 소속 군현 및 거주지, 신장, 얼굴, 수염 및 근력과 상처 부위 등이 순서대로 기록되어 있고, 마지막으로는 편오책에 기재된 三手 기예 중의 주특기가 기록되어 있다. 역시 殺手인 경우에는 다루는 무기가 기재되었다. 기재된 정보의 수도 많고 내용도 풍부해, 이 자료는 군사제도 뿐 아니라 당시의 생활사 등에 대한 귀중한 자

---

131) 누락된 부분에 대해서는 鄭求福, 앞의 논문, 123~124쪽 참조.

료로 이용될 수 있을 것이다.132) 특히 속오군의 제도와 관련해서는 다음과 같은 사실을 추가로 확인할 수 있다.

우선 다루고 있는 대상이 旗摠 이하의 속오군병이라는 점이 시사하는 바가 적지 않다. 같은 지휘계통 안에서도 哨官 이상과 旗摠 이하가 구분되는 존재일 것이라는 앞의 추론을 확인시켜 줄 수 있는 자료이기도 하다. 旗摠과 隊摠은 일반 속오군과 똑같은 양식으로 기록되고 있다. 『편오책』에서는 旗摠과 隊摠 그리고 火兵의 주특기를 알 수 없었는데, 이 자료를 통해 그 내용을 파악할 수 있다. 따라서 旗摠과 隊摠은 일반 군병 중에서 선발되는 존재임이 분명해진다. 또한 職役이 함께 기재되어있어 속오군의 담당 계층에 대한 이해에 큰 도움을 줄 수 있다. 또한 거주지의 분석을 통해 속오군의 편성의 단위 등에 대해 구체적으로 이해할 수 있다. 그 밖에 신장과 근력 등의 정보를 적절히 활용하면 각 직급별, 직무별 편성 원칙에 대해서도 알 수 있다.

旗摠과 隊摠, 火兵은 소속된 부대의 주특기와 같은 기예를 익히고 있었다. 즉 射手隊에서는 '射手'로, 砲手隊에서는 '鳥銃'으로 각각 주특기가 기재되었다. 殺手隊의 경우에는 旗摠과 隊摠 모두 長槍을 주무기로 익히고 있었다. 반면에 火兵은 鏡鈀를 주무기로 하고 있었다. 따라서 殺手隊의 경우, 隊摠과 火兵을 포함한 기예의 비율은 藤牌: 狼筅:長鎗:鏡鈀의 순으로 2:2:5:3의 비율이 된다. 1旗가 모두 殺手隊로 편성되었을 경우에는 기총을 포함하여 6:6:16:9의 비율이 되는 셈이다. 旗摠의 경우에는 산하 부대가 단일한 기예로 편성되지 않는 경우가 생길 수 있다. 『용모책』에 나오는 旗摠 13명 중에 그러한 경우는 꼭 한 건이 발견된다. 後司 中哨 2旗의 경우인데, 1隊와 2隊가 砲手隊이고 3隊는 射手隊였다. 이 경우에는 1隊의 기예를 주특기로

---

132) 이 자료에 대해서는 정구복의 해제 외에 李鎭甲의 다음 논문 참조. 李鎭甲, 1984, 「1590年代 李朝鎭管官兵의 身長 및 筋力에 關한 硏究 -西厓先生遺稿 '軍門謄錄','官兵編伍冊' 및 '官兵容貌冊'의 資料에 의하여」 『安東文化』 5, 안동대 안동문화연구소.

하고 있었다. 즉 '鳥銃'을 익히는 것으로 기재된 것이다. 나머지 旗摠들은 산하의 隊가 모두 단일한 기예로 편성되어 있는 경우였다.

(1) 束伍軍의 本役

속오군은 전쟁을 맞아 응급적으로 편성된 것이었던 만큼, 처음 편성될 때에는 身役의 有無와 公私賤을 막론하고 편성되었다. 그런데 이러한 응급적인 조치로 시작되었던 束伍軍이 이후 그대로 지방군의 핵심으로 자리잡게 되면서, 속오군은 '兼役'의 兵種으로 계속 남게 된다. 즉 본래의 國役 이외에 부가적으로 '束伍役'을 부담하였던 것이다.133) 그런데 束伍軍을 편성함에 있어서는 良人 이외에 다수의 公私 賤人이 포함되었다. 특히 私賤의 경우에는 그 주인에 대하여 私的으로 노동력을 제공하는 것이므로 國役으로 지칭할 수는 없지만, 이러한 관계를 인정하는 국가체제 아래에서의 현상이기 때문에 力役관계의 일변형으로 생각할 수도 있다.134) 그러한 의미에서 朝鮮後期의 束伍軍은 모두가 본래의 身役 이외에 束伍役을 兼役하고 있었던 존재라고 할 수 있다.

『용모책』에는 편성 당시의 속오군의 兼役 실태를 파악할 수 있는 내용이 수록되어 있다. 『용모책』에 실려있는 속오군의 직역은 모두 23종이 파악되며, 파지나 영인 상태가 좋지 않아 판독이 불가능한 경우가 17명이 있다. 이 경우 『편오책』을 근거로 편오책에 '奴'로 기재된 경우는 '奴'로, 그렇지 않은 경우는 '미상'으로 처리하였다. 이것을 도표화하면 다음의 〈표 8-1〉과 같다.

---

133) 이렇게 본래의 身役을 가지고 束伍軍을 겸하는 경우, 史料에서는 '兼役' 이외에도 '疊役'이나 '兩役' 등으로도 표현하고 있다. 그런데 '疊役'이나 '兩役'의 용례는 이러한 경우보다는 본래의 身役 자체가 중첩되게 부과되는 경우에 더욱 빈번하게 사용되고 있다. 이에 따라 이 책에서는 身役을 가지고 束伍軍의 役을 겸하는 경우를 편의상 '兼役'으로 통일해서 사용하기로 하겠다.

134) 閔賢九, 1983, 「朝鮮初期 軍事制度의 政治的 社會的 基盤」, 앞의 책, 58쪽.

〈표 8-1〉 安州 鎭管 束伍軍의 本役

직역	수	%	직역	수	%	직역	수	%
保人	184	33.3	定虜衛	18	3.3	免館	2	0.4
步兵	68	12.3	(미상)	14	2.5	免私奴	2	0.4
私奴	57	10.3	鄕吏	10	1.8	免寺奴	1	0.2
甲士	40	7.3	(正)	10	1.8	免賤	1	0.2
騎兵	40	7.3	免鄕	8	1.5	閑良	1	0.2
水軍	21	3.8	烽軍	6	1.1	營吏	1	0.2
寺奴	19	3.4	守護軍	4	0.7	日守	1	0.2
內奴	19	3.4	免官奴	3	0.5			
官奴	19	3.4	(奴)	3	0.5	계	552	100

출전 : 『鎭管官兵容貌冊』

　속오군의 본래 직역으로 가장 많은 비중을 차지하는 것은 保人이었다. 保人은 騎兵의 保人과 步兵의 保人이 있을 수 있는데, 실제로 그 기능상 크게 구별되지 않았으므로 함께 파악된 것으로 보인다.

　이 밖에 步兵·甲士·騎兵 등 군역 명색이 良人 속오군 직역의 대부분을 차지하였다. 양반계층에 해당하는 직역은 보이지 않고, 閑良이나 定虜衛·鄕吏 등과 같은 중인 계층이 일부 포함되고 있었다. 賤人의 경우에는 단일 직역으로는 私奴가 가장 많지만, 寺奴·內奴·官奴의 비중도 높게 나타나고 있다. 公賤과 私賤으로 비교해보면 둘 다 57명으로 그 수가 같았다. 이는 후에 각종 공천 명색들이 속오군에서 빠져나가는 사실과 관련해보면 시사하는 바가 적지 않다. 그 밖에도 각종 직역에서 면제된 존재도 많이 눈에 띈다. 그 가운데 免官奴·免私奴·免寺奴 등 구체적으로 賤役의 면제가 명시된 경우, 신분적으로는 여전히 賤人으로 파악되었던 것 같다.

　앞에서 살펴본 『편오책』에서 확인할 경우, 이들은 여전히 '奴'로 기재되고 있기 때문이다.135) 그런데 '免賤'으로 표기된 경우에는 '奴'

---

135) 中司 前哨 1旗 3隊의 免私奴 玄玉, 2旗 3隊의 免官奴 仇龍, 後司 中哨 2旗 1隊의 免寺奴 金兄 등이 그 예이다. 나머지의 경우에도 예외없이 '奴'로 기재되어 있다.

字가 붙지 않고 양인으로 파악되고 있다.[136] 이러한 사례가 다른 시기에도 일관되게 적용되는지는 확인할 수 없으나, 호적이나 군적 등에 나타난 직역을 신분문제와 관련해서 파악할 때 주의해야할 점이라고 생각한다. 향리역에서의 면제라고 파악되는 '免鄕'이나,[137] 館軍役의 면제라고 이해되는 '免館'은[138] 모두 편오책에서는 良人으로 기재되고 있다.

이상 직역의 분포를 살펴볼때 성립기의 속오군은 良人과 賤人을 망라하여 구성되었으며, 賤人의 경우에는 公·私의 구분이 없었다. 하지만 兩班은 포함되지 않고 있었으며, 중인계층이 일부 포함되어 구성되었다. 물론 이와 같은 사실은 평안도의 지역적인 특수성의 결과일 수도 있다. 그렇지만 이 자료와 유사한 자료가 다른 지역에서는 발견되고 있지 않은 현실에서, 그리고 연대기 자료 등을 통해 이와 같은 경향을 부정할만할 사실이 나타나고 있지 않은 현실에서 적극적으로 이해해도 무리는 없을 것이다. 그러면 여기에서 삼수 기예별로 직역 분포상의 차이는 없는지 추적해볼 필요를 느끼게 된다. 앞에서 良·賤의 신분분포에 있어서도 三手 기예간에는 큰 차이를 나타냈기 때문이다. 『용모책』에 나타난 속오군의 직역을 三手別로 구분해서 각각 도표화한 것이 다음의 〈표 8-2〉~〈표 8-4〉이다.

〈표 8-2〉安州 鎭管 束伍軍 射手의 本役

직역	수	%	직역	수	%	직역	수	%
保人	95	33.1	水軍	14	4.9	內奴	2	0.7
步兵	65	22.6	(미상)	10	3.5	鄕吏	1	0.4
甲士	40	13.9	守護軍	3	1.0			
騎兵	35	12.2	私奴	2	0.7			
定虜衛	18	6.3	寺奴	2	0.7	계	287	100

---

136) 後司 前哨 3旗 2隊 崔乞德의 경우이다.
137) 中司 前哨 2旗 2隊의 隊摠 金德文의 경우이다.
138) 같은 隊 康永男의 경우이다.

〈표 8-3〉 安州 鎭管 束伍軍 殺手의 本役

직역	수	%	직역	수	%	직역	수	%
私奴	29	32.2	鄕吏	2	2.2	免館	1	1.1
保人	27	30.0	免鄕	2	2.2	免私奴	1	1.1
寺奴	8	8.9	水軍	2	2.2	(奴)	1	1.1
官奴	5	5.6	烽軍	2	2.2			
內奴	4	4.4	免官奴	2	2.2			
(미상)	3	3.3	日守	1	1.1	계	90	≒100

〈표 8-4〉 安州 鎭管 束伍軍 砲手의 本役

직역	수	%	직역	수	%	직역	수	%
保人	62	35.4	騎兵	5	2.9	免館	1	0.6
私奴	26	14.9	水軍	5	2.9	免私奴	1	0.6
官奴	14	8.0	烽軍	4	2.3	免官奴	1	0.6
內奴	13	7.4	步兵	3	1.7	免寺奴	1	0.6
(正)	10	5.7	(奴)	2	1.1	免賤	1	0.6
寺奴	9	5.1	閑良	1	0.6	(미상)	1	0.6
鄕吏	7	4.0	營吏	1	0.6			
免鄕	6	3.4	守護軍	1	0.6	계	175	≒100

출전 : 『鎭管官兵容貌册』

신분적으로 射手와 砲·殺手간에 큰 차이가 있다는 것은 이미 확인된 바이지만, 직역분포 상에서 그러한 차이는 더욱 구체성을 띈다. 우선 射手의 경우에는 母集團이 287명으로, 砲手나 殺手에 비해 훨씬 많음에도 불구하고 직역의 수는 11종으로 가장 적었다. 이는 비교적 집단의 구성이 均質的이라는 의미와도 같다. 게다가 군역 명색의 대부분은 射手에 속해 있었다. 그 가운데 定虜衛나 甲士와 같은 비교적 상층 군역은 전원이 射手에만 속해있었고, 步兵과 騎兵, 水軍 등은 대부분이 射手에 속해있었다. 상층 군역의 전원이 射手에 속해 있다는 것은 그만큼 砲殺手보다 신분적으로 우월함을 의미한다고 볼 수 있다. 또한 나머지 군역 명색도 대부분이 射手에 속해있다는

것은, 비교적 전문화된 집단을 바탕으로 射手가 구성되었음을 의미
한다. 비록 이 시기 군역이 납포화 등의 추세와 함께 허설화되던 시
기라고는 해도, 기존의 정규군 대부분이 射手에 속하게 되었다는 것
은 충분히 의미있는 일이었다. 이는 기존의 진법체계가 射手 중심의
체제였던 것과도 무관할 수 없는 것이었다.

砲手와 殺手 사이에서도, 역시 앞의 신분별 비교에서 윤곽이 드러
났던 것처럼, 직역분포의 차이가 드러나고 있다. 殺手隊는 대부분 奴
로서 구성되었고, 군역 명색은 상대적으로 천시되었던 水軍과 烽軍이
고작이었다. 반면에 砲手隊는 가장 다양한 집단으로 구성되었다고 볼
수 있다. 위로는 閑良과 鄕吏·營吏 등으로부터 각종 군역 명색과
公·私 賤人에 이르기까지 20종의 다양한 직역으로 구성되었다.

눈에 띄는 것은 砲手隊에 있어서의 '正'이다. 용모책의 직역란에
'正'으로 표기되어 있는 이들은 모두 砲手隊에 속해있다. 기존의 논문
에서는 이들을 '正兵'으로 이해했는데,[139] 평안도와 함경도의 정병은
중앙에 상번하지 않고 본읍에 留防하는 존재였다.[140] 그런데 이 시기
의 正兵은 단일한 병종이었다기 보다는 騎兵과 步兵을 통칭하는 개
념이었다.[141] 따라서 위의 직역 분포에서의 騎兵과 步兵이 곧 正兵이
었다. 그렇다면 '正'으로 표시된 존재들에 대한 의문이 생긴다. 용모
책상의 '正'은 모두 10명인데, 공교롭게도 이들은 모두 前司 前哨 3旗
3隊에 같이 소속되어 있었다. 다른 단위부대에서는 한 명의 '正'도 찾
아볼 수 없다. 그렇다면 이들은 旗·步兵과는 다른 존재이었을 가능
성이 있다. 같은 단위 부대에 속했던 이들은 속오군을 편성할 때 함
께 편제한 것으로 짐작된다. 이들이 '正兵' 혹은 '正軍' 등의 이름으로
불리고, 또 射手가 아닌 砲手로 편제된 이유는 속오군의 설치 이전에

---

139) 鄭求福, 앞의 논문, 114쪽.
140) 閔賢九, 1983,「鎭管體制의 確立과 朝鮮初期 地方軍制의 成立」, 앞의 책,
    259쪽.
141) 오종록, 1996,「조선 초기 正兵의 軍役 -15세기 후반을 중심으로」『韓國
    史學報』 1, 123쪽.

있었던 각도 砲手의 양성과 관계가 있는 것이 아닌가 추측된다. 선조 27년(1594) 3월에, 각 지방에서도 각각 훈련도감의 예에 의해 사격술을 교습시켜 砲手를 양성케 한 바 있었다.[142] 이 때 편성된 砲手隊가 '正'으로 파악되고, 나아가 속오군의 성립과 함께 속오군에 편입된 것으로 볼 수 있다. 물론 이는 충분한 사료의 뒷받침을 받지 못하는 가설적 수준의 견해이고, 앞으로 지방군제에 대한 연구가 진행됨에 따라 밝혀질 수 있을 것이다.

속오군의 말단 부대의 지휘관인 旗摠과 隊摠은 일반 군병 중에서 선발되는 존재였다. 그렇다면 그 기준에 대해서 살펴볼 필요를 느낀다. 우선 旗摠·隊摠의 직역에 대해 살펴보았다. 旗摠은 모두 13명인데, 保人이 7명이고 騎兵 3명, 步兵 2명에 직역이 파악되지 않는 사람이 1명이었다. 한편 隊摠의 경우에도 비슷한 분포를 나타내었다. 保人(18명), 步兵(6명), 騎兵(5명)의 비중이 가장 높았고, 水軍(3명), 甲士·免鄕(각 2명), 定虜衛·正兵·烽軍·內奴·私奴의 순이었다. 군역 명색의 비중이 높다는 것을 제외하면, 일반 군병과의 차이점을 찾아볼 수 없었다. 그렇다면 다른 기준을 찾아볼 필요를 느낀다. 용모책에 파악된 다른 정보로는 나이와 신장, 근력 등이 있을 수 있다.

(2) 束伍軍의 신체조건

우선 旗摠·隊摠의 평균 연령과 그들을 제외한 군병의 평균 연령을 三手別로 구분해보았다. 대상은 전체 552명 중에, 연령에 대한 정보가 확인되지 않는 4명을 제외한 旗摠 13명, 隊摠 43명과 일반 군병 492명이다. 신장에 대한 정보는 552명 전원이 확인되고 있고, 근력은 군병 6명의 정보가 확인되지 않고 있다. 다음 〈표 9-1〉~〈표 9-3〉은 확인 가능한 인원을 대상으로 평균 연령과 신장, 근력 등을 삼수별

---

142) 『宣祖實錄』 권49, 선조 27년 3월 기묘, 22집 231쪽. '備邊司啓曰 … 且外方監兵使水營及各官 各以人衆多寡 隨便招集 願爲砲手之人 敎習放砲 一依近日訓鍊都監勸獎之規 … 此等條件 皆係今日急務 請別爲事目 廣布中外 刻日施行 上從之.'

로 구분해 파악해본 것이다.

아래 표에 나타난 분석결과를 통해, 旗摠·隊摠과 일반 군병의 차이 뿐 아니라, 각 三手 기예별 특징도 찾아낼 수 있다. 우선 安州 진관 속오군의 평균 연령은 30.5세였다. 직무별로 볼 때 旗摠은 평균 연령보다 평균 6.8세가 높게 나타나고 있다.

〈표 9-1〉安州 진관 束伍軍의 평균 연령

구분	旗摠		隊摠		軍兵		계	
	인원	평균연령	인원	평균연령	인원	평균연령	인원	평균연령
殺手	1	40.0	5	26.2	80	24.3	86	24.5
砲手	5	39.4	14	30.3	156	24.7	175	25.5
射手	7	35.4	24	33.1	256	35.5	287	35.3
계	13	37.3	43	31.4	492	30.2	548	30.5

〈표 9-2〉安州 진관 束伍軍의 평균 신장

구분	旗摠		隊摠		軍兵		계	
	인원	평균신장	인원	평균신장	인원	평균신장	인원	평균신장
殺手	1	7.00	6	7.20	83	7.09	90	7.10
砲手	5	7.26	14	7.31	156	7.01	175	7.04
射手	7	7.49	24	7.53	256	7.41	287	7.42
계	13	7.36	44	7.41	495	7.23	552	7.25

〈표 9-3〉安州 진관 束伍軍의 평균 근력

구분	旗摠		隊摠		軍兵		계	
	인원	평균근력	인원	평균근력	인원	평균근력	인원	평균근력
殺手	1	110	6	127	80	121	87	121
砲手	5	138	14	135	156	115	175	117
射手	7	133	24	141	253	137	284	137
계	13	133	44	137	489	127	546	128

출전 : 『鎭管官兵容貌册』
비고 : 단위는 각각 歲(연령), 尺(신장), 斤(근력).

이는 기총을 선발할 때 나이를 어느 정도 고려했음을 보여준다. 하지만 隊摠의 경우에는 0.9세 정도 높게 나타나 큰 고려 대상이 되지 않았던 것으로 보인다. 그렇지만 이는 기예별로 큰 편차를 나타내고 있었다. 주목할만한 것은 射手의 평균연령이 殺手나 砲手보다 10세 전후 높은 것으로 나타났다. 이는 射手가 전쟁 이전부터 군역에 종사하던 자원을 대상으로 선발되었을 것이라는 앞의 추론을 보강하는 것이다. 새로 편입이 되어야할 젊은 자원들이 殺手나 砲手로 편제됨으로써 射手의 평균 연령은 상대적으로 높게 나타난 것이다. 또 射手 사이에서는 旗摠이나 隊摠의 평균연령이 오히려 일반 군병보다 약간 낮게 나타나고 있다. 기존의 무사들에게는 束伍軍의 旗摠이나 隊摠이 큰 의미를 갖는 직책이 아니었던 것이다.

安州 속오군의 평균 신장은 7.25尺이었다. 여기에서 이때 사용한 尺의 기준이 문제될 수 있다. 기존의 연구에서는 경국대전에 규정된 周尺 21.04cm를 적용하였는데,[143] 다른 연구자에 의해서도 사리상 타당하다는 평가를 받은 바 있다.[144] 이에 따르면 당시 속오군의 평균 신장은 152.54cm에 해당한다. 평균 신장에서는 隊摠이 가장 높고, 旗摠-軍兵의 순이었다. 신장이 隊摠의 선발에 주요한 참고가 되었으리라는 추측을 할 수 있다. 旗摠도 표본이 1명뿐인 殺手를 제외하고는 모두 일반 군병보다 평균신장이 크다. 한편 기예별로는 더 큰 편차를 나타내고 있다. 즉 射手의 평균신장은 7.42尺으로, 砲·殺手에 비해 3寸 이상의 신장 차이를 나타내고 있다. 신장의 측면에도 射手는 砲·殺手보다 우월한 신체조건을 가지고 있었던 것이다. 砲·殺手간에는 殺手가 砲手보다 약간 높게 나타나고 있다.

평균 근력에 있어서도, 위의 신장과 똑같은 경향을 보이고 있다. 근력을 측정한 방법에 대한 고증이 없어 구체적인 힘의 크기를 알

---

143) 李鎭甲, 앞의 논문. 이 논문에서는 사용한 판본이 달라, 용모책의 전원이 아닌 408명의 기록만을 다루고 있다. 이에 대해서는 鄭求福, 앞의 논문, 116쪽 참조.

144) 鄭求福, 앞의 논문, 116쪽.

수는 없으나, 斤의 단위가 높을수록 근력이 강했을 것임은 분명한 사실이므로 이 글에서의 분석에는 큰 지장이 없을 것이다. 역시 隊摠이 가장 힘이 세며, 旗摠-軍兵의 순으로 나타나고 있다. 기예별로 보아도 射手가 월등하게 세며, 殺手-砲手의 순이다.

이상의 분석결과를 요약하면 다음과 같은 결론을 얻을 수 있다. 즉 旗摠의 임명에는 나이가 큰 기준이 되었다. 물론 신장이나 근력에 있어서도 평균 이상인 사람들로 충원하였다. 최말단 지휘관인 隊摠의 임명에는 신체적인 조건, 즉 신장이나 근력을 우선적인 조건으로 하였다. 하지만 나이도 평균 연령 이상인 사람들로 충원하였다. 기예별로 살펴볼 때, 신체적인 조건은 射手가 가장 좋았다. 가장 높은 평균연령에도 불구하고, 신장이나 근력에 있어서 砲·殺手를 압도했던 것이다. 전래의 무사들을 중심으로 편제되었기 때문에 射手의 신체조건이 가장 좋게 나타났을 것이다. 활을 쏘기 위해서는 좋은 신체조건이 요구되었던 것이다. 직접 백병전을 치러야했던 殺手의 신체조건이 鳥銃手보다 높게 나타난 것도 우연한 일은 아니었다. 여기에서 殺手의 경우 다루고 있는 주무기별로 구분해서 살펴볼 필요를 느낀다. 『兵學指南』에서는 군병의 신체적 특성에 따라 殺手의 주무기를 배정하고 있었기 때문이다. 다만 『兵學指南』에서는 대총에 대하여 특별한 언급이 없고, 이미 대총에 대해서는 따로 분석했기 때문에 주무기별 분석에서는 '長槍'의 통계에서 제외하였다. 또 火兵의 경우는 따로 언급하고 있기 때문에, '鎲鈀'에 포함시키지 않고 별도로 통계처리 하였다.

다음의 〈표 9-4〉에 나타난 결과를 『兵學指南』의 규정과 비교해서 살펴보기로 하겠다. 우선 籐牌의 경우에는 규정과 어긋나고 있었다. '나이가 젊고 몸집이 중간이며 뼈가 유연한 자'를 충원토록하고 있는 규정에 대해, 나이는 평균보다 약간 높았고 신장은 오히려 가장 크게 나타났다. 뼈의 유연성 여부는 『용모책』의 기재대상이 아니었으므로 살펴볼 수 없지만, 근력은 평균 정도였다.

〈표 9-4〉安州 진관 殺手 군병의 주무기별 연령·신장·근력 비교

구분	연령		신장		근력	
	인원	평균	인원	평균	인원	평균
籐牌	11	24.8	13	7.22	11	122
狼筅	13	22.9	14	7.10	13	122
長槍	32	26.6	32	7.17	32	125
鐺鈀	16	23.0	16	7.11	16	119
火兵	8	18.9	8	6.59	8	104
계	80	24.3	83	7.09	80	121

출전 : 『鎭管官兵容貌册』
비고 : 단위는 각각 歲(연령), 尺(신장), 斤(근력).

'나이가 장성하고 얼굴이 크며 힘이 센 사람'을 충원토록 되어 있는 狼筅의 경우도 마찬가지 였다. 연령은 오히려 殺手의 전체 평균보다 밑돌고 있으며, 신장과 근력은 평균 정도로 나타나 요구 조건을 충족시키지 못하고 있다. 長槍은 '정신과 뼛심이 있는 자'를 대상으로 하고 있는데, 근력이 가장 높고, 신장도 평균 이상으로 나타나어느 정도 요구 조건을 만족시키는 경우였다. 평균 연령이 가장 높은 것도 '정신'과 어떤 관련이 있는지 모르겠다. '살기와 담력이 있는자'를 요구하는 鐺鈀도 근력은 평균을 약간 밑돌고, 신장은 평균을약간 윗돌 정도여서 특별히 고려했다는 흔적은 보이지 않는다. 火兵의 경우에는『兵學指南』의 규정에 가장 걸맞는 경우였다. '사람이 용렬하고 녹록하여 남의 부하됨을 달게 여기는 자'로 충원케 하였는데, 연령·신장·근력 모든 면에서 가장 낮았다. 취사병으로서 보조적인인력이었으므로, 신체적인 조건이 가장 좋지 않은 자를 우선해서 충원했던 것이다.

이상의 결과를 놓고 볼 때 구체적인 부분에서는 규정에 어긋난 점이 많이 있지만, 전체적으로는 비교적 충실히 지켜지고 있다고도 볼수 있다. 우선 대원의 배치에 있어서 직무의 성격이 판이한 '火兵'의경우가 우선적으로 고려되어야 할 것인데, 실제로 원칙에 충실했다. 또 長槍은 旗摠과 隊摠도 주무기로 익히고 있었고, 구성 비율도 가장

높은 만큼 가장 중요시되던 무기인데, 역시 규정에 충실했다. 나머지 무기들의 경우에는 규정에 꼭 들어맞지는 않는다고 해도 전체와의 편차가 그리 크지 않았다. 또 이 자료가 속오군을 처음으로 창설하던 당시의 상황을 전해주고 있다는 점도 염두에 두어야 할 것이다. 殺手隊를 중심으로 설명하면서, 射手隊는 고려하고 있지도 않은 『紀效新書』나 『兵學指南』의 편성 원칙과, 기존의 射手를 중시하면서 '三手체제'로 편성된 속오군의 실제와는 차이가 있을 수 밖에 없었다. 따라서 앞에서 살펴본 것처럼 射手와 砲·殺手간에 신체적 조건에 있어서 큰 격차를 드러냈던 것이다. 그러므로 원칙적인 입장에서 서술된 『兵學指南』의 규정이 완벽하게 적용되기를 기대할 수는 없었던 것이다. 그러는 가운데 가장 고려되어야 할 火兵과 長鎗을 우선적으로 배치한 것은 비교적 규정에 충실했다고 볼 수 있는 근거가 된다.

『용모책』에 나타난 연령에 대한 정보는 좀 더 분석의 여지가 있다. 『용모책』에 나타난 최저 연령은 12세이고, 최고 연령은 57세였다. 그런데 앞에서 살펴본 바와 같이 속오군의 연령은 15세~50세로 편성하도록 규정된 바 있다. 물론 50세 이상 중에서도 뛰어난 자는 포함시킬 수 있도록 되어 있었다. 규정 외로 편성된 연령의 군병은 모두 16명인데, 그 내역은 다음의 〈표 10〉과 같다.

규정 연령을 초과하거나 미달하여 편성된 속오군병의 인적상황을 확인해보면 역시 일정한 기준이 적용되고 있었음을 알 수 있다. 즉 규정 연령을 초과한 8명의 경우는 예외 없이 射手였다. 또 이들은 모두 군역을 지고 있었으며, 특히 甲士가 3인, 步兵이 4인으로 1명인 保人을 제외하면 모두가 正軍이었다. 이들의 평균 신장은 7.21척으로, 앞의 〈표 9-2〉에서 본 것 같이 射手의 평균 신장보다는 약간 떨어지지만, 砲殺手의 평균 신장보다는 높았다. 근력도 평균 129근으로 역시 射手의 평균 보다는 낮지만, 砲殺手의 평균은 상회하고 있었다. 이들의 연령이 50세 이상이라는 점을 감안하면, 비교적 뛰어난 자들을 포함시킬 수 있다는 예외 규정에 해당하는 경우라고 볼 수 있다.

〈표 10〉 安州 진관의 규정 연령외 속오군병

司	哨	旗	隊	직역	이름	나이	邑	거주지	신장	근력	특기
前	前	3	2	寺奴	論同	13	永柔	西部	5.50	60	鳥銃
				營吏	金進奉	12		晩加里	6.20	80	鳥銃
			3	鄕吏	崔特守	14		晩加里	7.00	100	鳥銃
	後	2	3	步兵	孫國金	54	肅川	南里	7.40	130	射手
		3	1	甲士	皮金必	57		府內	7.20	120	射手
				步兵	李仁京	52		檢里	6.20	110	射手
			3	甲士	吳文孫	56		居里	6.30	120	射手
	留	1	1	甲士	黃億守	51		唐里	7.60	170	射手
	留	1	2	步兵	金仁元	51	永柔	加羅里	8.00	130	射手
				保人	金貴仁	52		晩加里	7.50	120	射手
		2	1	步兵	金欣乃	51		水余	7.50	130	射手
中	前	3	1	寺奴	應守	12	安州	州內	6.00	50	鳥銃
				保人	梁應海	13		金叱洞	6.00	60	鳥銃
後	前	3	2	官奴	進金	12	定州	城內	6.00	90	鳥銃
	中	2	1	保人	李應難	14		西面	7.40	100	鳥銃
			2	官奴	任男	14		城內	6.20	90	鳥銃

출전 : 『鎭管官兵容貌册』

　한편 규정 연령보다 미달한 8명은 모두 砲手였다. 연령 미달인 경
우는 앞의 연령 초과의 경우와는 사뭇 다른 문제가 발생할 수 있었
다. 즉 연령 초과의 경우는 최고 연령이 57세로, 정군 군역 부과의
상한인 60세에는 못미치는 경우였다. 또 예외 규정을 통해 편성이
인정되는 경우에 해당하였다. 하지만 연령 미달의 경우는 사정이 다
르다. 정군 군역 부과의 하한선은 16세였으므로, 15세부터 충정할 수
있게한 속오군의 규정도 이미 하한을 넘어선 것이었다. 또 연령 미
달자를 예외적으로 충정할 수 있게하는 규정도 따로 발견되지는 않
는다. 이렇게 연령에 미달하는 군병이 편성된 사실과 관련해서는 이
미 기존의 연구에서도 지적이 되었으며,145) 그 원인은 당시가 비상

---

145) 鄭求福, 앞의 논문, 115쪽.

시였기 때문으로 이해되었다. 하지만 비상시라는 이유만으로 연령 미달자의 편성을 설명하기에는 부족하다. 그 실태에 대한 해명은 편성된 군병의 직역을 고려할 때 비교적 명확해질 수 있다. 이들의 직역은 營吏·鄕吏 등 吏胥가 2인, 寺奴·官奴 등 公賤이 4인이고 保人이 2명이었다. 吏胥나 賤人은 세습되는 직역으로, 직역 부담의 시점이 따로 정해져있지 않은 경우였다. 또한 賤人 중에도 私賤이 아닌 公賤만이 해당되고 있는 점을 주목해볼 필요가 있다. 즉, 속오군의 편성은 15세 이상의 장정으로 충당하는 것이 원칙이었지만, 불가피하게 兒弱을 편성하는 경우도 있었다. 그럴 경우 그 대상은 가급적 국가의 직접적인 통제 아래 있는 吏胥나 公賤으로 한하였다. 물론 전쟁이라는 비상시기라는 객관적 조건이 이들의 편성을 가능케 한 가장 큰 요인이었다. 保人이 2명 포함된 것도 이러한 조건 속에서 가능할 수 있었다. 한편 15세 이하의 保人이 있었다는 사실은, 이 시기 正軍에 있어서도 兒弱充定이 실제로 행해지고 있었다는 반증이기도 하다.

『용모책』에 나오는 거주지에 관한 정보와 관련해서는 이미 기존의 연구에서 간략히 살펴본 바 있다.146) 그 결과 인근 지역 중심의 속오군 편성원칙은 지켜지지 않았음이 밝혀졌다. 즉 한 마을에 사는 사람의 부대 편성은 司 단위에서만 벗어나지 않을 뿐, 哨-旗-隊의 구성에서는 같은 마을 여부가 크게 고려되지 않는다는 것이었다. 실제로 용모책을 검토해 본 결과, 기존의 견해를 재확인할 수 있었다. 거주지를 중심으로 차례로 편성해나간 흔적은 발견할 수 없었고, 한 군현의 단위안에서는 거주지가 큰 고려 대상이 되지 않았다. 기존의 연구에서 司 단위에서 벗어나지 않는다고 한 것은, 정확하게 이야기하면 군현 단위에서 벗어나지 않는 것이었다. 군현이 司 단위를 넘어가는 경우가 없으므로(〈표 4〉참조) 그렇게 볼 수도 있지만, 한 司안에 두 군현 이상이 哨를 단위로 편제된 경우, 해당 군현의 哨를 넘어가지 않고 있

---

146) 같은 논문, 118~119쪽.

었다. 안주 진관의 경우 前司의 경우가 그에 해당했다. 永柔지방의 군병이 前哨와 中哨를, 肅川지방의 군병이 後哨를 구성하고 있었는데 서로 다른 군현의 哨에 편성되지는 않고 있었다. 물론 한 군현 안에서는 哨의 구분이 없었다. 永柔의 경우, 같은 마을의 군병이 前哨와 中哨로 나뉘어 소속되어 있었다.

이상 『鎭管官兵編伍册』과 『鎭管官兵容貌册』의 분석을 통해서, 성립기 속오군의 편성 실태에 대하여 살펴보았다. 평안도는 모두 6개 鎭管이 있었으며, 따라서 6營으로 편제되었다. 1營에 5司를 두거나, 1司에 5哨를 두게 한 柳成龍의 편성 원칙이 그대로 지켜지지는 않고, 평안도 각 진관의 사정에 따라 1영에 2~3司, 1사에 3~4哨를 두는 등 신축적으로 편제되었다. 또 큰 고을은 1司를, 작은 고을은 1旗를 맡는 등 각 고을은 그 규모에 걸맞는 단위부대를 형성하고 있었다. 하지만 거주지 중심의 편성원칙은 고을 단위로만 이루어졌을 뿐, 그 이하의 촌락 단계에서는 지켜지지 못했다.

三手 기예에 따른 편성은 隊를 최소 단위로 하고 있었지만, 기본적으로 한 旗는 한 기예로 이루어지는 것이 보편적이었다. 한 旗 내에서 불가피하게 서로 다른 기예 사이의 조합이 필요할 경우에는, 冷兵器와 火器를 조합함으로서 효과를 극대화하려 했다. 三手 사이의 비율은 전래의 기예인 射手가 가장 높았지만 砲手와 殺手의 비율도 급증하여 속오군의 성립과 함께 조선의 무기체계가 급변하고 있었음을 알 수 있게 하였다.

속오군의 신분 구성은 良人이 73.8%를 차지해 賤人에 비해 높은 비율을 보이고 있었지만, 殺手나 砲手에는 상대적으로 賤人의 비율이 높게 나타나고 있었다. 이는 군역담당계층의 확대라는 점에서 의미를 둘 수 있는 것이었다. 삼수기예별로 직역의 분포에 있어서도 큰 차이를 보이는데, 射手가 전문화된 무사집단을 중심으로 구성되었다면, 殺手는 公私 賤人을 중심으로 구성되었고, 砲手는 다양한 구성을 보이고 있었다.

장교의 경우 哨官 이상과 旗摠 이하는 계층적으로 구분이 되고 있었다. 즉 哨官 이상은 出身 이상의 계층이 주로 임명된데 반해, 旗摠이하는 일반 군병들 사이에서 선발되었다. 旗摠이 나이를 위주로 선발되었다면, 隊摠의 선발에는 신장이나 근력 등 신체적인 조건이 중시되었다. 殺手의 무기별 배치에도 신체적인 조건은 상당히 고려되었다.

宣祖代 성립기의 속오군은 위와 같은 내용으로 구성되었다. 그러한 편성에는 일정한 원칙이 적용되고 있었지만, 역시 전쟁을 맞이하여 응급적으로 구성된 임시성을 극복하고 있지 못했다. 즉 속오군은 제도적으로 완비된 것이 아니었다. 속오군은 양차의 胡亂을 전후하여 다시 정비되기에 이른다.

제2장

朝鮮後期 地方軍制의 强化

Ⅰ. 營將制의 성립과 操鍊의 제도화

1. 營將制 成立의 배경

光海君에서 孝宗代에 이르는 시기는 여전히 군사문제가 중요한 관심으로 대두하고 있던 시기였다. 倭亂이 끝나기는 하였지만 再侵의 위험을 불식할 수 없었고, 滿洲서 흥기한 女眞族의 세력도 우려되었기 때문이다.[1] 그 우려는 현실화하여 仁祖代에 두 차례에 걸친 胡亂을 겪게 되었고, 仁祖를 이어 즉위한 孝宗은 崇明反淸의 적극책을 강구하지 않으면 안되었다.[2] 壬亂 때 임시적인 조치로써 성립되었던 束伍軍은 이러한 배경 속에서 정비·강화될 수 있었다.

임란 이후 군사제도를 재건함에 있어서는 몇 가지 문제가 합의되어야 했다. 그 가운데 하나는 어떠한 陣法을 기준으로 하여 군사를 훈련시키는가 하는 문제였다. 임란시에 받아들였던 戚繼光의 陣法이 우리의 것으로 자리잡는데에는 많은 시간이 필요했다. 임진왜란이 발발했을 때 응급조치로 받아들였던 戚繼光의 陣法은 17세기의 논의를 거치면서 실제적으로 유일한 朝鮮의 陣法으로 자리잡았다.[3] 하

---

1) 柳承宙, 1993, 「17세기 監官制下의 官營軍需鑛業實態」 『朝鮮時代鑛業史研究』, 高麗大出版部, 184쪽.
2) 車文燮, 1973, 「孝宗朝의 軍備擴充」, 『朝鮮時代軍制研究』, 檀大出版部, 254쪽.
3) 能麽兒廳을 설치하여 우리 고유의 陣法을 교육하기 시작하는 인조 6년 이후에도 실제로는 戚繼光의 陣法만이 행해지고 있었다. 또 효종대에 이르면 能麽兒廳이 실효를 거두지 못함을 개탄하면서 기존의 교습생들을 모두 도태시키면서 엄히 신칙하는 조치를 취하고 있다. 『仁祖實錄』 권21, 인조 7년 7월 병오, 34집 338쪽. '(特進官)李曙曰 習閱之法有二 今則廢五行陣法 只行戚繼光法 若用戚法 必連營 自上未能詳閱其優劣矣.' ;

지만 처음에 받아들였던 그대로의 것은 아니었다. 선조대 이후의 진법 논의 경과 『練兵實紀』와 같은 戚繼光의 다른 저술이 이용되기도 하고, 우리 고유의 陣法이 탐구되기도 하였다.4) 그러한 과정에서 戚繼光의 병법은 상당부분 '조선화'된 형태로 남게 된다.5) 처음에 '三手制'와 같이 조선의 실정에 맞는 형태로 도입되었던 중국의 병법은, 그 가운데에서 중국의 다른 진법 및 우리 전래의 진법과 융합하는 과정을 거치게 된 것이다. 이후 17세기 후반에는 肅宗에 의해 唐代李靖의 '六花陣法'의 시행이 검토되기도 한다.6) 戚繼光의 진법과 다르다는 이유로 공식 시행에는 이르지 못하지만, 꾸준히 새로운 진법의 적용이 모색되고 있었던 것이다.

또 다른 하나의 문제는 朝鮮前期 군사조직의 계승문제였다. 壬亂 중에 설치된 訓鍊都監과 束伍軍은 조선전기 이래의 군사조직과는 다른 것이었기 때문에 어떠한 쪽으로든 해결할 필요가 있었다. 그런데 조정에서는 새로운 軍營을 창설해나가는 방향으로 나아갔다. 즉 중앙은 訓鍊都監을 비롯해 御營廳 등으로 5軍營을 이루고, 지방은 束伍軍을 중추로 하는 체제였다. 그런데 이러한 새로운 군제는 조선전기 이래의 옛 군제를 완전히 대체하는 형태로 성립된 것이 아니라, 옛 군제는 그대로 두고 새로 증치하는 형태로 나타났다. 따라서 조선후기의 군액은 증가할 수 밖에 없었고, 허설화된 옛 군제의 병종은 束伍軍의 兼役과 연결되면서 더욱 모순을 심화시킨다.

『孝宗實錄』 권15, 효종 6년 8월 무오, 36집 28쪽. '兵曹啓曰 近來武弁 不閑於騎射步射之藝 至於陣法 亦不留意 雖秩高武臣 全昧行陣之法 誠可寒心 頃因大臣建白 爲設能亇兒廳 仍抄武弁二十餘員 逐朔定日 講習勸課 而被抄之人 怠慢不職者多 請並汰去 自今別加申飭 以爲成就之地 從之.'

4) 盧永九, 1997, 「宣祖代 紀效新書의 보급과 陣法 논의」『軍史』 34.
5) 현종대에 간행된 『紀效新書』의 경우가 척계광 병법의 '조선화'를 보여주는 한 예라고 할 수 있다. 盧永九, 1998, 「朝鮮 增刊本 《紀效新書》의 체제와 내용」『軍史』 36.
6) 『肅宗實錄』 권18, 숙종 13년 9월 병신, 39집 111쪽. '上命諸軍門習行六花陣法 訓鍊大將申汝哲以爲 六花陣法 出於唐之李靖 而其後無曉知者 我國則專用戚繼光之陣法 猝難行之 上從之.'

세 번째로는 지방군의 지휘체계에 관한 것이었다. 鎭管체제 및 이의 변형적인 형태였던 制勝方略의 문제점으로 인하여, 초기에 일본군에 패전하였던 조선은 이후 진관제도를 복구하여 전쟁을 치르게 된다. 그러나 앞에서 살펴본 것처럼 그것도 임시적인 것이었고, 따라서 새로운 지휘체계가 요구되었다. 한편 새로운 편제의 지방군을 조련할 구조 또한 속히 마련될 필요가 있었다. 조정에서는 이러한 지방군에 대한 지휘체계와 조련체계를 營將制를 설립함으로써 해결하려고 했다.

宣祖 27년(1594)에 束伍軍이 처음 성립되었지만, 처음부터 操鍊에 대한 통일적인 규정이 마련되었던 것 같지는 않다. 그 이유는 束伍軍 자체가 전쟁시의 임시조치로서 창설되었고, 따라서 각 지역별로 편성의 시기나 방법 등이 일률적이지 않았기 때문이었다.

수령이 아닌 별도의 專任 武臣을 지방에 파견해 조련을 담당케 하려는 시도는 光海君때 시작되었다. 光海君 즉위년(1608) 兵曹判書 李廷龜는 訓鍊都監에 비해 束伍軍의 연습이 부족함을 지적하고 있는데, 그 이유로 들고 있는 것이 守令이 軍政과 民政을 겸하는 문제점이었다. 중국의 경우에는 지방의 軍政과 民政이 분리되어 있는데 조선의 경우에는 그렇지 않아 軍·民政에 모두 피해를 준다는 것이다.[7] 따라서 李廷龜는 중국과 똑같이 할 수는 없다 해도 각읍에 軍政 담당관을 설치해 교련을 전담케 할 것을 청하고 있다. 이렇게 할 경우 많은 武班들을 고르게 등용할 수 있는 이점이 있고 연습도 실효를 거둘 수 있다는 것이다.[8] 光海君 1년에는 이에 따라 조련을 담

---

7) 李廷龜(1564～1635), 『月沙集』「兵曹判書時啓辭」(『총간』70집, 4～5쪽) '先王朝 訓鍊都監設立之後 三手諸軍 稍有可觀 外方束伍 雖不無冗雜 而亦有成效之處 苟能鍊習不廢 統領有人 緩急足以有用 惟其我國人心 久則生厭 厭則必懈 外方各官 徒有束伍之名 而幾乎頹廢矣 致此有由 盖守令任專民事 未免力分於戎政 而亦或有手生於敎鍊 故或厭或懈 終至於廢 … 竊見天朝 則大小州府 各有知州知縣通判諸官以治民 各有參將遊擊備禦諸官以主兵 各自專管 常時敎閱 將而知兵 兵而知將 臨亂有所統攝.'
8) 같은 사료, '我國淺狹 雖不可盡倣華制 當此艱虞之時 亦宜略加變通 … 堂

당할 將官을 차송하는 문제가 구체화된다. '遊擊備禦'라는 명칭으로
束伍軍을 조련시킨다는 구상이었다.9) 하지만 兵農分離가 이루어지
지 않은 우리 실정에서 중국의 제도를 모방하는 것에 대한 우려도
함께 제기되고 있었다. 그런데 이후 관계되는 기사가 발견되지 않는
것으로 보아, 이 제안이 구체적으로 실행에 옮겨진 것 같지는 않다.

전임 무신이 파견되지 않았던 光海君代 束伍軍의 조련은 각 지방
에서 자체적으로 실시토록 한 것으로 보이지만, 경우에 따라서는 訓
鍊都監에서 교사가 파견되기도 하였다.10) 하지만 전체적으로 光海君
代에는 조련이 거의 행해지지 않고 있었다.11)

2. 仁祖代 營將制의 置廢

仁祖代에 들어와서도 지방군의 통수 및 훈련체제에 대한 논의는

下武臣中才勇智略可堪統衆者 該曹與備邊司會同精擇 分遣各道各官 大邑
則各置一員 小縣則合二三兼置一員 大則稱以遊擊 小則稱以中軍備禦使 領
其邑束伍之軍 … 如是則各邑軍兵 平時可以鍊習不廢 有變可以統率不全
守令則在官調粮運餉 庶無兵不知將 臨急蒼黃之弊 而許多沉滯武士 亦有甄
拔調用之路.'

9)『光海君日記』권12, 광해군 1년 1월 무신, 31집 390~391쪽. '備邊司啓曰
北道添防一事 今方擧行矣 至於選將調兵 則我國軍政 本異古制 而近來尤
甚解弛 所謂束伍軍兵 徒有其名 而皆有虛簿 脫有緩急 將無以收拾 且無領
率之將 徵發無統 極爲寒心 頃日兵曹啓辭 遊擊備禦差送操鍊之事 甚合機
宜 若能善爲規畫 着實遵行 則調兵養將之策 無過於此 而議者多以爲我國
本不分兵農 差送將官於各處 團聚操鍊 如中朝之規 則民將被侵於本官及將
官 賊未至而邦本先蹶云 此亦不可不爲之慮 試令兵曹 通議本司 議定事目
量其便否 商確稟裁處置爲當 傳曰 允.'

10)『光海君日記』권34, 광해군 2년 10월 정축, 태백산본 1집 391쪽. '咸鏡監
司韓浚謙啓曰 … 且營下有束伍軍兵 頃因備局申請 有別樣操鍊之令 而外
方戱法 率多生疎 都監敎師隊一二名 幷爲帶去 與同敎習 以期成就 似合事
宜 … 傳曰 依啓.'

11)『光海君日記』권59, 광해군 4년 11월 계묘, 태백산본 2집 50쪽. '備邊司啓
曰 … 各道操鍊一事 近甚廢馳 往年體臣南下時 有邑邑比校事目 令各道監
司申明擧行 明示賞罰宜當.'

계속되었다. 李時發은 守令이 軍政을 담당하는 체제를 지지하였다. 그 장점은 병사와 장수가 서로 익숙함에서 오는 효율성이었다.12) 반면에 전담 무신의 필요성도 다시 제기된다. 李睟光은 지금 수령은 군정과 민정을 모두 담당하기에 힘에 부치니, 중국의 예와 같이 軍政과 民政을 분리하여 각읍 단위의 將官을 모두 가려 뽑도록 청하고 있다.13)

이렇게 束伍軍의 조련을 담당할 주체에 대한 논의가 계속되는 가운데, 지리적으로 가장 서울에 가까운 京畿지방의 군병에 대한 조련책이 강구되고 있다. 경기도의 여러 읍은 서울에서 1~2일이면 도착할 수 있으므로, 유사시에 바로 동원할 수 있었고 따라서 조련의 필요성이 가장 크게 제기되는 지역이었다. 아직까지 조련의 담당자에 대한 논의가 진행중이었으므로, 京畿道의 경우에는 비변사에서 담당 당상관을 뽑아 군병 조련을 담당케 하고 있었다.14) 이후 경기도의 次知堂上은 畿輔摠戎使로 바뀌어 이후 총융청의 창설로 이어졌고, 경기 이외 남방 지역의 군병을 담당할 당상관도 선임되었다.15)

---

12) 李時發(1569~1626), 『碧梧遺稿』 권4, 「登對後論選將鍊兵箚」(『총간』74 집, 447~448쪽.) '必以才略出衆者公明銓選 而無苟焉可也 以其被大將之選 者 差爲各道兵使 以其次選之人 差爲鎭管及巨邑守令 使將與兵相稱 常時 悉心練閱 臨急自領赴敵 則將卒相熟 戰守得力無疑矣.'

13) 李睟光(1563~1628), 『芝峯集』 권22, 「條陳懋實箚子」(『총간』66집, 222~ 223쪽.) '十曰 飭戎備之實 … 且我國之制 軍民二政 俱屬守令 故力難兼察 以致軍政不擧 今宜變通 依中朝 治民則付之守令 摠兵則責之武臣 各邑將 官 並爲擇差 切勿遷動 自哨官把摠 以至中軍營將 有闕則視其功勞久近 以 次陞授 專管鍊習之事 赴防則以其將官率領前赴 其受任年久 顯有成效者 別爲論賞 或拜宿衛之職 或除守令邊帥.'

14) 『備邊司謄錄』 3책, 인조 2년 5월 26일, 1집 228쪽. '啓曰 京畿諸邑軍兵 在 於一二日之程 脫有緩急 可以朝徵而夕至 比於他道軍兵 尤爲緊要操鍊整 之策 不可置諸尋常 完豊君李曙 曾爲本道監司 備諳軍兵事情 權爲京畿諸 邑軍兵次知堂上 使之句管操鍊之事宜當 敢啓 答曰 依啓.'

15) 『備邊司謄錄』 3책, 인조 2년 6월 13일, 1집 234쪽. '啓曰 以本司草記 李曙 名稱及南軍句管人擇差事 答曰 知道 領相若難遍察 則只屬李曙於體府可矣 事傳敎矣 李曙依聖敎 屬於體府 而稱爲畿輔摠戎使使當 南方軍兵句管之人 輩議皆以兵曹參判沈器遠爲可合 而旣難屬于體府 則似當別爲名稱 特設衙

仁祖 5년(1627) 丁卯胡亂의 패배는 속오군 조련의 중요성을 공론
화시키는 계기가 되었다. 胡亂 패배 원인을 평소에 조련이 없었기
때문이라고 파악한 崔晛은, 그 대책으로 수령의 책임을 강조했다. 즉
武臣은 牧民이 가능한 사람을, 文臣은 지휘가 가능한 사람을 각각
수령에 임명한 후 兵農을 分離하는 養兵論을 주장하였다.[16]

조련의 부족을 이유로 속오군의 실효에 대한 의문이 제기되는 가
운데[17] 인조 5년 4월 李廷龜는 다시 조련을 담당할 將官의 파견을
청하게 되고, 이 견해가 받아들여져 조정에서는 우선 각읍 束伍軍의
수효를 파악하도록 한다.[18] 같은 달 「營將節目」이 반포됨으로써,[19]
영장제는 정식으로 시행된다. 영장제가 성립됨으로써 속오군에 대한
조련이 처음으로 제도화되었다.[20]

門 何以爲之乎 敢稟 答曰 依啓 別設衙門 似爲有弊 依江都句管堂上例 使
之句管.'

16) 崔晛(1563~1640), 『訒齋集』 권4, 「丁卯胡變後疏」(『총간』 67집, 227~232
쪽.) '今玆之變 勢若土崩 堅城巨鎭 觸處糜碎 兩道山河 盡染腥血 此豈徒
歸罪於將卒哉 不敎於平素 而用之於倉卒 聞聲而膽㤼 望風而股慄 百戰百
敗 固無足怪 今若因循不改 則兵雖百萬 盡是驅羊 一條走路之外 更無他策
爲今之計 先擇武臣之可堪牧民者 文臣之可堪領衆者 爲州郡之長 分爲兵農
各專其業 年少勇健者 敎之兵 老鈍孱弱者 歸之農 守令親自簡閱.'

17) 『仁祖實錄』 권15, 인조 5년 3월 계사, 34집 187쪽. '李植曰 目今軍政 不擧
精壯有氣力者 擧皆閑遊 且我國兵使 以軍爲食 何暇愛恤軍卒 而專意練習
乎 今日束伍軍 決不可得力於緩急也 譏察之事 未知其果有 而南以興亦
以譏察 不得一番合操云 豈不惜哉.'

18) 『仁祖實錄』 권16, 인조 5년 4월 정유, 34집 189쪽. '兵曹判書李廷龜啓曰
臣於戊申之間 忝爲此任 啓請依天朝 州府郡縣 各有將官 守令治民 將官治
兵 … 頃者亦有以此說建白 如以爲事 請令廟堂商議施行 … 備局啓曰 必
須先知各道各邑束伍軍兵摠數然後 某鎭管差遣一將官 合幾邑分遣一將官
就原束伍中 汰去老病 抄擇精壯 給復優恤 團束操鍊 以爲緩急之用 請令各
道監兵使 束伍軍案急急上送 答曰軍案輪運 似爲有弊 其令各道監司 束伍
軍摠數 一一啓聞.'

19) 『仁祖實錄』 16, 인조 5년 4월 병진, 「營將節目」.

20) 조선후기 營將制度에 대해서는 다음의 논저가 참조된다. 車文燮, 1973, 「
朝鮮後期의 營將」, 앞의 책 ; 徐台源, 1999, 『朝鮮後期 地方軍制硏究 -營
將制를 중심으로-』, 혜안.

營將節目에서는 각 道별로 5營을 설치하되 강원도나 함경도와 같이 군사가 적은 곳은 3~4營을 둘 수 있도록 했으며, 당상관 이상의 營將을 파견케 하고 있다. 특히 군병 훈련에 대한 규정을 보면, 각 고을의 守令·將官은 10월 보름 이후 이듬해 2월 그믐 전까지 매월 두 차례씩 각각 그 고을에서 기예를 연마시키고, 營將은 같은 기간 세 차례에 걸쳐 '陣法을 익힌[習陣]' 후 기예를 연마하며, 매년말에 監·兵使가 같이 모여 5營이 함께 진법을 익히도록 규정하고 있다.[21]

營將制度가 시행됨에 이르러 이에 반대하는 의견도 여러 방향에서 제기되었다. 營將節目의 반포 직후, 鄭經世는 각도의 主鎭에 군병 조련을 담당키 위해 파견되는 營將의 專任制는 그 비용이 부담이 되니, 각읍의 儒生이나 武士로 主鎭의 把摠을 삼아 軍務를 담당케 하자는 방안을 제시하였다.[22] 같은 해 8월 李貴는 鎭管制度와 營將制를 비교하면서, 이미 鎭管에 營將의 내용이 있으니 영장을 별도로 설치하는 것은 屋上屋이라 하며 비판하지만[23] 仁祖는 불가피한 것

---

21) 『仁祖實錄』 16, 인조 5년 4월 병진, 「營將節目」 '各邑守令將官 率所抄軍兵 自十月望後 至二月望前 每朔再次鍊藝 各於其邑爲之 營將則自十月亡後 至二月望前 三次習陣 仍爲鍊藝 每年歲末 監兵使會同 通五營習陣一次.'

22) 鄭經世(1563~1633), 『愚伏集』 「玉堂論時務箚」 (『총간』 68집, 90쪽.) '夫發遣將官於各道主鎭官 使之操鍊管內軍兵 臨亂率以赴敵 此固善矣 但念人才實難 八箇兵使 尙患於不得其人 許多主鎭將官 又安能人人得才以充之乎 且我國無養兵之資 不能分兵農爲二 故操鍊之事 必於農隙 一年之內 不過操鍊數朔 則其餘八九朔 京官安坐無事 而費郡邑之支供 其弊之及民者多矣 廟堂非不慮此 而猶且遣之者 必以外方尤難得將才也 臣等之意 此將非如大將統御三軍之比 不過巡行管內若干邑 挑選兵丁 敎習技藝坐作而已 但令主鎭官移文管內守令 使之各選境內一人 而不拘有職無職儒生武士 惟務得人 旣得之後 會坐而明試之 拔其尤一人以爲主鎭把摠 屬以治兵之事 挑選不敢不精 敎鍊不敢不勤 本道兵使又以三農之暇 巡歷而撫循之 聚閱而犒賞之 以得其心 賊至則令兵使領進 豈不簡而有要乎.'

23) 『仁祖實錄』 권17, 인조 5년 8월 경자, 34집 219쪽. '李貴曰 … 今日法制 不由舊章 率皆變革 鎭管之制 今變爲營將 祖宗朝法典 豈不及於今日乎 小邑係於大邑 大邑爲鎭管 鎭管卽營將也 以此治兵 何所不可 而各出一營將 加之於鎭管之上乎 … 上曰 … 營將雖非長久之計 至於目前救急 則未爲無助 似難容易變改也.'

으로 여기고 있다.

李貴는 이후에도 계속하여 영장제의 폐지를 청하고 있는데,24) 李貴의 이러한 반대는 추구하는 陣法과도 관련이 있는 것이었다. 李貴는 임란 패전의 원인을 陣法의 문제라기 보다는 종래의 진법을 연습하지 않은데 있다고 파악하면서, 戚繼光 대신 祖宗朝의 陣法을 익힐 것을 주장하는 입장이었다.25) 따라서 새로운 陣法에 기반한 營將制의 시행에 반대하고 있었다.

훈련방식도 營將制의 문제점으로 지적되고 있다. 營將制가 시행되어도 군사 교련은 만족스럽게 행해지지 못하고 있는 이유를 묻는 仁祖의 질문에, 公淸兵使 申景裕는 순회하며 교습하는 문제점을 지적하였다. 즉 장수가 항상 데리고 직접 지휘하는 것이 아니라 계속 이동하니 충분한 연습이 이루어지지 않는다는 대답이었다.26)

이러한 가운데 仁祖 7년 兵曹는 營將制의 폐단을 언급하며 守令이 營將을 겸임하는 鎭管制度로의 복구를 청하였다.27) 하지만 조정

---

24) 『仁祖實錄』권19, 인조 6년 8월 신해, 34집 285쪽. '兼兵曹判書李貴陳箚言
營將之設 有害無益 今當饑歲 尤宜變通 請亟罷之 申明祖宗鎭管之法 使各
道兵使統領鎭管守令 一依前規施行 答曰 營將之設 意非偶然 決難輕罷矣.'

25) 『仁祖實錄』권19, 인조 6년 10월 병신, 34집 297쪽. '兵曹判書李貴啓曰 祖
宗朝正軍京上番者及定虜衛別侍衛甲士內三廳禁軍幾萬餘人 排月習陣 皆知
坐作進退之節 而壬辰之見敗 非我國陣法不善 二百年恬嬉之致也 訓鍊都監
新抄募軍 只敎紀效新書 祖宗朝敎鍊之法 廢而不擧 故兵曹反爲點軍收布之
閑局 不知操鍊軍卒之爲何事 … 且諸將禁軍訓鍊院堂下官各衙門扈衛軍官
則請申明祖宗朝五方陣法及能磨兒之法 考其勤慢 明行賞罰 上令廟堂議處.'

26) 『仁祖實錄』권19, 인조 6년 9월 임신, 34집 289쪽. '上問(公淸兵使申)景裕
曰 治兵幾何 景裕曰 往在戊午 敗沒于深河者 不改其籍 适亂胡變 散亡頗
多 尙不團束 以數則逃故相半 以技則不知坐作進退 況其他乎 上曰 近者治
兵 旣有兵使 又有營將 而乃如此耶 景裕曰 此非手下恒留之卒 不過一二番
巡歷敎習 作輟無常 何望鍊材 此非營將之罪也 上曰 湖西與嶺南孰勝 景裕
曰 不如嶺南.'

27) 『仁祖實錄』권21, 인조 7년 11월 계묘, 34집 355쪽. '兵曹啓曰 祖宗朝五鎭
管守令 各兼營將 而亂後廢而不行 則所當申明舊制 而近日剩出別營將 每
事掣肘 其中弊端 難以毛擧 爲今之計 雖不能盡罷營將 而鎭管中武臣爲守
令處 則依永興吉州原州伊川例 慶尙道金海晉州等官營將 則竝皆革罷 今其

에서는 영장의 권위를 보장하는 방안을 모색하는 등, 영장제를 지속
시켜간다. 仁祖 8년에는 營將을 마친 자들을 守令이나 閫帥 등으로
삼는 인사상의 우대책을 통해 營將의 사기를 진작시키려 노력하였
고.[28] 이듬해에는 營將의 선임 조건을 강화하되 營將에 대한 수령의
반발을 억제할 수 있는 방안을 강구토록 한다.[29] 하지만 적합한 營
將을 파견하는 것을 쉽지 않았다. 적임자를 얻지 못해 고을 수령들
에게 모욕을 당하거나 하는 일이 잦았고, 아예 營將이 파견되지 않
아 궐액으로 있는 곳도 많았다.[30] 그밖에 營將을 통한 조련 운영상
의 폐단으로는 너무 잦아서 농사에 방해가 되는 것, 수하의 將官·
官吏들이 군병을 침학하는 것 등이 계속 문제되고 있다.[31]

이렇듯 영장제가 제구실을 하지 못하게 되자 仁祖 13년(1635) 金
尙憲은 수령·장관을 감독할 '監軍御史'의 신설을 제안하기에까지
이른다.[32] 金尙憲은 속오군의 조련 소홀 및 一身兩役의 폐 등을 언

鎭管守令 依舊例自兼營將 許帶中軍 操鍊軍兵 實合事宜 而如廣州水原守
令 則雖非武弁 旣兼防禦使 是朝廷旣以將領待之 亦令自兼營將 以除各官
供億之弊 上曰 徐議以處.'

28) 『仁祖實錄』 권22, 인조 8년 4월 경신, 34집 373쪽. '(領經筵金)瑬曰 各道營
將之任 初爲軍政而設 專任以兵事 而守令輩 皆陵侮之 無以號令於列邑 營
將之瓜滿遞歸者 或薦爲守令 或陞爲閫帥 以重其任似當 上曰 令該曹擧行.'

29) 『仁祖實錄』 권25, 인조 9년 윤11월 임인, 34집 456쪽. '諫院啓曰 營將之設
意非偶然 當初異同之議 以守令之不悅也 到今行之旣久 頗有其效 庶幾爲
緩急之用 但爲營將者 苦其涼薄 皆思厭避 前後差遣 率多苟充各邑 待之不
以其道 在處皆然 替代相望 各營所屬軍兵 不啻累千 我國之所謂兵者只此
而苟充如是 宜令各道監司 汰去其尤甚不合者 今後非有表表著稱者 絶不得
擬望於營將 待有成效 次第獎用 以爲武將階梯之地 朝廷亦時遣御史 廉問
守令之薄待營將者及營將之作弊各邑者 庶有着實之效 上從之.'

30) 『仁祖實錄』 권28, 인조 11년 12월 신유, 34집 539쪽. '兵曹回啓曰 營將之
設 責任非輕 本曹非不愼擇 而許多窠闕 亦難盡得其人.'

31) 朴知誡(1573~1635), 『潛冶集』 권2, 「萬言疏」(『총간』 80집, 111~112쪽.)
'今者營將及守令 時時聚會軍兵於官門而習藝 此雖不可廢 然亦涉於勞民動
衆 而將官官吏等 乘時侵漁 軍兵愁怨 會習官門 不可以數 不數則習不熟
不若 使軍兵伺其農隙 朝夕習藝於家也 必當處之有術 使民朝夕自習 然後
可以爲兵.'

급한 후, 중국과 같이 수령·장관을 감독하며 操鍊과 軍餉 등을 전담하는 監軍御史를 파견할 것을 청한 것이다. 監軍御史는 조련을 담당한다는 점에서는 영장과 같지만, 兵·水營에 1인씩 보내되 文臣으로 임명한다는 점에서는 영장과 다른 존재였다. 金尙憲의 이러한 건의가 시행되지는 못하지만,33) 이미 영장제가 존재하고 있음에도 불구하고 이와 유사한 제도의 시행을 건의하는 것으로 보아, 이 시기에 이르면 이미 영장제가 실질적으로 기능을 수행하지 못했던 것으로 보인다.

유명무실하던 營將制는 丙子胡亂 이듬해인 仁祖 15년(1637) 혁파되었다.34) 영장제의 혁파는 營將制 자체가 軍政에 도움이 되지 않는다는 판단에 따른 것은 아니었다. 다만 전쟁을 겪은 이후에 營將을 뒷받침할 財政이 곤란해진데다가, 당장 조련 자체가 그리 시급한 일로 여겨지지도 않았기 때문에 불가피하게 혁파하게 된 것이었다.35) 영장제가 폐지된 이후에는 수령들이 다시 군정을 담당하게 되는데, 기존의 영장에 해당하는 진관 수령은 文·武·蔭官 가운데 재능이 있는 자를 선임하도록 규정되고 있었다.36)

---

32) 金尙憲(1570~1652), 『淸陰集』 권19, 「請養兵選將箚」(『총간』 77집, 264쪽.) '今以忠誠勤敏解事有風力文臣三人 稱爲監軍御史 分遣于統營及慶尙左右兵營 與閫臣同議軍務 春夏俱箚信地 秋冬分駐各處 專意訓鍊所屬水陸軍兵 其操練節目 容竢僉議.'

33) 『仁祖實錄』 권31, 인조 13년 11월 정사, 34집 615쪽.

34) 『仁祖實錄』 권34, 인조 15년 2월 병술, 34집 675쪽.

35) 『承政院日記』 79책, 인조 19년 7월 12일, 4집 803쪽. '初營將之設 實非偶然 丙子之亂 亦不無所益 而亂後請罷之論 非有他意 只以新經大亂 各官物力蕩盡 且無時急操鍊之事 姑罷此等剩設之官 欲除供饋之弊而已.'

36) 『仁祖實錄』 권39, 인조 17년 8월 무술, 35집 68쪽. '先是 特進官李時白 啓於筵中曰 營將之不關 臣旣陳之矣 鎭管守令 必以文蔭武弁中 臨亂赴戰 親領軍兵者擇送 則極有成效 今也不然 旣罷營將 又不申明鎭管事目 可乎 上曰 言于備局 備局請 自今以後 鎭管守令差出時 宜令更加銓擇 勿問文武蔭官 勿拘爵秩爵秩高下 惟才是用 期有成效 上從之.'

3. 孝宗代 營將制의 復設

仁祖 15년에 전임 營將制가 폐지되고 守令이 營將을 겸임하게 된
이후에도, 束伍軍의 조련은 계속되고 있었다. 孝宗 1년에는 각 고을
별로 매달 2회씩 활쏘기와 총쏘기를 시험하였다는 기록이 있는데,[37]
이는 仁祖代「營將節目」의 규정과 같다. 그런데 仁祖代의 경우에는
10월에서 이듬해 2월 사이의 농한기에 한해 수령에 의한 연습이 이
루어지고 있었지만, 이 때에는 별도의 언급이 없는 것으로 보아 계
절에 구애받지 않고 시행되었던 것같다. 이것은 營將制의 폐지에 따
라 守令 중심으로, 즉 고을 단위로 군사훈련이 이루어지고 있었던
상황을 보여주는 것으로 보인다. 영장제가 폐지됨에 따라「營將節目
」에 규정된 3차례 營將의 習陣이 이루어지지 않던 상황이었기 때문
이다. 즉 仁祖代의「營將節目」에 따라 농한기에 수령과 영장에 의해
서 각각 시행하던 연습은, 수령에 의해 계절에 관계없이 1달에 2회
씩 실시되었던 것이다. 이렇게 바뀌게 된 것은 아마도 인조 15년 영
장제의 폐지가 계기가 되었을 것이다.

또한 道 단위 훈련의 시기와 방법도 달랐다.「營將節目」에서는 매
년말에 監·兵使와 함께 5營이 合同操鍊을 하는 것으로 되어 있지
만, 이 때에는 봄가을로 1년에 두차례 훈련[春秋操]를 거행하고 있
었다.[38] 같은해 충청도의 경우, 左營과 後營의 군병은 淸州鎭에서,
中·右·前營 등 나머지 3營은 公山鎭에서 각각 합동훈련[合操]하고
있다.[39] 지리적 여건에 따라 가까운 고을끼리 모여서, 감사와 병사

---

37)『備邊司謄錄』14책, 효종 1년 5월 27일, 2집 170쪽. '臣曾任南方守令時 嘗
見各官束伍 例於每朔望前望後 聚會官門 試射試放 未知此事朌於何時.'

38)『承政院日記』111책, 효종 1년 1월 4일, 6집 247쪽. '我國陸軍 尤爲無形
每朔習射 春秋操鍊 豈能曉坐作進退之節乎.'

39) 金慶餘(1596~1653),『松崖集』續集 권1,「左後兩營軍兵合操淸州鎭後啓」
(『총간』100집, 219쪽.) '本道軍兵左後兩營 本月二十日 會于淸州鎭合操

의 지휘아래 合操를 벌이고 있는 것이다.

이렇듯 영장제의 혁파 이후에도 군사훈련이 계속되고는 있었지만,
그 실효성은 의심이 가는 것이었다. 당시에는 火藥 등 軍器가 부족
해 조련의 실시에 어려움을 겪고 있었다. 특히 火藥의 부족에 따른
훈련의 부실은 훈련도감의 砲手에 비해 지방 속오군의 砲手의 경우
가 더욱 심각하였다.[40] 따라서 막상 훈련에 들어간 束伍軍은 화약을
잴 줄도 몰라, 다른 사람에게 부탁하는 형편이었다.[41]

이와 같이 조련이 부실해지자, 영장의 復設을 청하는 견해들이 다
시 등장하게 되었다. 수령이 영장을 겸임하게 되자, 군무만을 전담할
수 없게 되었기 때문이었다.[42] 영장제의 복구 문제는 다시 공론화되
었지만, 정승들 간에도 의견이 일치하지는 않고 있었다.[43] 논란 끝
에 효종 5년(1654) 2월에는 三南에 다시 영장을 파견하기로 결정하
였다.[44]

中右前三營 會于公山鎭 來閏月初三日合操事 已令節度使臣元翻馳啓 依前
定日 左後兩營軍兵 合操於淸州鎭.' : 같은 책, 「再啓」'前中右三營軍兵
依前定日 會于公山鎭合操 卽爲放軍.'

40) 『承政院日記』109책, 효종 즉위년 11월 13일, 6집 199쪽. '我國兵器所恃者
莫先於砲手 而京中砲手 則時時操鍊 猶可得力緩急 而外方則常時廢置 不
爲鍊習 故束伍輩不知藏藥者 多矣 … 今者外方束伍中砲技者雖多 無火藥
之故 未常習熟 是臨敵無用之卒也.'

41) 『承政院日記』113책, 효종 1년 5월 27일, 6집 387쪽. '而今此束伍之官門試
放者 初不知藏藥之法 只於試放之日 倩人藏藥 東西散放 故雖積年試閱 生
疎如初.'

42) 『孝宗實錄』권8, 효종 3년 2월 을사, 35집 530쪽. '知經筵朴遾曰 近來殿下
連講古聖人用兵之道 臣請言我國軍政之疎虞 近者戎事 有所拘碍 兩西則全
然抛棄 唯獨三南 雖有鍊習之擧 亦不着實 此由罷營將之後 守令兼任而不
曾專意故也 如欲修明軍政 莫若復設營將 使得以專意修擧也 … 上問特進
官刑曹參判金汝鈺曰 卿纔經湖西方伯 其道守令 亦不修軍政乎 汝鈺對曰
臣待罪湖臬 點閱列邑軍兵 則似不至於不成貌樣 而纔聞守令兼營將之後 修
擧軍政 不如營將設置之時 故列邑軍額 日益疎缺矣.'

43) 『孝宗實錄』권8, 효종 3년 3월 갑신, 35집 537쪽.

44) 『孝宗實錄』권12, 효종 5년 2월 임신, 35집 663쪽. '特進官元斗杓曰 事變
常出於不意 南方十六營 不可不差送營將 專治軍務 而若以守令例兼 則恐

孝宗대는 北伐論이 표방되면서 군비의 확충에 진력하던 시기였다.[45] 효종 5년 3월에 반포된 「營將事目」은 이러한 의지의 구체적 표현이었다. 영장의 임무는 鎭管에 주둔하고 각읍을 순행하면서 試才·閱武·操鍊하는 것이었다.[46] 영장제의 시행에 있어 문제로 제기될 수 있는 것은 수령과의 관계였다. 조선전기의 진관체제에서도 진관 수령과 산하 수령과의 통솔 관계가 문제로 제기된 바가 있었다. 따라서 「營將事目」에서는 수령과의 상하관계를 명확히 하여, 이러한 문제가 재발하지 않도록 했다. 물론 營將도 監·兵使의 지휘체계 아래에 있는 것은 분명하였다.[47] 다만 영장에게 수령에 대한 감독권을 부여함으로써, 조선전기 진관체제의 문제점을 시정하려고 한 것이었다.

이에 따라 지방의 지휘체계는 鎭管體制·制勝方略體制에서 鎭營將과 束伍軍을 중심으로한 鎭營體制로 바뀌어갔다.[48] 영장제는 制勝方略처럼 특정 지역을 방어하는 것이 아니라, 지방의 주요 거점을 몇 개의 營으로 나누어 방어한다는 점에서 진관체제와 유사했다. 다만 영장이 별도로 파견된 경우에는 진관체제의 巨鎭(大邑) 위에 營將이 있어, 營將이 大邑을 포함한 小邑의 군사지휘권을 행사함으로써 진관체제의 巨鎭 守令이 행사한 군사지휘권을 장악한다는 차이점이 있다.[49]

有臨時償事之患矣 上曰三南姑先差遣 斗杓曰 人才乏少 請令廟堂 抄出武弁中可合擢用者 以授營將 上從之.'

45) 효종대의 군사 정책에 대해서는 다음의 논문 참조. 車文燮, 1973,「孝宗朝의 軍備擴充」, 앞의 책 ; 李京燦, 1988,「조선 효종조의 북벌운동」『淸溪史學』 5.

46) 『備邊司謄錄』 17책, 효종 5년 3월 16일, 2집 409~410쪽.「營將事目」 '營將 以鎭管設營處 爲留位之所 而所管各邑良中 往來巡歷 試閱操鍊 勿爲久留一處 以便教習爲白齊.'

47) 같은 사료. '所管各官守令 於軍兵操鍊之際 或好勝相較有沮撓 或厭憚支供 慢蔑接待 或侵虐軍卒 科外役使 或所屬編伍 私占牙兵者 營將 或報于備邊司兵曹 或報于監兵使處置 … 營將 或依憑軍令以致非道 凌轢邑宰 濫用刑杖 或抄軍之際 循私取捨 或怠慢職事 不謹操鍊 或櫌衆失宜 致失軍心 則監兵使褒貶等第 甚者 不時啓聞處置爲白齊.'

48) 車文燮, 1996,「조선후기 兵馬防禦營 設置考」『朝鮮時代 軍事關係 硏究』, 檀大出版部, 248쪽.

孝宗의 死後 營將제도는 三南 지방은 전담 武臣의 파견을 원칙으로
하되 그 이외의 지역은 모두 수령의 兼官으로 하는 兼營將제도로 운
영되며, 巡營 中軍을 설정하여 中軍의 지휘하에 독자적인 군사지휘권
을 확보하는 형식으로 바뀌어간다.[50]

한편 영장제도는 속오군 조련의 실효를 기하려는 목적 이외에도,
土豪에 은닉한 民丁을 찾아냄으로써 군액을 확보하는 의도도 포함
된 것이었다. 이는 또한 토호의 세력을 약화시키는 것이기도 했
다.[51] 따라서 「營將事目」에서는 座首에게 속오군의 선발 및 군기의
관리 등을 책임지워 有根着者를 속오군으로 선발하도록 하고 있
다.[52] 이 조항은 추후에 강화되어 無根着者나 老殘을 뽑으면 監兵使
・營將・守令을 연대처벌토록 하고 있다.[53]

영장제가 복설되자 다양한 경로로 반대론이 개진되었다. 먼저 제
기된 것은 영장의 자격에 대한 논란이었다. 영장제의 시행 직후, 영
장의 선임과 관련하여 무반의 승진이 규정에 위배되게 파격적이라
는 지적이 있었다.[54] 그렇지만 孝宗은 오랫 동안 폐지되었다가 복설
한 영장들을 격려하기 위해서 불가피한 일임을 들어 받아들이지 않
았다.[55] 이러한 영장의 資級에 관한 논의는 계속되었지만, 孝宗은

---

49) 徐台源, 앞의 책, 83쪽.
50) 車文燮, 1973, 「朝鮮後期의 營將」『朝鮮時代軍制研究』, 檀大出版部, 253쪽.
51) 徐台源, 앞의 책, 141~145쪽.
52) 『備邊司謄錄』 17책, 효종 5년 3월 16일, 2집 409~410쪽. 「營將事目」. '人
物繁息, 與壬辰以前無異 而各邑束伍 皆以無根着疲殘之輩 苟充厥數 此無
非豪强之戶 容庇民丁 使官吏 不得下手之致 兩南此習 尤有甚焉 自今以後
時任座首及實兵房等 專掌束伍軍器等事 束伍則皆以有根着年壯人抄定 軍
器則隨毀隨改 俾無如前虛疎之弊爲白呼矣 次知座首色吏等 容貌年歲疤記
成册 兵使營將 爲先捧上 以防其謀避代送之弊 而或犯罪改差 則代差人容
貌等 這這牒報爲白乎旀 春秋習操及有事軍興時 仍令率往爲白齊.'
53) 『備邊司謄錄』 17책, 효종 5년 4월 24일, 2집 414쪽. 「營將事目追後磨鍊改
付標」 一. 道內各邑軍兵 或無根着者相雜抄定 或老弱相雜 或技藝生疎 軍
器不精 則監兵使與營將該邑守令 一體施罰爲白齊.'
54) 『孝宗實錄』 권12, 효종 5년 3월 경술, 35집 667쪽.
55) 『孝宗實錄』 권12, 효종 5년 3월 병진, 35집 667쪽.

일단 두고 보자는 선에서 더 이상 물러서지 않았다.[56]

營將의 자격에 대한 논의에서 시작한 논의는 영장제 자체에 대한 재고를 요청하는 차원으로 발전하지만,[57] 湖南의 全州·羅州·南原에 이어 湖西의 忠州·公州에도 영장이 설치되는 등 영장제는 차차 모양을 갖추어 나가며[58], 營將을 휘하의 부하처럼 다루려 한 監司를 파직하는 등 영장에게 힘을 실어주려는 노력도 엿보인다.[59]

이렇듯 영장제를 강화하려는 孝宗의 시도는 반발을 불러왔다. 營將과 監司와의 권한을 둘러싼 갈등은 계속 문제의 소지를 안고 있었으며,[60] 이에 따라 金堉은 '나이 어린 營將의 교만함'을 영장제 폐단의 하나로 지적하면서[61] 鎭管法에 따라 守令이 營將을 겸임할 것을 청하였던 것이다.[62] 李景奭도 영장제를 폐지하고 대신 기존의 지방 將官인 병·수사 및 虞侯·中軍과 守令 등에게 영장의 일을 맡기자고 건의하였다.[63]

---

56) 『孝宗實錄』권12, 효종 5년 4월 임신, 35집 668쪽. '諸臣爭言是非 互有異同 上曰 無多談 年少氣銳者 今姑試之 如其無效 奪資未晩也.'

57) 『孝宗實錄』권12, 효종 5년 4월 병자, 35집 669쪽. '特進官尹絳曰 束伍軍 皆是農民 終無鍊習之效 今者復設營將 盖爲此也 而前日旣以有弊無益而罷之 臣之愚意 不必復設也.'

58) 『備邊司謄錄』17책, 효종 5년 6월 3일, 2집 426쪽. '特進官元斗杓所啓 全州羅州南原等地 已置營將 忠州及公州 自是湖南及嶺南往來要衝之地 依兩南例 爲先設置營將 月待秋成 組鍊軍兵.'

59) 『承政院日記』132책, 효종 5년 8월 25일, 7집 449쪽. '傳曰 觀此狀啓 則營將之秩雖卑 乃是朝廷命官 爲監司者 安敢以自己幕官之事 優然馳啓 爭其高下乎 … 忠淸監司姜栢年 先罷後推.'

60) 『孝宗實錄』권13, 효종 5년 10월 기사, 35집 687~688쪽. '獻納朴承休引避曰 … 營將之任 雖爲鍊兵 而權分道主 遠邇騷然.'

61) 金堉(1580~1658), 『潛谷遺稿』권5, 「論營將煮焗之弊仍乞致仕箚」(『총간』86집, 104쪽.) '年少武夫 好生驕橫 闒茸之臣 將不能制 尾大難掉 禍亂萌矣 … 申明祖宗鎭管之法 擇牧御之才而專責之.'

62) 『孝宗實錄』권13, 효종 5년 11월 기해, 35집 690~691쪽.

63) 李景奭(1595~1671), 『白軒集』권23, 「應旨陳時弊疏」(『총간』96집, 104쪽.) '且營將之設有弊 人皆謂即罷可也 而臣愚竊以爲初若商量而不設則善矣 今已差遣 姑爲仍置 使之稍成頭緒 整其部伍 比及春農 便行停罷 則民蒙其惠而事泯其迹 且選其能學職者 或爲闡帥 或爲虞侯 或爲監營中軍 或

하지만 영장 제도의 폐단 중에 가장 큰 것으로 지목된 것은 역시 操鍊의 빈번함에서 오는 폐단이었다. 조련의 빈번함은 民에게 직접적인 부담으로 작용하는 것이었기 때문이다. 한편 영장 설치의 주요한 목적 중의 하나가 관할 속오군의 조련을 강화시키는 것이었으므로, 이러한 폐단은 예견된 것이기도 했다. 농사철을 피하여 겨울철에만 군사 훈련을 실시했던 인조대와는 달리, 효종대에는 농번기에도 군사 훈련을 시행하여 문제가 되고 있었다. 또한 그 횟수도 잦아서, 金堉에 의하면 1달에 3차례나 조련이 행해지고 있었다고 한다.[64] 이와 같은 사실은 연대기 자료에서도 확인이 되는데, 같은해 호남의 경우 영장에 따라서 1달에 1~3회나 巡歷이 이루어져 민폐가 되고 있었다.[65] 호서 지방의 경우에도 마찬가지로 조련 때문에 한 달에 20여 일을 官門에서 보내는 형편이었다.[66] 이러한 사료를 통해 우리는 營將의 巡歷이 제도화되고 있음을 확인할 수 있다. 영장의 순력 횟수는 처음에 1달에 2회로 정해졌다가, 나중에 1달에 1회로 축소된 바 있었다.[67] 하지만 전달되는 과정에서 지역에 따라서 그 횟수가 일정하지 않게 나타난 것이었다.

조련이 민인들에게 커다란 폐해를 빚게 되자 다양한 대책이 제기되었다. 李敏敍는 농사철을 피하여 2월에서 9월까지는 官門에서의 조

爲守令 脫有緩急 俾統其衆 則是無營將之名 而有營將之實矣.'

64) 金堉, 『潛谷遺稿』 권5,「論營將煮熽之弊仍乞致仕箚」(『총간』 86집, 104쪽.)'兵農不分 而遽設營將 田賦之役 操鍊之擧 每每矛盾 一朔三操 往而復還 遠村之民 强半官門 贏粮待候 勢所難支 三南驛騷 鳥驚魚駭 根本搖矣.'

65) 『承政院日記』 133책, 효종 5년 11월 23일, 7집 501쪽. '右議政沈之源所啓 湖南營將中 成釴則一朔一番巡歷 而申檀則一朔之內 至於三次 試才軍卒 長立官門 且各爲出物推牛 供饋所率之人云.'

66) 閔鼎重(1628~1692), 『老峯集』 권2,「陳弊疏」(『총간』 129집, 45쪽.)'以臣所見湖西一路言之 凡被籍軍伍者 每朔在官門者二十餘日 在家者未滿六七日 如是者一年之內 凡六朔矣.'

67) 『備邊司謄錄』 17책, 효종 5년 11월 25일, 2집 462쪽. '兵曹啓曰 … 農歇後軍兵試才 設行之初 一朔三次聚試之說 傳橫於京中 故八月二十一日 本曹行文于三南監兵使處 使之一朔二次爲之 又聞一朔二次亦甚有弊云 故一朔之內 只行一次.'

련을 정지하자며,68) 일정을 조정할 것을 건의하였다. 또한 洪葳는 영장을 혁파하고 각읍에서 조련을 담당하는 것이 가장 좋은 대책이라고 제시한 후, 그것이 여의치 않으면 운영상의 폐단을 제거할 것을 청하고 있다.69) 즉 영장을 가려뽑아 연습뿐 아니라 民에 대한 撫恤을 담당케 하여, 전과 같이 民을 侵責하는 일이 없게 하자는 건의였다.

결국 조정에서는 영장제를 혁파하는 대신, 운영을 개선하는 방식으로 영장제에 대한 비판을 수용하였다. 우선 효종 7년 6월에 비변사는 兵·水使나 營將의 巡歷時에 접대비를 걷는 것 등을 엄금하도록 지시하고 있다.70) 이와 함께, 조정에서는 속오군의 조련에 참가하는 군병들에게 실제적인 혜택을 주기로 한다. 같은해 9월에 三南 지방의 속오군에 대한 復戶의 지급[給復] 및 身役 면제조치가 결정된 것이다.71)

효종 7년을 전후한 몇 가지 조치와 함께 속오군의 조련제도가 일단 정비되는 것으로 이해할 수 있다. 조련의 시기도 9월에서 2월까지로 제한되며, 영장의 巡歷도 1월 1회로 제한되고 있다. 조정에서는 이러한 조련에 대한 대가로 復戶해 주거나 신역을 면제해 주고 있는 것이다.

영장사목 이후 강화된 조련의 대가로서 給復조치 등이 시행되었지만, 지나치게 빈번한 조련으로 인하여 수확할 시기를 놓치는 등72)

---

68) 李敏敍(1633~1688), 『西河集』 권6, 「陳戒辭職疏」 (『총간』 144집, 91쪽.) '臣願自今以後 鍊習則許以農隙 自二月至九月 皆令停止.'

69) 洪葳(1620~1660), 『淸溪集』 권4, 「應旨陳弊疏」 (『총간』 125집, 64쪽.) '爲今之計者 革罷營將 申飭郡邑 專掌鍊習 使監司兵使 時時巡視 閱其能否 考其功罪 則猶不失其成熟 而侵擾之害去矣 此其上也 極擇營將 更定節目 不徒以鍊習爲事 專責以撫恤 如有督迫侵擾如前日者 按道之臣 劃卽査啓 以爲論罪警責之地者 抑其次也.'

70) 『備邊司謄錄』 18책, 효종 7년 6월 28일, 2집 499쪽. '各道監兵使 丙申閏五月啓下 分付 兵水使及營將巡歷時 軍兵處供饋侵徵 則日後御史廉問時 如有現露 則監司以下守令 論以重律 鄕所色吏大同監官 全家定配.'

71) 『備邊司謄錄』 18책, 효종 7년 9월 2일, 2집 508쪽, 「備邊司單啓目」.

72) 洪葳, 『淸溪集』 권5, 「應旨陳弊疏」 (『총간』 125집, 73쪽.) '兵使合操 營將

영장제에 의한 군병 조련은 여전히 민의 부담이 되고 있었다. 그 밖에 영장이 순력할 때 그 일행을 접대하는 것도 여전히 계속되어, 民에게는 큰 부담이 되었다.[73]

金堉은 營將제도 및 給復조치 등을 일체 혁파할 것을 일관되게 주장하였다. 金堉은 給復 조치가 취해진 직후인 효종 7년 9월에 다시 영장제의 혁파를 주장하였다. 중국의 제도를 모방한 영장제 자체가 우리 실정에는 필요없다는 주장으로, 중간에 폐지하였다가 다시 復設하였으므로 더욱 불가하다는 것이었다.[74] 이에 따라 營將 가운데 능력이 있는자는 閫帥나 守令으로 임명하고, 부적합한 자는 파출하여 임명하지 않는 방식으로 영장제를 혁파하자는 주장이었다. 이듬해인 효종 8년 2월에 尹瑊도 역시 영장을 혁파하거나, 가려 뽑아서 백성을 침탈하지 않도록 할 것을 청하였다.[75] 같은 해 5월에 金堉은 영장을 즉시 소환하고 수령에게 맡길 것을 다시 주장하였다.[76]

비슷한 시기에 李敬輿는 영장문제에 대한 대안으로 지방 군권을 분할할 것을 제안하여 주목되고 있다. 즉 영장의 위세가 監兵營과 대등하여 州縣이 갈피를 잡지 못하니, 監司는 賞罰權, 兵使는 指揮權, 營將은 操鍊權, 守令은 選拔權을 각각 행사할 수 있도록 하자는 주장이었다.[77] 이렇게 되면, 영장의 지위는 중앙군의 將官과 유사하

巡點 一時俱作 在官日多 在家日少 無暇收穫云 … 不革營將之弊 則三南
之民 將非國家之民 不緩查定之令 則畿甸之民 亦爲三南之民.'

73) 『備邊司謄錄』19책, 효종 8년 1월 7일, 2집 522쪽. '上曰 今見御史書啓 則
監兵使營將巡歷各官時 下人供饋 或徵於軍卒 或定於香徒八結云 良可駭也.'

74) 金堉, 『潛谷遺稿』 권6, 「因西南災變請修省變通箚」 (『총간』 86집, 113쪽.)
'營將之設 依倣中華而非祖宗朝故事 何中廢而更作也 今則技藝已熟 器械已
精 依古者春夏務農 秋冬講武之法 善者陞爲閫帥守令 不善者黜而勿補 使
鎭管兵使主之 則此弊可祛矣.'

75) 『孝宗實錄』 권18, 효종 8년 2월 신사, 36집 78쪽. '前獻納尹瑊上疏陳時弊
其略曰 … 陰雨之備 有國當先 則治兵之政 在所不已 而至於營將之設 其
弊萬端 … 臣愚以爲營將如不得革罷 則極擇營將 更定節目 專務撫恤 無使
侵擾 少慰軍民之情 似或一道 伏願垂察而善處之.'

76) 金堉, 『潛谷遺稿』 권6, 「應旨進言箚」 (『총간』 86집, 116~117쪽). '請亟罷
諸道營將 一時召還 專委守令 而使方伯連帥 嚴於操鍊.'

게되는 것이었다. 金堉과 李敬輿의 주장은 조정에서 공론화된다. 논의 끝에 영장을 혁파하거나 권한을 축소하는 대신, 조련기간을 6개월에서 4개월로 바꾸되 試射의 횟수는 같게 하는 선에서 결정된다.[78] 즉 기간을 단축하여 民의 부담은 줄여 주는 대신, 훈련량은 줄이지 않아 조련의 실효를 거두려고 한 것이다. 이로써 영장의 권한은 그대로 유지될 수 있었다.

영장이 폐단이 되고 있는 것은, 훈련 뿐만 아니라 평소에 접대하는 문제가 각 고을 및 백성들의 큰 부담이 되기 때문이었다. 이에 李景奭은 훈련이 정지되었을 때 영장의 거취문제를 고려할 필요가 있음을 지적하였다.[79] 이는 영장의 소환을 염두에 둔 주장이었다. 이에 대해 조정에서는 조련이 없을 경우에도 영장이 軍務를 처리해야하므로 불가능함을 지적하였다.[80] 조련 때만 영장을 보낸다면 구태여 영장을 따로 뽑을 필요가 없이 京官을 파견하면 된다는 논리였다. 영장제가 폐가 되어 폐지하는 것은 몰라도, 조련이 없을 때만 보낸다는 것은 구차한 계책이라는 비판도 제기되었다. 이에 따라 李景奭의 주장은 받아들여지지 않았다. 예조참판 閔應亨도 조련 정지시

---

77) 『孝宗實錄』 권18, 효종 8년 5월 정미, 36집 90~91쪽. '領中樞府事李敬輿上箚曰 … 今之營將 威勢氣力 與兩營相埒 上凌下轢 莫敢誰何 此由朝廷主張太過 事目太重 一軍三將 州縣不知所適 始初如此 末流可知 數年經營 稍成頭緒 遽爾停罷 雖以爲難 然其節目損益 又在隨時 若令道臣 得專黜陟 且令兵使 專其號令 只使任操鍊之責 如京中將官之爲 而抄定等事 一委州縣 則位序權網 不至倒置.'

78) 『備邊司謄錄』 19책, 효종 8년 5월 7일, 2집 559쪽. '上曰 … 今後則自十月至正月只四朔 試射操鍊 而試射度數 則無減六朔時所行之數 可也.'

79) 李景奭, 『白軒集』 권23, 「應旨陳戒箚」(『총간』 96집, 116쪽.) '所不可廢者 農隙之鍊習 而第停鍊之時 營將當住何處 此不可不審處也.'

80) 『承政院日記』 145책, 효종 8년 5월 17일, 8책 104쪽. '備邊司啓曰 領議政 鄭太和所啓 前領敦寧府事李景奭箚中所陳 … 又所啓 箚中所陳 營將停鍊之時 當住何處 此不可不審云 此則意在召還 而營將爲任 雖於停鍊之時 留在鎭管 凡係軍政 自有料理處置 文書往復之事 若但於鍊習之時 方爲下送 則雖遂京官 亦可爲之 何必差出營將乎 吏曹判書洪命夏曰 若以營將謂有弊 罷則罷矣 停鍊時召還 則事甚苟且矣 上曰 此則今姑置之.'

에 영장이 폐단이 될 수 있음을 아뢰었지만,[81] 영장에 소속된 軍牢의 수를 한정시키는 정도에서 논의를 정리하였다.[82]

영장제에 의한 조련의 폐단은 이에 그치는 것이 아니었다. 속오군은 조련을 받으러 오고 갈 때나 훈련을 받을 때 자신이 먹을 식량과 軍裝 등을 스스로 마련하도록 되어 있었다. 給復조치에 의해 일부 혜택을 보았지만 그것이 모두 군량을 싸는데 도로 들어간다고 할만큼[83] 그 부담은 큰 것이었다.

또한 兵使와 營將의 巡歷이 체계적으로 이루어지지 않는 것에 대한 비판도 제기되었다.[84] 원래 兵使는 봄·가을로 監司와 함께 합동조련을 주관케 되어 있었다. 그 외에도 각읍을 순력하면서 軍裝이나 服色 등을 점검하기도 하였는데, 이 행차가 營將의 그것과 중복되어 문제가 되었던 것이다. 이 역시 병사와 영장의 역할이 명확히 구분되지 않아 생긴 문제라고도 볼 수 있는 것이었다.

이렇게 각종 폐단을 들어 영장제를 폐지하자는 주장과는 달리, 부분적인 개선을 통해 영장제를 유지시킬 것을 주장하는 견해도 제기되었다. 이는 영장제가 갖는 긍정적인 측면, 특히 조련의 실효성을

---

81) 『備邊司謄錄』 19책, 효종 8년 5월 18일, 2집 564쪽. '禮曹參判閔應亨請對時所啓 … 今聞改定節目蠲停鍊云 其間則營將別無所幹 而所住之邑 貽弊不貲 且不爲久留於一處 不計農時 巡視其所屬列邑巡列之時 則束伍之民例爲待令迎侯 其間帶率下人之欺其主將 乘時侵漁者不一.'

82) 『備邊司謄錄』 19책, 효종 8년 5월 19일, 2집 566쪽. '傳曰 知道 營將之軍牢無定數 任意充定 作弊果如閔應亨所啓乎 不可不詳覈處之 令三道監司嚴查啓聞事 言于備局.'

83) 『孝宗實錄』 권18, 효종 8년 6월 병자, 36집 97~98쪽. '獻納李袤上疏曰 … 加以束伍 元軍私賤 一身百役 不堪其苦 而終夏病畦 皮骨空存 及秋操鍊 將令甚急 戰服軍裝 何以備之 公私徵債 何以答之 憂愁滿腹 長在官門 半結復戶 盡入裹糧 蹙頞相告 怨讟交興 雖技藝必成 器械必精 衆怨難防 況不成不精之猶夫前日者乎.'

84) 『孝宗實錄』 권19, 효종 8년 10월 신사, 36집 118쪽. '上召見趙克善 問以湖西民事 … 上曰 營將之弊如何 克善曰 凡敎養士卒 不係將領之多寡 而兵使纔過 營將又到 軍裝服色 變更無常 令出多門 莫適所從 加以威猛 勒制列邑 守令安得不困 民生安得不擾乎.'

인정하는 입장이었다. 徐必遠은 영장의 제도는 그대로 두되 적임자를 선발토록 할 것을 주장하였다.[85] 제도 자체의 문제라기 보다는 그것을 운영하는 사람의 문제로 보고 있는 것이다.

閔鼎重도 영장제 폐단의 원인을 제도의 잘못보다는 인사의 문제로 파악하고 있다.[86] 따라서 폐지의 입장보다는 보완하자는 입장이었다. 그것은 실제로 영장이 속오군의 훈련에 도움이 되고 있다는 인식을 바탕으로 한 것이었다.[87] 이를 바탕으로 閔鼎重은 영장의 자격에 대해서 새로운 방안을 제시하고 있다. 그동안은 營將의 정원이 많아서 新進으로 차견하는 바람에, 권위가 서지 않았다. 또 한번 영장을 거치면 바로 兵·水使가 되어 이러한 문제가 반복되었던 것이다. 따라서 이미 閫帥를 거친 자도 영장에 임명할 수 있게 해 이러한 문제점을 해결하자는 주장이었다.[88] 이와 함께 영장의 순력 방법의 개선을 통한 폐단의 제거도 제안하였다. 즉 영장은 2달에 1번 순회하며 점열과 시재를 하는데, 그 가운데 침책이 잦아 폐단이 되고 있었다. 이에 閔鼎重은 일단 수행 인원의 수효를 줄이고, 각읍에 가서는 수일을 머무르면서 자세히 점열·시재를 자세히 살필 것을 제안하였다. 군병의

---

85) 『孝宗實錄』 권19, 효종 8년 10월 무술, 36집 121쪽. '上曰 承旨所見如何 徐必遠曰 營將之設 固是美法 而奉行非其人 故或有民怨 然操鍊之時 不可無營將 臣意則以爲 營將決不可罷.'

86) 閔鼎重, 『老峯集』 권11, 「嶺南暗行御史復命後承命書啓」(『총간』 129집, 277~278쪽.) '盖營將新設之初 多言其不便 故朝廷務欲鎭定 假借威勢太過 而不思擇人委任之本 故所差之人多是新進未經事者 妄自尊重 專務煩苛 濫用刑杖 侵凌縣邑 以此列倅皆成仇怨 軍民無不疾苦 謗言喧傳 京外一同 此則非營將新設之過 乃不得其人之致也.'

87) 같은 사료. '自設營將以來 有識之士 或以爲不可不速罷 或以爲旣設之後則不可罷也 欲罷之說 出於見其弊之切也 不可罷之說 爲其軍政之重也 臣意則以爲旣設之後 則固不可徑罷 而主管一營 其於訓鍊 實有所益 惟當以得人爲務 而責其成效 但不可假以威勢 使成驕習也.'

88) 같은 사료. '營將員多 多以新進差遣 資望俱淺 軍民視之 等於虞侯 不爲畏信 而旣經營將 則毋論新進 轉陞閫帥 故外方軍政之不整 皆由於斯 以臣所見言之 右兵使金鷹乾擧措多便 稍得軍情 各邑軍民皆云宿將遠勝於少輩 此臣之所以前日書啓 請以曾經閫帥者間差營將之意也.'

수효가 많은 고을의 경우에는 한꺼번에 모으지 말고, 날짜에 맞추어 단위 부대별로 별도로 소집할 것을 제안하였다. 이렇게 할 경우 민폐도 제거되고, 연습의 실효도 거둘 수 있다고 보았다.[89]

仁祖代와 孝宗代 두 차례에 걸친 영장제의 정비를 통하여, 束伍軍에 대한 조련은 제도화될 수 있었다. 그 결과, 영장이 1월에 1회씩 4개월간 각 고을을 순력하면서 試射·試放하는 제도가 확립되었다. 또한 봄·가을로는 감·병사의 주관 아래 도 단위의 합동 조련도 시행된다. 이 밖에 병사는 별도로 각 고을을 순력하며 군장이나 복색 등을 점검하고 있었다. 즉 속오군은 봄·가을의 합동 조련[春秋操]과 병사 및 영장의 순력을 각각 받도록 되어 있었다. 하지만 이러한 조련의 시행은, 民의 커다란 부담을 초래하고 있었다. 그 밖에 영장제에 수반되는 각종 문제점은 그 폐지론으로 연결되었다. 그러나 孝宗代는 '北伐論'과 연결되는 군비의 확충이 과제로 등장한 시기였다. 이에 따라 효종대에는 운영의 개선을 통해 문제점을 개선하려 했다. 속오군에 대한 保人과 復戶의 지급은 이러한 상황에서 마련된 것이었다.

Ⅱ. 束伍軍 給保·給復策의 시행

1. 給保策의 시행과 軍額의 확보

束伍軍에 대한 적당한 대우가 고려되지 않음으로써 야기되는 문제는 처음부터 지적이 되고 있었다. 즉 宣祖 27년(1594)에 속오군의

---

89) 같은 사료. '營將每間一朔 一巡點試 而巡歷之際 忽卒塞責 殊不用意 以此求效 何異捕風 臣意以爲 營將每當巡歷之月 則簡其所率 行到列邑 留駐數日 詳察點試 而軍數稍多之邑 則不必一時盡聚 預先傳令排日分哨 今日聚二三哨點試後 夕則放還 名日又聚二三哨點試後 夕則放還 則軍兵等無裹糧等待之弊 而鍊習之際 亦必有實效矣.'

창설을 나타내는 기사가 그것이다.

> 京軍은 관에서 廩養하여 兵·農이 이미 나뉘었는데, 外軍은 本役이 있는
> 데도 또 束伍軍에 편입시키면서 給保도 廩食도 없어서, 뽑힌 자들이 苦役을
> 원망하며 도망하는 자가 속출하였으므로 州縣의 폐해가 되었다.[90]

한편 창설 초기의 기사중에는 속오군에 대한 給保가 이루어지고
있는 듯이 표현하고 있는 것이 있어 주목된다. 宣祖 28년(1595)에 備
邊司에서 海州의 군사편제에 대한 건의를 하는 중에, 신분을 막론하
고 뽑되 '나이가 젊고 건장하며 영리한 자'를 上等으로하여 군사훈련
을 시키고, 中等·下等의 백성들은 농사에 전념하도록 하되 군사를
쓸 일이 있으면 각자 곡식을 내어 군인의 식량으로 대어주도록하여
평상시 '奉足의 예'처럼 하자고 하고 있으며, 이에 대해 宣祖는 아뢴
대로 事目을 작성하여 시행케 하고 있는 것이다.[91] 또 같은 해 忠淸
道의 束伍軍에 대한 언급에서는 砲手·殺手 각 1명에게 奉足을 2명
씩 주었다는 기록이 보인다.[92] 하지만 이 두 경우는 전쟁시에 속오군
을 편성함에 있어서의 임시조치로서, 給保가 제도화한 것으로 보이지
는 않는다. 앞의 기사는 海州, 뒤의 기사는 충청도에 대한 것으로 두
기사 모두 전국적인 給保의 실시를 설명해주는 것은 아니다. 특히 忠
淸道의 경우는 조정에서 명령을 내렸다기 보다는 그 지역의 편성책

---

90) 『宣祖修正實錄』 권28, 선조 27년 12월 갑진, 25집 653쪽. '京軍則 自官廩
養 兵已分 外軍則 旣有本役 又入束伍 無給保無廩食 被抄者怨苦 逃亡
相繼 爲州縣之弊矣.'

91) 『宣祖實錄』 권65, 선조 28년 7월 경진, 22집 529쪽. '備邊司啓曰 … 而勿
論良人公私賤內奴庶孼 分等抄出 以年少壯健伶俐 可以訓習者爲上等 依兵
法束伍之規 十人爲隊 … 其於中下等民 使之專力農事 而有用軍之事 則各
出粮米 以爲軍人之粮 如常時俸足之例 似爲便當 … 上曰 … 以此啓辭 作
爲事目 啓下于監司 使之盡力爲之.'

92) 『宣祖實錄』 권70, 선조 28년 12월 갑인, 22집 614쪽. '兵曹啓曰 … 如忠淸
道 則李時發下去之後 粗成操練模樣 而砲殺每一名 各給奉足二名云 則編
伍軍三千 而統計其奉足 幾至萬名矣 實軍則裹粮往來 奉足則計率出米 應
行徭役之外 又以此被徵 不待人言 而民間之紛擾厭苦 斷可知矣.'

임을 맡은 李時發의 재량에 의한 자의적인 조치로 이해된다. 속오군의 성립기에 각 지역별로 편성 기준 등이 달랐던 것은, 역시 전쟁이라는 비상시기에 응급적 조치로서 태동한 속오군의 모습을 그대로 드러내주고 있는 것이다.

물론 조정에서는 이러한 문제점에 대해서 인식하고 있었다. 宣祖 30년에 兵曹는 軍兵에게 奉足을 주는 것이 원칙이나, 束伍軍은 兼役임에도 불구하고 奉足도 없어 더욱 부담이 되고 있었던 사실을 지적하고 있다.[93] 하지만 전쟁 중이었기 때문에 별다른 대책을 마련하지는 못하고 있다. 전쟁 직후인 선조 32년 司諫院에서도 속오군 兼役의 문제점과 奉足이 없는 문제를 지적하면서 변통을 청하지만[94] 구체적인 대책이 마련된 것은 아니었다.

光海君 2년에 崔晛은 평안도 軍政의 여러 가지 폐단을 지적하면서, 束伍軍에게도 正軍의 예에 의해 2명을 給保해줄 것을 청하였다.[95] 仁祖代에도 속오군의 給保 문제가 제기되었다. 金益熙는 仁祖 22년에 올린 글에서 束伍軍에게 給保가 없는 것과 兼役을 문제로 제

---

93) 『宣祖實錄』 권94, 선조 30년 11월 무신, 23집 340쪽. '兵曹啓曰 我國軍兵之役 比他人尤苦 故國家設法立制 一人爲兵 給帮貼數人 以爲之助 而猶使一年休息 數朔立番者 所以休民力而不欲渴之也 今束伍則不然 內無帮貼之助 外則本役之苦 驅南畝未耜之民 計口偏籍 强號爲兵 以救一時之急 其中或有公私賤雜匠及正軍等 一邊應其本役 一邊來隸束伍.'

94) 『宣祖實錄』 권111, 선조 32년 4월 정사, 23집 594～595쪽. '司諫院啓曰 兵亂以後 團結齊民 勿論公私賤雜類 編爲束伍 其意盖欲敎訓武藝 以備緩急 而今則束伍之役 倍於正軍 本官少有役民之事 則輒以束伍軍用之 長立官門 少無休息 至於上番之時 分定於諸將衙門帮子 其鞭扑被侵之苦 不可勝焉 束伍之軍 元有本役 又無保率 一家之內 父子兄弟 計口充定 雖老幼不得免焉 而其役之苦 若是其難堪 則民安得不以此爲怨 而逃散乎 大違當初練兵之意 而徒有病民之害 不可不汲汲變通 以解倒懸 請令備邊司 商議善處 俾無偏苦之患.'

95) 崔晛, 『訒齋集』 別集 권1, 「關西錄」(『총간』 67책, 475쪽.) '三手軍兩役之弊 炮射之軍 旣無奉足 … 今禦敵守城之策 專伏砲手 而新編軍伍 旣無奉足 養之如是其薄 則緩急亦将何賴焉 宜勅各官 其元伍軍奉足 属于三手者 則去其奉足之案而論以正軍之例 或給保率二名 或給往來留防之糧.'

기하면서, 그 대책으로 속오군에 給保하고 兼役者는 한 役을 면제하게 하도록 청하였다.96) 그러나 이 역시 시행에 이르지는 못하였다.

속오군에 대한 保人의 지급문제가 구체화되는 것은 孝宗代에 들어와서이다. 孝宗代는 이미 많은 연구에서 지적해왔듯이, '北伐'과 관련하여 군비의 확충에 진력하던 시기였다. 따라서 給保의 문제도 군사력의 강화라는 측면에서 논의되게 된다. 孝宗 3년(1652)에 舒川郡守 李𡒇는 속오군에 편입된 자 중 노약자를 덜어내어 保人으로 삼을 것을 청하고 있는데,97) 이는 속오군에 대한 대우규정으로서의 給保라기보다는 속오군의 정예화에 초점이 맞추어진 주장이었다.

효종 5년(1654)의 「營將事目」의 반포는 조정의 束伍 軍額의 확보 노력을 제도화하는 조치였다. 3월 16일 반포된 「營將事目」은 총 10조로 구성되어 있는데, 營將의 주둔·대우 등에 관한 일반적인 규정과 함께 土豪가 은닉하고 있는 民丁을 수괄해 속오군에 편입시키는 내용을 담고 있다.98) 이 조항은 4월 24일에 조항을 추가하는 형식으로 강화되는데, 군병의 확보나 技藝의 정도에 따라 監·兵使와 營將·守令 등을 일체 벌주게 되어있는 등 가혹하리 만치 엄격한 것이었다.99)

---

96) 金益熙(1610~1656), 『滄洲遺稿』권8, 「甲申封事」(『총간』119집, 394쪽) '束伍則又不給保 而多定元有身役者 兩役之苦 不啻剝膚推髓 況又望其官給衣食戰具乎 … 束伍軍亦依他例 一體給保 其元有身役者 除其一役 公私賤則嚴立科條 勿令徵其身貢.'

97) 『孝宗實錄』권9, 효종 3년 12월 을사, 35집 597쪽. '舒川郡守李𡒇應旨上疏 其略曰 … 又論舒川弊瘼曰 … 且近來秋糴方急 而朝家有牛收之令 歲抄正緊 而朝家有停寢之命 民之悅之 如解倒懸 若夫軍務 則日就疎虞 名編束伍者 皆有兩役 雖欲私習技藝 其可得乎 宜除去老弱 降充其保 不定元額 唯務精銳也.'

98) 『備邊司謄錄』17책, 효종 5년 3월 16일, 2집 409쪽. 「營將事目」'人物繁息 與壬辰以前無異 而各邑束伍 皆以無根着疲殘之輩 苟充厥數 此無非豪强之戶 容庇民丁 使官吏 不得下手之致 兩南此習 尤有甚焉 自今以後 時任座首及實兵房等 專掌束伍軍器等事 束伍則皆以有根着年壯人抄定 軍器則隨毁隨改 俾無如前虛疎之弊爲白呼矣 次知座首色吏等 容貌年歲疤記成冊 兵使營將 爲先捧上 以防其謀避代送之弊 而或犯罪改差 則代差人容貌等 這這牒報爲白乎旀 春秋習操及有事軍興時 仍令率往爲白齊.'

孝宗代의 군액 확보 노력은 실제로 효과를 보고 있었던 것 같다. 효종 5년 5월에 湖南에서는 새로 1,999명의 군병을 조사해 냈다. 당초에는 이 군병을 逃故의 충정에나 쓸 작정이었는데, 생각보다 건장하고 충실해 별도의 부대로 作隊하도록 결정된다.[100] 같은 해 9월에는 새로 얻은 1천명을 笠巖山城의 守城軍으로 배정하고 있다.[101] 이러한 사실은 孝宗代의 군액확보 노력이 실제로 효과를 보고 있었던 사실이라고 볼 수 있다. 실제로 孝宗代에는 군액의 확보가 중요한 과제로 등장했던 시기였다. 같은 해 6월에 羅州에서는 조정에서 배정한 군액을 즉시 뽑지 않아 羅州牧使는 정배되고, 감독책임을 물어 監・兵使까지 처벌되고 있다.[102]

「營將事目」은 군액의 확보에만 치중했을 뿐, 그에 대한 대우규정은 역시 마련되지 않아 束伍의 부실화를 막을 수 없었고 그 대책으로서의 給保 혹은 給復을 청하는 주장이 계속되고 있다. 「營將事目」이 반포된지 얼마 지나지 않은 6월에 正言 李慶億은 束伍가 흩어지는 이유로 身役의 蠲減이나 保人의 지급 규정이 없음을 지적하며 대책마련을 호소하고 있으며,[103] 司僕正 沈光洙도 속오군에 대한 給保를 요청하고 있다.[104]

兪棨는 속오군이 빈한한 천예로 편성되는 현실에 대한 대책으로 속오군에 대한 給保策을 제안하였다. 속오군 자체가 일시적인 제도

---

99) 『備邊司謄錄』17책, 효종 5년 4월 24일, 2집 414쪽. 「營將事目追後磨鍊改付標」, '一. 道內各邑軍兵 或無根着者相雜抄定 或老弱相雜 或技藝生疎 軍器不精 則監兵使與營將該邑守令 一體施罰爲白齊.'

100) 『備邊司謄錄』17책, 효종 5년 5월 1일, 2집 417책 ; 효종 5년 5월 2일, 2집 419책.

101) 『承政院日記』132책, 효종 5년 9월 3일, 7집 452쪽.

102) 『孝宗實錄』권12, 효종 5년 6월 계해, 35집 672쪽. '先是 朝廷以全南道羅州 地大人衆 加定束伍軍三哨 而牧使鄭之虎 不卽抄定 營將啓聞 上命拿問之虎及本道監司沈澤兵使許東岦 至是 之虎杖配稷山 東岦削職 澤放釋.'

103) 『孝宗實錄』권12, 효종 5년 6월 임신, 35집 673쪽. '正言李慶億上疏 其略曰 … 外方束伍 無蠲役給保之規 有朝束暮散之患.'

104) 『備邊司謄錄』17책, 효종 5년 6월 20일, 2집 429쪽.

이기는 하지만 갑자기 변통할 수는 없다는 현실적 인식을 가지고 있었던 兪棨는, 賤人 중에도 ⅓ 이하만이 속오에 충정되므로 賤人 사이에서도 고르지 못한 폐가 발생한다고 보았다. 그 대책으로 속오군으로 하여금 직접 보인을 고르도록 하되, 資裝에 도움이 될 만한 자로 삼게 할 것을 제안하고 있다. 그런 후 戶首와 保人을 正軍과 같이 단속하여, 호수가 궐액이 있으면 보인이 차례로 맡도록 한다는 것이다. 이렇게 하면 良人이 담당하는 정군의 역과 賤人이 담당하는 속오의 역이 균평하게 될 것이고, 그렇게 되면 속오군을 충정할 때 오는 소요도 가라앉으리라고 보았다.[105] 이러한 兪棨의 인식은 효종에게도 영향을 미쳤던 것으로 보인다. 이에 따라 兪棨를 통해 짓게 한 策問을 통해, 효종은 束伍가 피잔하여 고통받고 있는 현실을 해결하는 대안으로 奉足을 지급하는 문제를 논하게 하고 있다.[106] 이러한 상황에서 같은해 8월 嶺南지방에 속오군에 대한 給保가 시행되기에 이른다.

束伍에 대한 奉足의 지급은 경상감사 權堣의 청에 의해 병조판서 元斗杓가 주장하여 이루어진 것으로,[107] 慶尙道에 한하여 시험적으

---

105) 兪棨(1607~1664), 『市南集』 권17, 「江居問答」(『총간』 117집, 283~284쪽.) '客曰 吾子均軍役之意 非不曲盡 但國家軍政 大變於壬丁之後 緩急調用 專靠束伍 束伍之軍 不必良民之有保者 公私之賤 貧薄無資者 率皆充定 其偏苦冤抑之狀 有不可勝言 子亦有策以寬其役乎 主人曰 束伍之法 誠是權宜之制 而今旣不可卒變 則其所以處之者 亦有其道 夫束伍之充定 旣不分別賤類 賤類之中 編入束伍者 必不能三分之一 均是賤類 而或入編伍 終身勞苦 或免軍役 在家宴息 丁役之不均 亦莫甚於此者 今若使束伍之軍 各自望定其保 或二或三而必擇其稍有生產可以裨補資裝者 團結主保 一如正軍之例 主戶有故 以次陞定 則良賤之役 可以一均 而抄軍之制 亦無紛擾之患矣.'

106) 兪棨, 『市南集』 권14, 「策問題」(『총간』 117집, 220~221쪽.) '王若曰 … 束伍所以變通軍政 而疲殘未免偏苦 豪猾偃息自如 加定奉足 盖欲均役 而怨毒朋興 得不補失 … 子大夫儒衣儒冠 固將惟道義是說 而亦毋徒爲過高太迂之言 更須酌量時勢 參以權略 務爲着實之論 予將擧以措諸用.'

107) 『孝宗實錄』 권13, 효종 5년 8월 병인, 35집 685쪽. '始定慶尙道束伍軍給保法 因本道監司權堣之請 兵曹判書元斗杓主其議.'

로 실시케한 것이었다. 특히 임기가 임박한 權堣를 봉족의 충정이 끝
날 때까지 특별히 그대로 유임시키는 등,[108] 효종 자신이 이 제도의
成敗에 대하여 지대한 관심을 표명하기도 했다. 이 조치는 9월에「慶
尙道束伍奉足定給節目」이 완성됨으로써 제도화된다.[109] 節目의 각
조항을 살펴봄으로써, 속오 給保策의 의미를 파악해 보기로 하겠다.

> 제1조. 속오군 등은 혹은 겨레붙이나 혹은 이웃 마을의 公私賤이나 軍保
> 의 무리를 각 1인씩 自望하여 봉족으로 정하되, 正軍에 비할바가 아니니 나
> 이가 비록 많아 늙었더라도 60세가 되지 않아 농사지을 수 있는 자이면 모두
> 함께 충정하여 나이 60이 넘은 후 代定한다.[110]

이 조항은 우선 속오군 奉足의 충정을 官에서 수행하지 않고 속오
군 자신이 친족이나 이웃 등을 대상으로 自望하게 한 것을 특징으로
하고 있다. 속오군 스스로가 정하게 함으로써 충정에 실효를 거둘 수
있게 하고, 官으로써는 충정에 따르는 수고를 덜려 한 것이었다고 생
각된다. 이러한 봉족의 自望은 御營軍의 예를 채용한 것으로,[111] 속
오의 戶・保를 서로 연관지워 편성함으로써 평소에는 속오군에게 실
제적인 도움이 될 수 있게 하고, 유사시에는 통솔을 용이하게 하려했
던 것으로 여겨진다. 그러나 궁극적으로는 숨어있는 民丁을 自望의
형식을 통해 노출되게 의도한 것으로 보인다. 한편 奉足의 대상을 公

---

108) 『承政院日記』132책, 효종 5년 8월 9일, 7집 442쪽. '上謂元斗杓曰 頃日
　　 慶尙監司狀啓中 束伍軍奉足事何如 元斗杓曰 御營軍有奉足 而使軍兵 自
　　 爲充定 故幾盡充定云 束伍奉足 亦於公私賤中 許令充定 常時則補其資裝
　　 疾病則助其耕作 事極便當矣 上曰 別無備局等待之事 斷定行之 使權堣
　　 自一道始爲之 而權堣 瓜期已迫 仍任可也 元斗杓曰 限今年仍任乎 上曰
　　 勿言期限 束伍奉足充定事 完畢間仍任.'
109) 『備邊司謄錄』17책, 효종 5년 9월 29일, 2집 450~451쪽.「慶尙道束伍奉
　　 足定給節目」
110) 같은 사료. '一, 束伍軍等 或以族屬 或以隣里 公私賤軍保之類 自望各一
　　 人 定奉足爲乎矣 非如正軍之比 年雖裏暮 爲未滿六十 可以作農者 則並
　　 皆充定 年滿六十後 代定事.'
111) 『承政院日記』132책, 효종 5년 8월 9일, 7집 442쪽.

私賤이나 軍保로 한정한 것은, 당시 속오군의 신분이 주로 이러한 계층으로 구성되어 있었음을 보여주는 것이라고 할 수 있다.

제2조. 봉족 등이 助給하는 粮資의 수는, 만약 定式하지 않으면 지나치게 침책하는 폐단이 없을 수 없으니, 1년마다 粮米 7두씩을 備給하여 資裝에 보태도록 하여, 봉족이 가볍고 헐하다는 것을 알게 함으로써 자원하여 入屬하는 길을 열도록 한다.

제3조. 宮家나 사대부, 한 고을 儒品의 奴僕을 막론하여 모두 함께 충정하는데, 호세가의 戶 아래 입접한 무리는 閑遊하는 것이 더욱 심하다. 만약에 누락된 자를 한유할 수 없도록 모두 함께 수괄하여 苦役에 차정한다면, 사람들이 끝내 한유하는 것이 불가함을 알고서 반드시 자원하여 봉족에 입속할 것이다. 누락되어 한유하는 자는 각기 面正・里正・勸農・色掌 등이 돌아가며 차정하며, 속오군 중에 궐액이 생기면 또한 이 무리로 충정하여 끝내 落漏할 수 없음을 알게 한다.

제4조. 각 面의 勸農・色掌 등 각 官이 혹은 田結로써 差定하는 까닭에 軍兵 등이 또한 한결같이 差定됨을 면치 못하니, 지금부터는 軍兵 및 奉足 등은 이와 같은 役에 일체 충정하지 말고 반드시 한유한 사람을 찾아내 差定하여, 누락자로 하여금 치우치게 어려움을 받도록 한다.

제12조. 유민이 移來移去하여 10년동안 安居하지 못한 자는 대개 군역을 모피하는 셈이다. 군역이 힘들고 무거우니 無根着한 사람이 떠돌며 짐짓 피역하는 것은 必至의 형세이나, 토지에 안착하고 싶어하며 옮기는 것을 어렵게 여김도 사람의 본성이다. 만약 가볍고 헐한 역을 얻어서 일생을 편안히 보낸다면 유민 또한 거처를 정하는 즐거움이 있어서 반드시 봉족에 자원하여 입속할 것이니,이러한 뜻으로 백성들에게 曉諭한다.[112]

112) 『備邊司謄錄』17책, 효종 5년 9월 29일, 2집 450~451쪽. 「慶尙道束伍奉足定給節目」 '一, 奉足等助給粮資之數 若不定式 則不無濫數侵責之弊 每一年 粮米七斗備給 以補資裝 使知其奉足之輕歇 以開自願入屬之路事. 一, 勿論宮家士大夫一鄕儒品奴僕 並皆充定 而豪勢家戶下入接之輩 尤甚閑遊 若使落漏者 不得閑遊 並皆搜括 差定苦役 則人知其終不可閑遊 必皆自願入屬於奉足是去乎 落漏閑遊人 各其面里正勸農色掌等 輪回差定爲旀 束伍軍中有闕 則又以此類充定 俾知其終不得落漏事. 一, 各面勸農色掌等各官 或以田結差定 故軍兵等 亦未免一軆差定 今後乙良 軍兵及奉足等如此之役 一切勿定 必以閑遊人 搜得差定 使落漏者 偏受其苦事 … 一,

제2조에서는 속오 奉足의 부담을 1년 7斗로 명문화하고 있는 점이 우선 주목되지만, 그보다는 속오급보조치의 의도가 어디에 있는가를 보여준다는 점에서 더욱 관심을 끈다. 즉 7斗라는 적은 부담을 통해[113] 자원하여 입속하도록 유도하고 있는데, 그 대상이 바로 군적에서 빠져나가 閑遊하는 자들임이 제3조 이하에서 드러나고 있다. 이들은 주로 宮家나 사대부 등의 奴僕이거나, 특히 豪勢家 등의 挾戶로서 존재하는 무리였다. 이들의 피역은 우선 국가의 對民 파악을 어렵게 하고 국가의 재정수입을 축낸다는 점에서, 또 그 만큼 일반 민인들에게 그들의 역이 전가된다는 점에서 시급히 해결되어야할 과제였다. 따라서 정부는 제2조에서 보여주는 것과 같이 속오 奉足의 역을 헐하게 정하여 자원 입속을 유도하는 한편, 제3조나 4조에서처럼 계속 군적에서 누락되어 閑遊하는 자를 찾아내 苦役에 우선적으로 차정하는 방안을 마련함으로써 또한 입속을 유도하려 하였다. 즉 조사하여 찾아낸 閑遊者들을 속오군 중에 궐액이 생기면 우선적으로 충정하는 등 발각된 한유자들을 고역에 충정하는 한편(제3조), 기존의 속오나 봉족 등은 각종 잡역에서 제외하는 등 차별화함으로써(제4조) 군적에서의 누락을 방지하려고 했다. 또 제12조에서 보이는 바와 같이 군역을 모피하려 떠돌고 있는 流民들을 헐역으로 유도하여 안집시키려는 조치이기도 했다.

　제5조. 해마다 속오를 代定할 때는, 누락하여 한유하는 자 및 새로 나타난

流民之移來移去 不能十年安居者 盖以謀避軍役也 軍役苦重 無根着之人 流移姑避 勢所必至 而安土重遷 乃人之本情 若得輕歇之役 一生安抑 則 流民亦將有莫居之樂 必皆自願入屬於奉足是去乎 亦以此意 曉諭民間事.'
113) 당시의 정확한 교환비율에 대한 자료는 없지만 이후 시기의 자료를 통해서 추측해볼 수는 있다. 10년 후인 현종 5년(1664)의 布 1필은 米 7.5 두~8두에 해당하니,(『顯宗改修實錄』 권12. 현종 5년 12월 정해, 37집 422쪽) 米 7斗는 1필에 약간 못미침을 알 수 있다. 한편 숙종 30년 (1704)에 작성된 『各營釐整廳謄錄』의 「軍布均役節目」에 따르면 水軍 · 漕軍 등 5色目이 3疋役이었고 司僕寺諸員이 2疋半役.騎步兵 · 京騎兵 등 37色目이 2疋役인 한편 定虜衛保 · 漁夫保 등은 1疋役이었다.

나이 찬 장정을 찾아내어 대정하되, 정식한 뒤에 백성들에게 믿음을 잃지 않
도록 영원히 恒式으로 삼아 결코 흔들려 고치지 말도록 한다.

제6조. 無役 閑良은 비록 혹 奉足에 입속하더라도 이로써 본래의 身役을
면해서는 안된다. 이와 같은 자는 정식대로 하지 말고, 水·陸軍의 良役에 충
정한다.

제7조. 앞으로 이 절목을 방방곡곡 걸어붙이게 하여 사람들마다 모두 누
락자는 끝내 후환이 있음을 알고, 또한 봉족이 가볍고 헐함을 알아 厭避하는
폐단이 없도록 한다. 군병 등이 自望한 사람을 문서로 올리는 일은 상세하게
하도록 하여 매달 보름 전·후에 군병을 試才할 때 自望한 사람의 이름을 묻
고 걷되, 보름 전에 문서를 올리지 못한 자는 보름 후 시재할 때 문서를 올
리도록하는데, 매달 이와 같이 한다. 순력 시재할 때마다 望을 올린 수가 몇
명이다라고 낱낱이 첩보하여 勤慢의 기준으로 삼되 기한을 정하지 않고 서
서히 거행하여 소요하는 폐단이 없도록 한다.[114]

속오군의 입역 형태와 관련하여 주목되는 것은 제6조의 내용이다.
별도의 身役이 없는 閑良[115]에 대해서는 속오 奉足에의 입속을 불
허하는 것으로, 제1조에 奉足의 대상을 公私賤이나 軍保의 무리로
제한한 것과 관련하여 관심을 끄는 조항이다. 즉 閑良은 별도의 身
役을 부담하지 않고는 奉足에 입속할 수 없었다. 이 조항은 또한 奉

---

114) 『備邊司謄錄』 17책, 효종 5년 9월 29일, 2집 450~451쪽. 「慶尙道束伍奉
足定給節目」 '一. 年年束伍代定時乙良 落漏閑遊者 及新現出加年壯 搜括
代定爲乎矣 定式之後 不可失信於民 永爲恒式 斷不撓改事. 一. 無役閑良
則雖或入屬奉足 而不可以此免其本身役是去乎 如此者乙良 勿施定式 充
定於水陸軍良役事. 一. 將此節目 坊坊曲曲 掛榜知委 使人人 皆知其落漏
者地終有後患 又知其奉足之輕歇 俾無厭避之弊爲旀 軍兵等處 自望人書
呈事 詳細知委 每月望前望後 軍兵試才時 自望人問名收捧爲乎矣 望前未
得書呈者 則望後試才時書呈 每月如是爲旀 每巡試才時 望呈數幾名是如
這這牒報 以爲考勤慢之地 爲勿定期限 緩緩擧行 俾無騷屑之弊事.'

115) 조선후기의 閑良은 班·常의 중간존재로서의 법제적·사회적 지위를
누리고 있었던 존재로서,숙종 22년(1696)에 최종적으로 제도적 직역명
으로 되었지만, 직역화 이후에도 '閑遊하는 양역 유자격자'라는 개념을
포함하고 있었다. 李俊九, 1993, 『朝鮮後期 身分職役變動硏究』, 一潮閣,
254~255쪽.

足이 身役을 면제받고 있었던 듯이 표현되고 있다는 점에서 더욱 주목이 가는 조항이다.

束伍軍은 기본적으로 身役을 가진 상태에서 수시로 조련 등을 감당하였던 만큼 兼役이 원칙이었지만, 束伍의 奉足은 身役이 없는 상태에서 戶首에 대해 1년 7斗의 納米만을 부담하면 되는 歇役이었다. 결과적으로 束伍의 奉足 자체가 歇役인 일종의 身役이었던 셈이다. 이와 같이 속오 元軍보다도 奉足의 역을 가볍게 한 것은, 軍役에서 避役하고 있는 民人들을 일단 국가의 파악 하에 두려고 했던 것이 가장 큰 이유가 되었던 것으로 보인다. 또한 孝宗朝는 北伐을 목적으로 한 군비확충에 심혈을 기울였던 시기였던 만큼, 현실적으로 地方軍의 핵심이 되었던 束伍軍을 정예화시키는 것도 큰 과제가 되었으며 그와 같은 사정에서 慶尙道에서 시범적으로 실시하게 되었을 것이다.

헐역인 속오 봉족을 통하여 閑遊者들의 자원 입속을 유도하려는 의도는 제5조와 7조에서도 엿보인다. 제5조에서는 속오군의 궐액을 代定함에 있어서 그 대상을 군적에 누락되었던 한유자나 새로 드러난 장정으로 제한하고 있는 것이다. 즉 속오 봉족의 陞戶를 법제적으로 금지시킴으로써 閑遊者들이 안심하고 속오 봉족에 입속할 수 있는 길을 연 것이었다. 그렇지 않고 나중에 적발되면, 위에서 언급한 것처럼 속오군에 충정도록 한 것이다. 또한 제7조에서는 奉足이 歇役이라는 것을 널리 홍보함으로써 入屬을 유인하고 있었다.

이와 같이 束伍의 元軍보다 保人을 더 헐역으로 함으로써 입속을 유도하는 조치는 실제로 엄격히 시행이 되고 있었던 것으로 보인다. 절목이 발표된지 2년 후인 孝宗 7년(1656) 安東의 束伍 奉足 중 父子·兄弟의 관계에 있는 자들이 陞戶를 원하는 경우에 한하여 허락하자는 安東 營將의 요청을 일단 備邊司에서는 들어주지만, 대사헌 鄭維城의 반대에 의하여 다시 번복하고 있다.[116] 처음에 奉足을 충

---

116) 『備邊司謄錄』 18책, 효종 7년 11월 13일, 2집 515쪽. '今十一月十三日 大

정하면서 절대로 陞戶하지 않는다는 약속을 했으니, 비록 自願의 형
식으로라도 만약에 陞戶하는 길을 연다면 많은 奉足들이 의구심을
가진다는 이유에서였다.

제10조. 各官 各所의 祆奴를 조사할 때 태반이 누락되었다하니 다시 일일
이 조사해내어 충정하도록 한다. 祆奴 외에 각처의 屬里·屬店의 명색이 있
어 평소의 역을 蠲免하는데, 官令도 감히 屬里·屬店에는 손이 미치지 않는
다하는바 실로 매우 놀랄만하다. 이른바 屬里·屬店의 명색을 우선 혁파하여
이제 봉족을 충정할 때 이와 같은 무리는 일체 충정한다.

제11조. 각관에 군병 이외에 老殘軍으로 칭하며 별도로 成籍하여 수포하
거나 사환하는 수가 극히 많다고 하는바 역시 매우 놀랄만하다. 이와 같은
무리는 모두 함께 봉족에 충정한다.

제13조. 속오군으로 나이가 들거나 병이 있어 부실한 자는 모두 함께 봉족
으로 降定하고, 그 대신은 사출한 祆奴중 壯實한 자로 충정하며 祆奴중 노약
자 및 無根着者는 모두 함께 봉족으로 정해 준다.117)

속오에 대한 봉족의 지급 조치는 적극적인 피역자들 뿐만 아니라,
각관에 '私募屬'118)의 형태로 존재하고 있었던 자들을 겨냥하기도

臣備局堂上引見時 大司憲鄭維城所啓 以慶尙監司狀啓安東營將所報 束伍
奉足中 父子兄弟自願陞戶者 備局覆啓依願施行事 允下矣 當初束伍奉足
定給時 疲殘苟充之軍 皆以陞實疑懼 故日後切勿陞戶之意 朝家分付之令
不啻丁寧 而未過三年 遽開陞戶之路 則許多奉足等 擧皆疑懼警動 此乃軍
民失信失望之擧 所關非細 雖曰有自願者 切勿許陞戶 朝家之令 俾無輕易
撓改之弊 上曰 然則自願陞戶者 亦勿施可也.'

117) 『備邊司謄錄』17책, 효종 5년 9월 29일, 2집 451쪽.「慶尙道束伍奉足定
給節目」'一, 各官各所 祆奴査覈時 太半落漏是如爲去乎 更良一一査出充
定爲旀 祆奴之外 又有各處屬里屬店之名 蠲免雅役 而官令 亦莫敢下手於
屬里屬店是如爲臥乎所 誠極可該 所謂屬里屬店之名 爲先革罷 今此奉足
充定時 如此之類 一体充定事. 一, 各官軍兵外 稱以老殘軍 別爲成籍 或
收布 或使換 其數極多是如爲臥乎所 亦甚可該 如此之類 並皆充定奉足事.
… 一, 束伍軍年衰有病不實者 並皆降定奉足 其代以祆奴 査出中年壯有實
者充定爲旀 祆奴中老弱及無根着者 並皆定給於奉足事.'
118) 조선후기 私募屬에 대해서는 다음의 논문 참조. 鄭演植, 1985,「17·18
세기 良役均一化政策의 推移」『韓國史論』13 ; 金友哲, 1991,「均役法

한 것이었다. 제10조에서 보이는 屬里·屬店의 명색이나 제11조의
老殘軍의 명색은 모두 조정에서 공식적으로 인정하지 않고 있던 일
종의 私募屬으로써, 이들을 속오의 봉족에 충정함으로써 적극적이든
소극적이든 국가의 파악에서 벗어나려는 시도를 막으려는 것이었다.
또 老殘軍의 명색을 봉족으로 만든 조치나, 제13조의 老·病者를 봉
족으로 降定하는 조치 등은 지난 효종 3년(1652)에 舒川郡守 李茨가
속오 가운데 老殘者를 덜어내어 봉족으로 삼을 것을 주장했던 것[119]
과 연관되는 것이기도 했다.

> 제14조. 父子·兄弟로서 1家 안에 5,6인 모두 속오에 편성됨을 면치못한다
> 면, 빈한한 사람이 아닐지라도 軍裝을 갖추어 마련하고 오랫동안 조련에 참
> 가하기에 그 형세가 지탱하기 어려울뿐 아니라, 비록 軍法이 있다하더라도
> 만약 警急을 만난다면 모두 從軍하기는 불가하다. 이로써 논하자면 公私가
> 함께 불편하니 혹은 祓奴 중의 나머지로 대정하고, 혹은 스스로 대정할 자를
> 얻도록하여 부자·형제의 절반은 봉족으로 降定한다.[120]

속오는 원래의 신역 이외에 겸하여 부담하는 역이었으므로 한 집
안에서도 수 명이 束伍役을 부담하는 폐단이 있었다. 따라서 이에
대하여 1家 내에 5~6인이 속오에 편성되어 있을 경우에는 절반을
봉족으로 降定함으로써 그 폐단을 완화하려는 노력을 보였다. 이는
후에 續大典에 법제화되기도 했다.[121] 하지만 이러한 조항이 실제로

施行 前後의 私募屬 硏究」『忠北史學』4.
119) 『孝宗實錄』 권9, 효종 3년 12월 을사, 35집 597쪽.
120) 『備邊司謄錄』 17책, 효종 5년 9월 29일, 2집 451쪽. 「慶尙道束伍奉足定
給節目」 '一. 父子兄弟一家內 雖有五六人 而或未免俱在編伍 非但貧寒之
人 軍裝措備 長立操鍊 其勢難堪從不喩 雖以軍法言之爲良置 如遇警急
則不可沒數從軍 以此論之 則其在公私 俱爲不便 或以祓奴中餘數代定 或
令自得代定 父子兄弟一半乙良 降定於奉足事.'
121) 『續大典』 권4, 「兵典」, 免役. '一家內 多人應役及 一人疊役者 除減 (細
註:束伍軍中 父子三人編伍者 除其父 兄弟四人編伍者 除其兄 官定其代
○四父子以上良役 勿論同居與否 從自願一人除減 使之其代 ○一身疊役
者 減其後入之役.)'

운영되기는 어려웠을 것으로 생각된다. 官에서 그 代를 定하도록 되어있는 英祖代의 규정도 실제 시행이 의심되는 형편인데,[122] 가족 이외에 代定할 자를 스스로 얻도록하는 규정이 현실적으로 가능했는지는 의문이다.

이 밖에도 제8조에서는, 7조에 뒤이어 절목의 시행과정에서 戶首가 保人을 '自望'하는 부분에서의 절차적인 문제에 대해 규정하고 있으며,[123] 제9조는 奉足 충정의 책임을 기존의 軍兵·軍器의 관리와 함께 역시 座首에게 지우는 내용으로 되어있다.[124]

嶺南의 束伍에 대한 給保조치는 시행 직후부터 강한 반대에 직면하게 된다. 대표적인 반대론자는 領敦寧府事 金堉이었다. 그는 節目이 완성된지 두 달도 되지 않은 같은 해 11월부터 시작하여 수차례에 걸쳐 지속적으로 給保法의 혁파를 청하고 있다. 金堉은 11월 8일, 營將制의 폐단을 언급하는 과정에서 束伍 給保조치는 민심을 잃게 된다 하여 반대의사를 표명하였다.[125] 며칠 후 올린 疏에서도 給保의 폐지를 주장하고 있는데, 2만 8천여명의 保人을 일시에 찾아내 채우는 데에 따른 영남 人心의 소요를 그 이유로 지적하고 있으며, 다른 도의 인심에까지 영향을 미칠 것을 우려하고 있다.[126] 金堉 이외에도 吏曹正郎 金壽恒,[127] 前 承旨 金應祖[128] 등이 연달아 그 폐

---

122) 車文燮, 1973,「束伍軍 研究」앞의 책, 226~227쪽.

123) 『備邊司謄錄』17책, 효종 5년 9월 29일, 2집 451쪽.「慶尙道束伍奉足定給節目」'一, 軍兵等 旣與奉足相議 自望則官家觀其自望時所書年歲父住名載錄於成冊中 俾無騷屑之弊事.'

124) 같은 사료. '一, 軍兵軍器 各其官座首專掌事 新有事目是在果 奉足數置依事目 座首專掌充定爲乎矣 善爲開諭 俾無騷屑之弊爲旀 將官旗隊摠 亦皆嚴飭 若或不能善處 以致騷屑是去乃 視之尋常擧行 最後是在如中 座首將官 一體繩以重律事.'

125) 金堉,『潛谷遺稿』권5,「論營將煮焇之弊仍乞致仕箚」(『총간』86집, 104쪽.) '給束伍之保者 大失其計 大失人心.'

126) 『孝宗實錄』권13, 효종 5년 11월 기해, 35집 690~691쪽. '領敦寧府事金堉曰 臣聞嶺南 以束伍軍給保之擧 人心騷擾云 二萬八千餘名之保 一時搜括充定 豈無此弊乎 一道之民 若由此渙散 難可復聚 願聖上速令停罷 … 上不答.'

단을 아뢰었으나 孝宗의 입장은 완강하였다. 金壽恒에 의하면, 嶺南
束伍 奉足의 경우 액수를 채우는데 급급하여 태반이 거짓 기록이라
하였다.

孝宗 7년에도 金堉은 束伍 給保의 혁파를 계속 주장하였는데,[129]
이 즈음에 올린 金堉의 箚子를 통해 그 폐단을 엿볼 수 있다. 保人을
찾아내는 책임을 해당 束伍軍에게 지움에 따라 가족들이 모두 束伍
役을 지게 되었고, 子弟가 없는 경우에는 虛名으로 성책하게 된다는
것이었다. 이에 따라 영남 이외의 지역에서도 확대 시행될 것을 우
려, 크게 동요하고 있다고 전하였다.[130] 金堉의 지적을 통해서, 당시
의 속오 급보책이 軍額의 확보에 주안점이 두어졌음을 다시 한번 확
인할 수 있다. 또한 영남지방에서 시험적으로 시행한 후, 효과가 있
으면 다른 道에까지 시행을 확대하려 했음을 미루어 짐작할 수 있다.

효종 8년에 올린 金堉의 건의는 조정에서 정식으로 논의되기에 이
른다. 이 건의에서도 金堉은 營將制 및 給復 조치 등과 함께 영남의
속오급보를 폐지할 것을 청하였다.[131] 給保의 혁파에 대해서는 파하

---

127) 『孝宗實錄』 권16, 효종 7년 2월 병자, 36집 44~46쪽. '吏曹正郎金壽恒上
   疏曰 … 嶺南束伍之給保 尤是病民之大者 徒取充額 太半虛錄 當初方面
   之臣 備承襃奬之寵 而及今一道之民 偏受侵虐之害 功歸於己 害及於民
   可謂謀國之忠乎 大小羣情 皆言其不便 而獨殿下 未之信耳 臣以爲此弊不
   革 則嶺南之民 將不得保也.'
128) 『孝宗實錄』 권16, 효종 7년 6월 을유, 36집 59쪽.
129) 『孝宗實錄』 권16, 효종 7년 2월 신해, 36집 42쪽. ; 『孝宗實錄』 권16, 효
   종 7년 2월 己未, 36집 43쪽 ; 『孝宗實錄』 권17, 효종 7년 9월 경신, 36
   집, 64쪽 ; 金堉, 『潛谷遺稿』 권6, 「因西南災變請修省變通箚」 (『총간』
   86집, 113쪽.)
130) 金堉, 『潛谷遺稿』 권6, 「請罷嶺南湖西之事箚」 (『총간』 86집, 114쪽.) '夫
   嶺南之事 何必而設此計也 閑丁之得 自官亦難 彼民何以私得乎 不得已以
   子若弟充之 一家一人之役 尙不可堪 況擧家而爲役乎 其無子弟者 以虛名
   成冊 寃呼之聲 徹於穹蒼 非特此也 他道所無之事 此道爲之 偏苦獨賢 豈
   王政之所均乎 他道之民 亦以爲吾未早晩及於此 憂愁鬱悒 自分終不得免
   因一道而七道之民 皆無樂生之心矣.'
131) 金堉, 『潛谷遺稿』 권6, 「應旨進言箚」 (『총간』 86집, 116~117쪽). '請亟
   罷諸道營將 … 罷嶺南之給保以同他道.'

는 것이 마땅하다는 견해가 대세를 이루었지만, 孝宗은 형세를 보아 결정하기로 함으로써 給保策에 대한 강한 미련을 보이고 있다.[132]

효종 9년에 嶺南에 御史로 나간 閔鼎重은 속오 奉足 문제의 변통이 필요함을 지적하였다. 특히 束伍 奉足의 陞戶 금지 조항을 재고할 것을 청하였다. 각읍 束伍를 모두 토착민으로 충정할 수 없어서 간간이 入接하는 流民으로 충정하지만, 流民들은 逃散이 잦아 유사시에 결코 도움이 될 수 없다는 것이었다. 당초 束伍에 奉足을 지급할 때 군병에게 각자 望定케한 까닭에 대개 父子간에 혹은 이웃을 봉족으로 望定했다. 그 이유는 각각 閑丁을 얻기 힘들어서이기도 하지만, 다른 사람이 자신의 가족이나 이웃을 침책치 못하게 하기 위함이었다. 그 때 奉足으로 望定된 가운데 老殘은 논의할 것이 없지만, 당시의 어린이는 이미 성장하여 토착민이 되었는데 각읍에서 사목을 어길까봐 戶首로 올리지 못하고 있었다. 또 기존의 군병들은 차차 자신의 아이를 奉足으로 하여, 장차 토착민은 전부 奉足이 되고 유민은 전부 元軍이 될 처지에 놓였다는 것이다. 따라서 불가불이 문제가 해결되어야 한다는 것이었다.[133]

閔鼎重의 이러한 지적은 속오 給保制의 한계를 정확히 지적한 것이었다. 당초에 군액의 확보에 초점을 맞추어 무리한 조건으로 끌어

---

132) 『備邊司謄錄』 19책, 효종 8년 5월 7일, 2집 559쪽. '領議政鄭太和 … 又所啓 領敦寧又陳嶺南束伍給保之不可矣 前日亦以此爲言 欲卽還罷 而行之未久 旋卽還罷 恐傷事体 故有所持難矣 大臣如是屢言 罷之似當矣 上曰 更爲觀勢處之可也.'

133) 閔鼎重, 『老峯集』 권11, 「嶺南暗行御史別單書啓」(『총간』 129집, 272쪽.) '束伍軍定級奉足之後 又有奉足不得陞定軍伍之令 而但各邑束伍未必盡是土着之民 間有流民入接者 故朝編暮逃 一年之內 軍案改標者 或至數番 若此之類 不可爲緩急之用者 決矣 當初束伍許給奉足時 令軍兵各自望定 故太半父擧其孩子 子擧其父 或擧其隣人之老弱 其故不但不能得閑丁 又慮他人之擧其親屬及鄰人而恣加侵責 故以至於此云爾 其中老者更不須言 而當時幼者 今已成長 乃是土着之民也 各邑旣不敢違越事目 陞入軍伍 而軍兵等次次各以孩兒望入奉足 其勢將至於土着盡爲奉足 而流民盡爲元軍 不可不爲之變通 或令戶主有頉者 陞其奉足而降其戶主似便.'

들인 탓에, 정작 속오군 戶首의 충정이 곤란해진 상황이 된 것이었
다. 한편 속오 元軍의 충정에 있어서도, 각읍에서 편법으로 백성들에
게 피해를 끼치는 경우가 있었다. 원래 國法에는 한 家戶에서 3父子
가 軍役에 應役할 때에는 1명의 군역을 면하여 餘丁으로 삼도록 되
어 있었다. 하지만 실제로는 한 가호에서 4~6부자가 입역하는 경우
도 있었다. 즉 2명은 馬軍, 1명은 武學, 1명은 牙兵, 2명은 束伍軍인
식이었다. 이러한 경우가 잦으니 면제의 본의를 살려 조처할 것을
청하고 있다.[134] 3부자가 한 명색에 동시에 응역하지 않는다는 이유
로 면제시키지 않는 각읍의 잘못된 관행을 지적한 것이었다. 이렇듯
조정의 결정을 지방에서 자의적으로 해석하거나, 무시하는 경우는
종종 있었다. 효종 10년에도 洪葳는 4父子가 응역할 경우, 1명을 餘
丁으로 삼는 법을 申明할 것을 청하고 있다. 이러한 조항은 軍籍事
目에도 이미 실려있는 내용인데 시행되지 않고 있다는 주장이었다.
이에 따라 아직 충정되지 않은 자는 앞으로 충정하지 않게 하고, 이
미 충정된 자는 일일이 감면토록 청하고 있다.[135]

 속오 호수에게 탈이 생겼을 경우 봉족으로 하여금 代定토록 청한
閔鼎重의 제안은 이미 조정에서 결정하여 시행 중인 것이었다. 陞戶
를 시키지 않는다는 것을 전제로 봉족을 끌어들였던 정부로서는 약
속을 지키지 못한 셈이었고, 陞戶 금지조치가 비현실적이라는 사실
을 정부 스스로 인정한 셈이었다. 그런데 영남에 파견되었던 어사는
이 사실을 모르고 있었다. 조정에서 결정된 사항이 정작 각 고을에
서는 시행되고 있지 않은 경우가 잦았기 때문이다. 아무튼 그 사실

---

134) 같은 사료. (『총간』 129집, 276쪽.) '國法 凡民三父子入於軍役 則許除其
   一 以爲餘丁 而各邑或有六父子五父子四父子立役者 盖其曲折 二入馬軍
   一入武學而分防 一入各營牙兵 二入束伍 如此之類 比比有之 殊無朝廷許
   除之本意 請令該司早賜區處.'
135) 洪葳, 『淸溪集』 권5, 「應旨陳本道民弊疏」(『총간』 125집, 76쪽) '四父子
   餘丁之法 乃是軍籍事目 而今則此法廢而不行 父子兄弟並被軍役 或至四
   五焉 或至六七焉 無一可免者 不亦可矜而莫甚乎 今若申明此法 未定者勿
   許調點 已定者一一減免 則庶可以慰其心而寬其力矣.'

을 뒤늦게 알게된 閔鼎重은 그 조항을 좀더 탄력적으로 운영할 것을
청하였다. 즉 父兄이 元軍이고 子姪이 남의 奉足인 경우, 부형에게
탈이 생겼을 경우시 가족으로 대충하게 분부할 것을 청하고 있는 것
이다.[136]

이상에서 살펴본 것처럼 속오군에 대한 保人의 지급은 영남 지방
에 한해서 시험적으로 실시된 것이었다. 명분 상으로 保人의 지급은
束伍 元軍의 재정적인 도움을 위해서 주어지는 것이었으나, 실제로
는 군액의 확보라는 목적이 더욱 강하게 투영된 조치였다. '北伐論'
을 내세워 군비를 확충하던 효종의 의도가 지방군에도 예외없이 적
용되고 있었던 것이다.[137]

---

136) 閔鼎重, 『老峯集』 권11, 「嶺南暗行御史復命後承命書啓」(『총간』 129집,
279쪽.) '臣書啓中 束伍奉足輩其戶首有頉 則陸爲其代之請 已蒙朝廷施行
而臣更念各邑束伍中 又有其父與叔父兄爲軍 而子姪與弟他人奉足者 其
父與叔父及兄或有衰病 則來請爲代 而各邑拘於事目 不敢許云矣 臣更乞
朝廷分付本道 若有子弟姪請爲其代者 並皆聽許爲當.'

137) 사료를 통해 추적되는 전국 규모의 속오군의 군액은 아래 표와 같다.
표를 통해서 인조대까지 10만 내외를 유지하던 군액이 숙종대 이후에
는 20만 정도로 배증함을 확인할 수 있다. 이러한 급격한 증가는 효종
대의 적극적인 군액확보책의 결과라고 생각된다.

〈별표〉 속오군액의 변천

시 기	액 수	전 거
선조 33년(1600)	95,226	『礪溪隨錄』
인조 4년(1626) 이전	75,000	『碧梧遺稿』
인조 6년(1628) 2월 경신	약 100,000	『仁祖實錄』
인조 11년(1633) 2월 병인	90,070여	『仁祖實錄』
인조 18년(1640) 12월 정미	101,914	『仁祖實錄』
인조 19년(1641) 5월 17일	110,000	『備邊司謄錄』
숙종 7년(1681) 8월 무자	200,000여	『肅宗實錄』
숙종 7년(1681) 12월 갑오	200,000여	『肅宗實錄』
숙종 24년(1698) 8월 30일	200,000	『承政院日記』
숙종 28년(1702)	188,000여	『絅菴集』
숙종 37년(1711) 2월 15일	200,000	『備邊司謄錄』
정조 2년(1778) 윤6월 신사	210,000	『正祖實錄』
정조 2년(1778) 9월 병신	190,000	『正祖實錄』

2. 속오군에 대한 給復·免身役策의 시행

속오군에 대한 대우의 문제는 保人의 지급이라는 방향 이외에, 復戶의 지급이라는 방향에서도 추진되었다. 인조반정 직후 沈光世는 가장 시급한 문제로 '無兵'의 문제점을 해결할 것을 주장하면서, 군정개편의 필요성을 역설하였다. 그는 兩西 지방을 예로 들며, 병농분리를 급작스럽게 시행할 수는 없으니 변통책으로 復戶의 지급을 제시하였다. 우선 28營을 설치한 후 매 營당 1천인씩을 배치한다. 그리고 그들에게 차등있게 復戶를 지급한 후, 그 밖의 餘結은 大同만 납부하고 잡역을 면제케 하자고 제안하였다. 그렇게 하면 兩西지방의 10만명으로 3만명의 병사를 지탱할 수 있을 것으로 보았다.[138]

이렇게 復戶를 兵農分離의 하나의 대안으로 생각하는 것은 당시 논자들의 일반적 생각이었다. 仁祖 초반 號牌法의 시행을 통한 軍政의 개편을 주장했던 李時發은 그것이 이루어지지 않을 경우에 束伍軍의 보충을 통해서 해결하려 했고, 속오군에 대한 경제적 지원의 의미로 각각 田結 1결씩을 復戶해 줄 것을 건의하고 있다.[139] 그리고 이 복호의 의미에 대해서 다음과 같이 부연하고 있다.

兵과 農을 분리하자는 계책을, 사람들이 혹 쉽게 이야기합니다. 하지만 臣

---

138) 沈光世(1577~1624), 『休翁集』권4, 「癸亥邊務疏」(『총간』 84집, 379~381쪽.) '臣以爲今日國勢之削弱 專由於無兵 … 臣觀兩西在籍官兵 大略三萬 … 徒有虛簿 實無可用 精壯盡漏 脆弱居半 錯雜散亂 無所統領 … 臣之愚計以爲我國兵農 不可卒分 若欲變通 則兩西之兵 分爲二十八營 每營千人 … 養兵之規 則新屬者給復十負 成材者給三十負 兩長則給五十負 哨官則給復一結 把摠則給復二結 … 本官凡屬軍者 給復之外 如有餘結者 只納大同 一應身役 永爲蠲減 … 兩西民丁 想不下十萬口 雖無此三萬人 可成貌樣 不可以此爲拘 言者語塞 伏願殿下留神焉.'

139) 李時發, 『碧梧遺稿』권4, 「練兵長策宣惠號牌便否議」(『총간』 74집, 458쪽.) '今欲治兵 則必以擇將爲先務 … 束伍之兵 旣無奉足 無以贍養 … 凡係偏伍之兵 各復其所耕田一結 田稅之外 百役俱免 則爲兵者得蒙實惠.'

은 지금의 시세와, 우리 나라의 풍속으로 보아 결코 시행할 수 없다고 생각
합니다. 지금 이 田結에 復戶해주는 정책은, 곧 병농을 분리하는 작은 뜻이
될 수 있습니다. 농민은 생업을 잃지 않고, 병사는 양성할 바탕이 있으니 시
행에 어려움이 있지도 않습니다. 이것이 治兵의 中策입니다.140)

즉 일각의 兵農分離論에 대해서는 불가능하다고 주장하면서, 田結
에 復戶해줌으로써 그 장점을 취할 수도 있다고 주장하였다.

丁卯胡亂을 겪은 직후인 인조 5년 4월에는, 兵曹判書 李廷龜의 청
에 의해 다시 復戶가 논의된다. 李廷龜는 우선 변란의 피해를 직접
당한 兩西 지방의 군사들에게 복호할 것을 청하였고, 비변사에서는
우선 속오군의 총수를 파악한 후에 復戶 등의 일을 시행할 것으로
回啓하여141) 속오군에 대한 復戶는 긍정적으로 검토되었다. 하지만
같은 달에 營將制를 시행되면서 반포된 營將節目에는 이 문제가 적
극적으로 반영되지 못하였다. 즉 속오군에 대한 給復규정이 포함되
고 있기는 하지만,142) 이는 試才하여 우수한 성적을 거둔 군병에 대
한 施賞규정일 뿐, 속오군 전반에 대한 復戶의 지급조치는 아니었다.

束伍軍에 대한 대우로서의 給復에 대한 논의는 仁祖代에 들어와
계속되지만, 재정적인 문제가 관련되는 까닭에 시행에까지는 이르지
못하게 된다. 인조 6년에 都體府 從事官 金槃은 書啓하여 束伍에 대

---

140) 같은 사료. (『총간』74집, 459쪽) '分兵農之策 人或易言 而臣以爲以今時
勢 以我國俗 決不可行也 今此復田之策 卽是分兵農之微意 而農不失業
兵有所養 不至於難行也 以爲治兵之中策也.'
141) 『仁祖實錄』권16, 인조 5년 4월 정유, 34책 189쪽. '兵曹判書李廷龜啓曰
… 兩西武士 則得免鋒鏑者雖罕 父母妻子之被賊殺擄者過半 敵愾報讎之
心 必倍他人 令兩道並抄選 復其田結 以爲聞變先登之用 … 備局啓曰 必
須先知各道各邑束伍軍兵摠數然後 某鎭管差遣一將官 合幾邑分遣一將官
就原束伍中 太去老病 抄擇精壯 給復優恤 團束操鍊 以爲緩急之用 請令
各道監兵使 束伍軍案急急上送 答曰軍案輸運 似爲有弊 其令各道監司 束
伍軍摠數 一一啓聞.'
142) 『仁祖實錄』권16, 인조 5년 4월 병진, 34책 194쪽. '一 軍兵就束伍原案中
除去老殘 抄擇丁壯 其中技藝成就 連次居首者 田稅外給復一結 老殘則作
爲一隊 或助軍餉 或備給資裝.'

한 전반적인 건의를 하는데, 그 가운데에는 給復문제가 포함되어 있었다. 이에 대해 備邊司는 10만명의 束伍軍에게 수십 負씩만 給復한다 하더라도 數萬 結에 이르게 된다 하면서, 재정적인 어려움을 들어 난색을 표하고 있다. 또한「營將事目」에 재예를 완전히 이룬 뒤에 給復케 하였던 이유도 결국은 재정적인 문제와 관련이 있었음을 지적하고 있다.143)

束伍軍에 대한 復戶의 지급은 孝宗代에 들어와 실시되기에 이른다. 孝宗 7년 9월에 三南지방의 속오군에 대한 給復 및 身役 免除조치가 결정된 것이다. 三南의 束伍軍은 매해 9월부터 다음해 2월까지 6개월간 매달 1회씩 營將이 해당 고을을 순력하면서 활쏘기와 총쏘기 등을 시험하였는데, 軍兵들이 각자 식량을 싸들고 관문에 모이는 과정의 어려움 등을 해결해줄 필요가 있었다. 그래서 대상에 따라 혹은 復戶를 지급하거나, 혹은 身役을 면제해 줌으로써 그 부담을 덜도록 한 것이었다.144) 속오군의 給復·免役 色目과 대상은 다음과 같다.

1. 속오군 급복 및 면역 색목 : 射手,砲手,旗手,槍手,殺手,火兵,書記
1. 급복 대상 : 騎兵,步兵,各色의 保人,私奴,內奴
1. 신역면제 대상 : 忠勳府奴,府奴,館學奴,院奴,寺奴,諸員,餘丁,匠人,唱準,雇工
   - 경상·전남도 각 山城 소속과 충청도 安興 소속 속오군은 營將이 따로 매달 모아서 조련하지 않으니 蹲役·給復에서 제외한다.145)

---

143)『仁祖實錄』권18, 인조 6년 2월 경신, 34집 262쪽. '備局啓曰 都體府從事官金槃書啓 凡九條也 … 且欲給復 則八道編伍 幾至十萬 雖人給數十負 除此數萬田結 則該曹經費 亦何以支用 當初營將事目中 必有成才者然後啓聞給復者 盖以此也 姑依事目施行爲當 … 上 從之.'

144)『備邊司謄錄』18책, 효종 7년 9월 2일, 2집 508쪽.「備邊司單啓目」'慶尙全南忠淸三道束伍軍 每年自九月至二月 六朔良中 每朔一番式 營將巡歷該邑 試射試放 則軍兵等私自裹粮聚會官門之際 其間苦狀 已不足說 而其中有身役者 則或有收布之役 或有身貢之納 被侵多岐 其勢決不可堪 故自上軫念軍民之苦狀 公賤及諸員餘丁匠人唱準雇工院奴等 則全減身貢身役價布 騎步兵及諸色保人私內奴奴等 則各級稅外復戶五十卜 以爲別樣存恤之地敎是白去乎.'

145) 같은 사료. '一. 束伍軍給復免役色目 射手砲手旗手槍手殺手火兵書記 一.

위의 기사를 보면 射手·砲手에서 火兵·書記에 이르는 속오군의
모든 色目이 給復·免役의 혜택을 받을 수 있도록 했으나, 慶尙·全
南의 각 山城 소속과 忠淸道 安興 소속의 束伍軍은 그 대상에서 제
외하고 있다. 그 이유는 이 지역의 속오군은 영장이 순력하면서 조
련을 하는 조련군이 아니었고, 그 자체가 身役이었기 때문이었다. 또
兼役하고 있는 명색에 따라 身貢을 납부하는 속오군에게는 身役을
면제해 주고, 上番하고 있거나 私奴와 같이 身貢의 면제를 강제할
수 없는 속오군에게는 復戶해줌으로써 그 혜택을 골고루 나누고 있
다. 이로 보아 이 조치는 기본적으로 속오군의 兼役에 대한 대책인
동시에, 속오군의 순력·조련에 대한 대가로서 이루어진 조치임을
알 수 있다. 대상 지역이 三南으로 국한된 이유도 營將의 순력·조
련이 그 지역에서만 이루어지고 있었던 까닭에서이다.

復戶의 대상이 되는 토지는 田結의 소유자와 관계없이 원하는 곳
의 土地에 혜택을 주도록 하고 있으며, 復戶의 내용은 田稅를 제외
한 각종 貢物 및 雜役의 면제였다. 또 이 조치가 실효를 거둘 수 있
도록 하기 위해, 그대로 지키지 못할 경우 각 고을의 수령 및 아전
들에 대한 처벌 조항도 마련하고 있었다.[146] 復戶 대상의 토지를 소
유와 관계없이 탄력적으로 적용할 수 있도록 한 것은, 私奴를 비롯
하여 자기 토지를 가지지 못한 농민들에게 실질적인 혜택을 주기 위
함이었다.

이것이 兼役에 대한 조치임은 身役 면제 대상은 물론이고 給復의
대상도 모두 일정한 역을 지니고서 束伍軍에 포함되어 있다는데에

給復秩 騎兵步兵各色保人私奴內奴 一. 免身役秩 忠勳府奴府奴館學奴院
奴寺奴諸員餘丁匠人唱準雇工 慶尙全南道各山城所屬 忠淸道安興所屬束
伍軍 則別無營將逐朔聚會操鍊之擧 故不入於蠲役給復之中.'

146) 『備邊司謄錄』 18책, 효종 7년 9월 2일, 2집 508쪽. 「備邊司單啓目」 '無論
自己田結有無 各從所願給復 而田稅之外貢物價以下 種種雜役 一切蠲免
俾無有其名而無其實之弊爲白呼矣 御史廉問時 各邑不遵朝家事目 雖少少
雜役 如有橫侵之端 則當該守令鄕所色吏等 這這論以重律 使之除尋常 着
實擧行爲白乎矣.'

서 쉽게 알 수 있는 사실이지만, 閑良이나 出身·業武·武學 등과 같이 일정한 身役이 없는 경우나 심지어는 有廳軍과 같이 身役이 있더라도 형식적인 경우에는 그 대상에서 제외한 데에서 확인할 수 있다.[147] 한편 각 山城 소속이나 충청도 安興의 속오군 등은 그 자체가 兼役이 아니며, 또한 조련에 참가하고 있지 않기 때문에 대상에서 제외되었다.

속오에 대한 復戶의 규모는 50負가 원칙이나, 지역에 따라 그 양은 차이가 있었다. 일례로 효종 9년에 嶺南 暗行御史로 나갔던 閔鼎重의 보고에 의하면, 영남도 50負 복호가 원칙이나 각읍 전결의 다과에 따라 혜택이 차이가 있다고 하고 있다.[148] 즉 復戶의 대상이 되는 雜役은 각읍별로 田結을 단위로 배정이 되었던 까닭에, 役이 많은 읍은 상대적으로 많은 혜택을 볼 수 있었다.

속오군에 대한 給復조치는[149] 給保 이상의 논란을 불러일으켰다. 발표 직후 金堉은 給保혁파를 언급하면서 역시 給復의 정지를 요청하고 있는데, 束伍軍에게 실제로 보탬은 없으면서 농민들에게는 큰

---

147) 같은 사료. '今此給復之類段 皆是有身役編於行伍 而一身兩役 逐朔試才者是白在果 此外以閑良入於束伍者 及別隊中如出身業武武學等段 皆無身役是白乎於 所謂有廳軍士等段 一年之內 當身入番 則不過九日 納布亦不過一匹是白在 如中視諸有身役騎步兵公私賤餘丁匠人之類 其爲苦歇 不啻懸殊 故不在於給復之中爲白有齊.'

148) 閔鼎重, 『老峯集』 권11, 「嶺南暗行御史別單書啓」(『총간』 129집, 272쪽.) '束伍復戶則每名五十負 而各邑田結之數 多寡不同 故出役多寡 亦各不同 役多之邑 則五十負一年所復木棉六七疋 役少之邑 則一年所復不過三四疋云云.'

149) 이 조치는 크게 給復과 身役免除의 두 가지로 나누어 생각해볼 수 있겠지만, 앞으로는 특별히 따로 언급할 필요가 있는 경우를 제외하고는 '給復'으로 통일해서 표현하기로 하겠다. 신역의 면제 대상 보다는 급복의 대상이 훨씬 숫적으로 많았으리라는 점을 고려하였다. 급복의 대상에는 양인 대부분의 군역 명색과 私賤, 내수사의 노비 등이 포함된 반면, 신역의 면제 대상에는 公賤 일부와 약간의 직역 명색이 있을 뿐이기 때문이다. 이 조치에 대한 찬반논의의 과정에서도 주로 '給復'이라 표현되고 있다.

손해를 끼치게 된다는 이유에서였다.150) 이미 허다한 명색이 復戶되고 있는데 束伍軍까지 復戶해준다면, 그 부담이 나머지 농민들에게 모두 전가될 것을 우려한 것이었다. 특히 束伍軍은 그 수효가 기존에 復戶되던 다른 명색과 비교할 수 없이 많았기 때문에, 일리가 있는 견해였다.

束伍給復의 시행 지속 여부에 대하여, 대신들의 견해도 일치하고 있지는 않았다. 右議政 沈之源은 民結의 부담이 늘며 실시하더라도 경기·강원 등과 함께 실시하는 것이 마땅하다는 이유로, 刑曹判書 李浣은 全南의 水軍·山城軍과 차등을 두는 것은 불가하다는 이유로 각각 반대론을 개진하고 있다.151) 이에 대해 領議政 鄭太和는 三南 田結의 元數는 50여만결인데 給復되어 제외되는 것은 2만여결에 불과하니 民結에 부담이 되는 것은 매우 적다고 옹호하고 있다. 또 兵曹判書 元斗杓도 李浣의 말에 원칙적으로는 찬동을 하면서도, 재정 형편상 6개월간 조련하는 군사에게 먼저 혜택을 베푼 것은 옳다고 주장하고 있다. 孝宗은 이 말을 받으며 "그렇다. 급복에 대한 일은 단연코 시행하는 것이 좋겠다."라 하여 시행에 대한 강력한 의지를 표명하고 있다.152)

하지만 束伍給復에 대한 논란은 해를 넘기며 계속되어153) 이듬해

---

150) 金堉,『潛谷遺稿』권6,「因西南災變請修省變通箚」(『총간』86집, 113쪽) '哨軍復戶 此何爲也 五十負之蠲賦 別無大益於其身 而農民之受害多矣 復戶者 凡幾人乎 忠臣孝子烈女宦官列邑人吏守護軍津夫驛卒漕軍砲手御營軍之類 不可勝數 而又復哨軍之戶 則若千農民 何以獨當其役 決不可爲宜亟罷之也.';『孝宗實錄』권17, 효종 7년 9월 庚申, 36집 64쪽에도 같은 기사.

151)『備邊司謄錄』18책, 효종 7년 10월 3일, 2집 513쪽. '右相沈之源曰 束伍給復 則田結之役 當加於民結 此甚不可 且京畿江原等道軍兵 似當一體施行 豈非難便乎 (刑曹判書)李浣曰 以全南一道言之 有舟師軍 有應入山城軍 此等之軍 亦不可二以視之.'

152) 같은 사료. '(領議政)鄭(太和)曰 三南田結元數 五十餘萬結 以給除出之數 只二萬餘結 添役於民結者 其數甚少矣 兵曹判書元斗杓曰 李浣所陳一視之言 誠是矣 而國家物力不裕 有同貧家之計 勢不能一體遍及矣 姑先施惠於六朔操鍊之軍 似無不可矣 上曰 然矣 給復事 斷然行之 可矣.'

2월에는 난상토론 끝에 가을에 변통하기로 결정하였다.[154] 이 날의 토론에서는 給復에 대한 논의의 폭도 넓어져 단순한 폐지·강행의 주장 뿐 아니라 급복 대신 試才하여 入格者에게 시상하는 방안, 收米하여 분급하는 방안 등의 대안이 제시되기도 하였다. 또한 給復이 불가능한 이유로서 束伍軍 중에 '移來移去者'가 많은 것이 지적되기도 하였다. 아무튼 갖가지 대안이 제시되고 반대의 이유가 늘고 있다는 것은 급복의 시행이 원활하게 진행되기에는 어려움을 시사하는 것이었다. 효종은 삼남 지방 군병의 고통을 덜려했던 의도를 설명하면서, 收米하여 분급하는 방법의 대안은 미봉책이라고 비판하였다.

이러한 와중에 金堉은 영장제도 및 속오에 대한 급보·급복 등 일체를 혁파할 것을 다시 건의하지만,[155] 역시 효종은 서서히 논의하자며 결론을 유보하고 있다.[156]

束伍 復戶에 대해서는 그 양이 지나치게 적다는 불만도 표명되었다. 헌납 李袤는 復戶의 혜택이 모두 도로 군량을 싸는데 들어간다 하여, 그 실효에 대해 의문을 제기하였는데[157] 이는 그 만큼이나마 속오군에게 실제적인 도움이 된다는 것을 의미했다. 그것이 속오군의 給復을 쉽게 폐지할 수 없는 이유였다. 그러한 까닭에 贊善 宋時烈은 백성들에 대한 신의를 들어 급복의 폐지를 비판하고 있는 것이다.[158] 즉 조정에서는 형평의 문제, 재정의 곤란, 시행의 기술적 어

---

153) 『備邊司謄錄』 18책, 효종 7년 9월 26일, 2집 511쪽 ; 『備邊司謄錄』 18책, 효종 7년 12월 20일, 2집 520쪽 ; 『承政院日記』 144책, 효종 8년 1월 23일, 8집 33~34쪽 ; 『孝宗實錄』 권18, 효종 8년 1월 병인, 36집 75쪽.

154) 『備邊司謄錄』 19책, 효종 8년 2월 5일, 2집 527쪽 ; 『孝宗實錄』 권18, 효종 8년 2월 무인, 36집 77~78쪽.

155) 金堉, 『潛谷遺稿』 권6, 「因西南灾變請修省變通箚」(『총간』 86집, 113쪽) ; 『孝宗實錄』 권18, 효종 8년 5월 병오, 36집 89쪽.

156) 『備邊司謄錄』 19책, 효종 8년 5월 7일, 2집 559쪽.

157) 『孝宗實錄』 권18, 효종 8년 6월 병자, 36집 97~98쪽. '獻納李袤 上疏曰 … 半結復戶 盡入裹糧.'

158) 『孝宗實錄』 권19, 효종 8년 8월 병술, 36집 109~110쪽. '臣聞信者 人君之大憲也 … 去年有束伍給復之令 軍卒甚喜 今年已罷之如此 則上下何以

려움 등을 들어 급복제도를 폐지하는 쪽으로 논의를 모아나가지만
막상 당사자인 군졸들의 반발에 부딪치게 된 것이다. 특히 私奴의
경우에는 달리 혜택을 줄 방도가 없었기 때문에 폐지가 곤란하였다.
따라서 속오에 대한 給復을 변통하지 않고 그대로 제도를 유지하는
것으로 결론을 내리게 되었다.[159]

  효종 8년에는 成均館 外方 奴婢의 身貢을 납부케 하는 대신 束伍
役에서 제외해 줄 것이 건의된다.[160] 成均館의 소속으로 속오군을
兼役하고 있는 奴가 충청도에만 135명에 이를 정도로 많았다. 三南
에 산재한 이들의 신공을 모두 면제할 경우, 성균관의 재정에 큰 영
향을 미치게 될 것이었다. 결국 成均館 奴의 束伍兼役者 380여명은
모두 束伍에서 제외하고 다른 사람을 대신 束伍軍으로 정하게 하는
조치가 내려진다.[161] 이 조치는 成均館의 사정으로는 불가피한 것이

相恃哉 伏乞殿下留神焉.'
159) 『備邊司謄錄』 19책, 효종 8년 10월 3일, 2집 586쪽. '去九月二十日引見時
    領議政(鄭太和)所啓 三南束伍軍中私賤 則無他蠲役之事 故五十卜給復之
    擧 實出於不得已也 當初外方狀啓 多以爲無實而難便 故限今秋施行 而秋
    後更議以處事 定奪矣 今秋已盡 必有指一分付 然後外方可奉行 何以爲之
    上曰 右相之意何如 右議政(李厚源)曰 當初五十卜給復事議定之時 則臣
    亦以爲不可 而旣已給復 爲惠雖少 今若還收 則亦甚不可矣 鄭曰 當初則
    皆以給復爲不可 今則以爲軍情惟恐其還收 臣聞守令之言 亦云五十卜給復
    比之寺奴免貢 雖不相敵 軍情猶以爲幸矣 姑爲仍前給復事 行文知委似當
    矣 上曰 然則依爲之.'
160) 『承政院日記』 147책, 효종 8년 10월 10일, 8집 181쪽. '初九日 晝講時 同
    知事蔡裕後所啓 成均館外方奴子被抄於束伍之數 多至一百三十五名 私奴
    之見抄於軍役者 亦無蠲貢之擧 令本官 依前收貢 而勿爲禁斷何如 上曰
    新有事目之政也 試言于廟堂事 命下矣 學宮事體 異於他司 許多貢奴 亦
    難全免 而初布事目 行未經年 旋議更改 實涉不可 且筵臣所啓中一百三十
    五名云者 只是忠淸一道之數 兩南則時未算出云 的知三南學宮奴丁入束伍
    都數 然後登對時稟處何如 答曰 依啓.'
161) 『備邊司謄錄』 19책, 효종 8년 12월 4일, 2집 594쪽. '領議政鄭太和所啓
    頃日蔡裕後 以館學奴子入於束伍者除貢事 陳達於楊前矣 以元數言之 則
    三百八十餘名 其數似多 而以三南各邑言之 則則一邑所定 不過二三名 館
    學與他司有異 皆爲頉下 其代 則令各官 以他人代定何如 上曰 依爲之.'

었을지 모르나, 결국 이후 다른 官署들의 연쇄적인 요청을 불러와 대부분의 公賤들이 속오에서 제외되는 방향으로 귀결된다.

효종 9년에 閔鼎重은 給復제도의 개편이 필요함을 지적하였다. 復戶되는 양도 많지 않은데다가, 자기 혹은 남의 토지에 復戶하는 형식이기 때문에 실제로 軍裝을 마련하는데 직접적으로 쓰이지는 않는다는 것이었다. 따라서 몇 년이 지나면 당연히 받아야 할 것으로 알아, 조정의 德意를 헤아리지 못할 우려가 있다는 것이다. 그 대책으로 각 고을에서 復戶에 해당하는 만큼의 물품을 걷어서 봄가을로 시재하여 논상하면 격려하는 바가 있을 것이라고 하였다.162)

이후 閔鼎重은 이 주장을 더욱 구체화시키고 있다. 그는 軍額이 점점 증대되고 있는 현실을 감안할 때, 증액되고 있는 만큼 계속 復戶를 하게된다면 장차 民結이 남아나지 않을 것이라고 판단하였다. 그러므로 앞에서 주장한 것처럼 復戶는 폐지하고 官에서 그만큼을 걷도록 하자는 것이었다. 또한 身貢 면제자의 경우에는 원래 걷어야 할 元貢은 걷되 징수과정의 추가부담인 '後木'만을 면제하자는 것이다. 이렇게 걷은 身貢과 復戶에 해당하는 물품을 각 고을에 비치하여 試才할 때의 賞格으로 삼자는 것이었다. 또한 당시를 기준으로 復戶나 身貢免除의 액수를 제한하여, 앞으로 증액되는 부분은 復戶하지 않는다면 여러 가지 문제가 해결될 수 있으리라는 것이었다.163)

---

162) 閔鼎重,『老峯集』권11,「嶺南暗行御史別單書啓」(『총간』129집, 272쪽.) '大槩朝廷此擧 專出於撫恤軍卒之意 故問于渠輩 則皆有喜色 然臣聞諸有 識之言 皆以爲此輩所復旣少 或復其自己所耕 或復其鄰人之田 實無每年 收取補用軍裝之事 而若過數年之久 則擧皆自謂分內應得之物 又必不知朝 廷德意 正所謂恩竭則慢者也 實不如自官收合所復應入之物 每年春秋 令 道臣或主將 或別遣近臣 試才論賞 以之激勸之爲愈也 斯言似得之矣.'

163) 閔鼎重,『老峯集』권11,「嶺南暗行御史復命後承命書啓」(『총간』129집, 279쪽.) '盖給復之後 各邑民結甚縮 已有平民偏苦之患 固不可不慮 況今 各營軍兵其數畧少 若欲詰戎 須至漸增 增額之後 欲爲逐一給復 則民結殆 盡 慮此不給 則新舊之兵 或得或否 其爲不均 不但興怨 亦乖事體 臣意則 請依臣書啓中所請 給復者則自官收合所復之入 除貢者則蠲其後木而只徵

또한 閔鼎重은 給復을 유지해야 한다는 여러 논리에 대해서도 반박하고 있었다. 우선 給復을 시행한지 얼마되지않아 갑자기 폐지할 경우 군정의 원한을 사게 된다는 논리였다. 이에 대해 閔鼎重은 폐단이 없다면 계속 시행해도 좋지만 폐단이 드러난 다음에는 오래되어 폐단이 더욱 고착화되기 전에 해결하는 것이 좋다는 입장이었다.164) 또한 給復의 혜택은 균평히게 돌아가지만, 施賞으로 대체할 경우 재주있는 자에만 혜택이 돌아가 나머지의 원한을 살 수 있다는 논리가 있을 수 있었다. 이에 대해서는 養兵의 목적 자체가 유사시에 대비하는 목적인 만큼, 오히려 바람직한 개선이라는 입장이었다.165)

창설 당시부터 계속 문제가 되어오던 속오군에 대한 대우의 문제는 효종대에 給保와 給復의 제도가 시행이 됨으로써 구체화되기 시작했다. '북벌'을 기치로하여 군비의 확충에 진력하던 孝宗은, 지방군에 대해서는 속오군에 대한 대우의 개선을 통해서 이를 이루려고 한 것이었다. 그 시행 지역이 三南 지방으로 국한된 이유는 직접적으로는 속오군의 操鍊이나 군액 확충이 그 지역을 중심으로 이루어지고 있었기 때문이었지만, 궁극적으로는 淸을 의식하지 않을 수 없기 때문이었다.166) 한편 給保와 給復은 반드시 속오군에 대한 '대우'의 개선만을 의도한 것이 아니었다. 특히 給保조치는 속오군에 대한 물질적인 도움이라는 목적 보다는 그를 통해 피역을 방지하고 민인들을 국가의 통제하에 두려는 의도가 더 강하게 드러난 조치였다. 給復조치 역시 다른 지역에 비해 순력·조련 등으로 인하여 현저히 고통을

元貢 亦減升數 盡皆儲于本邑 以爲試才施賞之用 而亦以見今給復除貢之數 作爲定限 日後軍額雖增 而此數則不復隨加 實爲便宜 再乞睿裁.'
164) 같은 사료. '今之議者若曰 旣已給復之後 遽有自官收合之擧 則雖用之於渠輩賞格之資 必致軍情之怨恨云 臣則亦以爲不然也 夫給復之擧 恰好無弊 則永久遵行可矣 如知其不便 則不可不速罷也 行之之久則其弊益痼 久而後罷則其怨益深 今豈可循其旣往之失而膠守不變也.'
165) 같은 사료. '若以爲給復則均及 而給賞則無才者不得 此亦致怨之端云爾 則臣又以爲國家之養兵 盖爲其有才而可用於緩急故也 豈可徒養不才之兵 虛費民結之用哉.'
166) 車文燮, 1973,「孝宗朝의 軍備擴充」, 앞의 책, 287쪽.

받고있던 三南 지방의 속오군에 대한 최소한의 물질적인 보상이었
다. 군사력의 강화를 위한 孝宗의 의도적 노력은 給保와 給復이라는
형태를 통해서 地方軍에도 예외 없이 기울여지고 있었다.

제3장

朝鮮後期 地方軍制의 變遷

Ⅰ. 顯宗∼肅宗代 束伍軍의 運營

1. 顯宗∼肅宗代 前半 束伍軍 運營의 變化

孝宗代에 이르기까지 束伍軍은 營將制의 설립을 통한 操鍊의 제도화, 給保制의 시행으로 표현된 군액의 확보, 兼役 모순의 해소를 위한 給復策의 시행 등을 통해 강화될 수 있었다. 그러나 1659년 孝宗이 사망하고 顯宗이 즉위하면서, 속오군의 운영에도 큰 변화를 가져오게 된다. 그것은 평시 속오군의 가장 큰 부담이었던 조련의 축소로 나타났으며, 속오군에 대한 給保 및 給復策도 그에 따라 변화를 보이게 된다.

顯宗代 以後 속오군의 운영이 이렇게 변화하게된 직접적인 원인은 물론 北伐論을 의욕적으로 추진하던 孝宗의 사망에서 찾아야 하겠지만, 이는 대내외적 상황의 변동 및 이에 따른 정부의 정책 전환 문제와도 관련이 되는 것이었다. 이 시기에는 淸ㆍ日과의 군사적 긴장이 해소되어 정부의 관심이 군사문제보다 재정문제로 쏠리고 있었다. 특히 肅宗 7년(1681)에 三藩의 亂을 완전히 평정하는 등, 이무렵 淸의 國勢는 날로 강성해지고 있었다. 따라서 北伐論은 현실적으로 무의미한 명분론으로 흘렀으며, 동시에 군사상의 관심 또한 흐려져갔다.[1)

정부의 관심이 군사적인 문제에서 재정적인 문제로 전환하게 된데에는 당시 군사제도 자체의 문제도 한 원인이 되고 있었다. 仁祖

---

1) 柳承宙, 1976, 「朝鮮後期 鑛業政策論」『韓國思想大系』Ⅱ, 成大 大東文化研究院, 594쪽 ; 1993, 「緖論」『朝鮮時代 鑛業史硏究』, 高麗大出版部, 6쪽.

에서 孝宗代에 이르는 시기는 새로운 군영의 경쟁적인 증설을 통한 군비의 강화로 특징지을 수 있는 시기였고, 이는 北伐論으로 뒷받침 되었다. 舊 軍制에 중첩된 형태로서 새로 증강된 新 軍營의 설치는 필연적으로 군역을 담당할 자원의 부족을 야기할 수 밖에 없었고, 顯宗은 즉위와 동시에 이의 해결을 위한 새로운 방안을 모색하지 않을 수 없었다.2) 그것은 肅宗~英祖代를 거치면서 良役變通論이라는 이름으로 길게 지속되었는데,3) 17세기 후반에 시작된 양역변통론은 18세기 중반이 되어서야 均役法이라는 형태로 일단락되었다. 良役의 문제가 큰 국가적 과제로 떠오른 상황에서, 지방군인 속오군의 운영은 축소되는 형태로 나타날 수 밖에 없었다. 속오군 대상의 상당수가 良役을 지고 있었던 兼役者였기 때문에, 추가되는 조련의 부담을 감당하기 어려웠기 때문이다.

더불어 닥친 17세기 후반의 자연재해는, 정상적인 속오군의 운영을 방해하는 또 하나의 원인이 되고 있었다. 顯宗~肅宗代 前半期에 해당하는 17세기 후반은 "생존 환경면에서 조선왕조 역사상 최악의 시기"였다고 언급될 만큼,4) 자연재해와 그로 인한 피해가 심각했다.5) 특히 顯宗 연간에 계속되었던 대규모의 饑饉은 조련의 빈도가 줄어드는 이유가 되고 있었다.6)

---

2) 車文燮, 1996, 「壬亂 이후의 良役과 均役法의 성립」『朝鮮時代 軍事關係 研究』, 檀大出版部, 437~440쪽.

3) 17세기 후반 이후의 양역 변통논의가 균역법으로 귀결되는 과정에 대해서는 鄭萬祚의 논문이 참고된다. 鄭萬祚, 1977, 「朝鮮後期의 良役變通論議에 對한 檢討 -均役法 成立의 背景-」『同大論叢』 7 ; 1990, 「肅宗朝 良役變通論의 展開와 良役對策」『國史館論叢』 17.

4) 李泰鎭, 1997, 「'小氷期'(1500~1750년)의 天體 現象的 원인 -『朝鮮王朝 實錄』의 관련 기록 분석 -」『國史館論叢』 72, 110쪽.

5) 연구자에 따라서는 이 시기의 자연현상을 세계사적인 것으로 설명하면서, '小氷期'로 설명하는 견해도 있다. 나종일, 1987, 「17세기 위기론과 한국사」『歷史學報』 94·95합 ; 李泰鎭, 앞의 논문.

6) 전근대사회에 있어서 기근은 항상적인 것이어서, 연대기 자료를 통해 기근의 규모나 빈도를 파악하는 일은 쉽지 않았다. 다만『增補文獻備考』「市糴考」賑恤條의 기사를 통해 현종대의 전반에 걸쳐 기근이 발생하고

뒤에 따로 수록한 〈부표 1〉~〈부표 3〉까지는 顯宗代에서 正祖代에 이르는 시기의 조련의 시행 여부를 도표화한 것이다.[7] 이를 통해서 매년의 조련 시행 여부 및 추세를 확인 할 수 있다. 다시 그것을 王代별로 요약하여 통계화하였는데, 다음 〈표 11-1〉은 顯宗代의 조련 실태를 통계화한 것이다.[8]

다음 표를 통해서 보면, 顯宗代에 조련이 꾸준히 시행되고 있다고 보기는 어렵다. 특히 봄·가을로 兵使에 의해 실시되는 合同 操鍊은 정지의 사례가 상당히 잦다. 충청도의 경우 15년 가운데 봄에는 7회, 가을에는 8회의 정지 사례가 확인된다. 이러한 추이는 兩南 지방의 경우에도 큰 차이를 보이지 않는다.

있었음을 확인할 수 있었다. 연구에 의하면, 顯宗 12년(1672)의 경우에는 飢民의 연인원이 686,114명이었고, 6월 한달간의 餓死者의 수효만도 18,950명에 이르고 있었다고 한다. 趙珖, 1982, 「19世紀 民亂의 社會的 背景」 『19世紀 韓國 傳統社會의 變貌와 民衆意識』, 高大 民族文化硏究所, 188쪽.

7) 『備邊司謄錄』과 『朝鮮王朝實錄』에는 봄과 가을 전국 각 지역의 조련 여부에 대한 조정의 결정 내용이 실려있다. 물론 시행을 전제로 하고 있는 것이기 때문에, 조련이 실시되지 않는 경우의 자료가 주를 이루지만 간혹 시행키로 하는 경우의 자료도 포함되어 있다. 또한 두 자료에 실리지 않고 누락되었을 가능성도 있기 때문에, 이 표에 표시되지 않고도 조련이 행해지지 않은 경우도 있을 수 있다. 따라서 이 표로 당시의 조련실태가 완벽하게 파악된다고 보기는 어렵다. 다만 대체적인 추이는 살펴볼 수 있을 것이다. 한편 〈부표 3〉에서는 그 이전의 도표와 달리, 兵使의 巡歷은 제외하였다. 그 이유는 병사의 巡歷 여부가 자료에서 거의 확인되지 않기 때문이다. 영조 35년(1759) 봄에 병사의 조련 및 영장의 순력과 함께 정지되고 있는 경우를 제외하면 전혀 발견되지 않는다. 앞에서도 언급한 것처럼, 병사의 순력은 조련의 여부와 연계되었던 것으로 추정된다. 한편 이 시기에는 새로 '官門聚點'이 제도화되는데, 이에 따라 도표에 포함하였다.

8) 〈부표〉를 기준으로하여 다시 王代별로 통계화함에 있어서는 兵使의 合操와 營將의 巡歷 만을 대상으로 하였다. 兵使의 巡歷은 사료에 자주 나타나지 않아 통계화하기가 어렵고, 官門聚點은 英祖代 후반부터 나타나고 있기 때문이다.

〈표 11-1〉顯宗代 조련 실태의 통계

구분	충청				전라				경상좌				경상우			
	봄		가을		봄		가을		봄		가을		봄		가을	
	합	영	합	영	합	영	합	영	합	영	합	영	합	영	합	영
년수	15	15	15	15	15	15	15	15	15	15	15	15	15	15	15	15
미확인	8	14	5	8	9	14	5	8	8	13	5	8	8	13	5	8
시행			1	3			1	3			1	3			1	3
부분시행			1	1			1	1			1					1
정지	7	1	8	3	6	1	8	3	7	2	9	3	7	2	9	3
정지비율(%)	46.7	6.7	53.3	20.0	40.0	6.7	53.3	20.0	46.7	13.3	60.0	20.0	46.7	13.3	60.0	20.0

출전 : 『朝鮮王朝實錄』 및 『備邊司謄錄』

비고 : '합'은 합동 조련[合操], '영'은 營將의 巡歷.

또한 〈부표 1〉에서 확인할 수 있는 바와 같이, 조련의 정지는 특정한 시기에 집중되어 나타나고 있다. 현종 1~3년, 11~14년과 숙종 8~14년의 시기인데, 이 시기는 기근이 빈발하던 때였다. 특히 현종 11년~12년의 기근은 '庚辛大饑饉'으로 불릴 정도로 참혹했는데,[9] 실제로 이 시기를 전후하여 증가추세이던 조선왕조의 戶口數가 격감하고 있다. 顯宗 10년의 통계에는 戶數가 1백 34만 2천 74호, 口數가 5백 16만 4천 5백 24口이었던데 대하여, 이 기근을 겪은 후인 顯宗 13년의 통계에는 戶數가 1백 17만 6천 9백 17戶, 口數가 4백 69만 5천 6백 11명으로 나타나고 있다.[10] 戶數로는 16만여戶가, 口數로는 46만여口가 각각 감소하고 있는 것이다. 이러한 상황에서 조련의 정지는 불가피한 것이었다. 자연재해가 비교적 적었던 肅宗 15년 이후로는 조련의 정지 빈도가 현격히 감소하고 있다.

한편 합동 조련이 정지되었을 때에는 兵使나 營將의 巡歷을 거행함으로써 操鍊의 실효를 기하려 했다. 操鍊의 정지 이유 중의 하나가 兵使의 행차로 인한 군병의 부담을 덜어보자는 것이었기 때문에

---

9) '庚辛大饑饉'에 대해서는 다음의 논문 참조. 朴榮圭, 1963, 「朝鮮朝 顯宗 庚辛年間의 饑饉에 對하여 -特히 서울을 中心으로-」『鄕土서울』 19.

10) 鄭演植, 1993, 『조선후기 '役摠'의 운영과 良役 變通』, 서울대 박사학위논문, 46쪽.

兵使의 巡歷은 함께 정지되는 경우가 많았지만.[11] 營將의 巡歷까지 함께 정지되는 경우는 많지 않았다. 忠淸道의 15회 조련 정지 기간 가운데 營將의 巡歷까지 정지된 경우는 4회에 불과했다. 이 기간의 자연재해의 심각성을 고려하면 비교적 적은 경우라고도 볼 수 있다.

흉년에는 兵使와 營將의 巡歷이 거행되더라도, 횟수나 내용에 변화가 있었다. 또한 操鍊을 실시하더라도 방법에 변화가 있었다. 顯宗 4년에 흉년이 들자 湖西와 湖南지방의 이듬해 봄 조련은 정지하고, 10월에서 이듬해 1월까지 매월 거행하던 營將의 巡歷은 격월로 행하게 하였다. 한편 兵使의 巡歷은 1회로 하되 군병은 모으지 않고 군기점검만 시행토록 하고 있었다. 또한 그해의 가을 조련은 5營이 각각 시행하는 형태로 거행하고 있었다. 즉 몇몇 營이 모여서 실시하는 合操 대신 각 영 단위의 훈련을 거행토록 하고 있는 것이다.[12] 이렇게 흉년의 정도에 따라 그 형태의 변화가 잦았다.

조련이 장기간 정지되면서, 대신 시행되어야 할 영장 순력도 소홀히 치러지는 경우가 잦아졌다. 현종 14년에는 春操가 정지되고, 가을에도 兵使와 營將으로 하여금 순력만 행하도록 하였는데, 겨우 조총

---

11) 병사 순력의 정지 여부를 사료에서 확인하는 것은 쉽지 않다. 일례로 현종 12년 가을의 경우 『備邊司謄錄』에는 영장의 순력만이 정지되고 있는 것처럼 기록되어 있지만, 『顯宗改修實錄』에는 병사의 순력도 정지 대상으로 명기하고 있다. (『顯宗改修實錄』 권24, 현종 12년 7월 임술, 36집 701쪽 ; 『備邊司謄錄』 30책, 현종 12년 7월 14일, 3집 104쪽.) 하지만 일반적으로 조련에 관해서는 『備邊司謄錄』의 기사가 더 상세하다는 점을 고려하면, 병사의 순력 여부가 사료에서 완벽히 확인되지 않는다는 예증이 될 것이다. 따라서 위의 표에서 병사의 순력이 대부분 공란으로 처리된 것은, 실제로는 조련 여부와 일치하는 것으로 보는 것이 더 정확할 것이다. 즉 병사의 합동 조련이 실시되면 함께 순력도 실시하고, 그렇지 않으면 함께 실시하지 않았던 것으로 보아야 할 것이다.

12) 『備邊司謄錄』 23책, 현종 4년 9월 3일, 2집 798쪽. '啓曰 … 今聞湖南農事 不可與常年一體施行 依忠淸道例 五營分操 兵使設行於秋水(收?)後未凍寒 之前 春操則停止 而營將則自十月至正月 四朔之內 每朔巡操 自是啓下事 目 而今年 則間朔巡歷 點年(兵?)試射 兵使一番巡歷 亦不可廢 勿爲聚會 軍兵 只點看軍器宜當 以此意行會何如 答曰 允.'

만 3번 쏘고 해산하여 물의를 빚고 있었다.[13] 顯宗 말년에 오면 조련
의 실효가 크게 떨어진 것을 알 수 있다. 이렇게 조련과 순력이 장기
간 정폐되자, 營將은 있으나마나한 冗官으로 평가받고 있었다.[14]

조련 정지의 추세는 肅宗代 이후로도 계속되고 있었다. 다음의
〈표 11-2〉는 肅宗~景宗代의 조련 실태를 통계화한 것이다.

〈표 11-2〉肅宗·景宗代 조련 실태의 통계

구분	충청				전라				경상좌				경상우			
	봄		가을		봄		가을		봄		가을		봄		가을	
	합	영	합	영	합	영	합	영	합	영	합	영	합	영	합	영
년수	50	50	50	50	50	50	50	50	50	50	50	50	50	50	50	50
미확인	25	33	29	37	28	32	27	34	26	32	27	37	27	32	27	34
시행	2	4	8	7	3	6	8	9	3	6	8	9	2	6	9	9
부분시행	1						1	1								
정지	22	13	13	6	19	12	14	6	21	12	15	7	21	12	14	7
정지비율(%)	44.0	26.0	26.0	12.0	38.0	24.0	28.0	12.0	42.0	24.0	30.0	14.0	42.0	24.0	28.0	14.0

출전 : 『朝鮮王朝實錄』 및 『備邊司謄錄』
비고 : '합'은 합동 조련[合操], '영'은 營將의 巡歷.

顯宗 때보다 조련의 정지 비율은 조금 줄어들었지만, 큰 의미를
두기 어렵다. 顯宗代는 기근이 빈발했던 데다가, 15년간의 통계인 반
면 肅宗·景宗代는 50년의 통계이기 때문이다. 특히 〈부표 1〉과 〈부
표 2〉의 추세를 보면, 肅宗代 후반으로 갈수록 조련의 정지 빈도가
더욱 증가함을 확인할 수 있다. 봄·가을 가운데에는 봄 조련의 정

---

13) 『顯宗改修實錄』 권26, 현종 14년 2월 신해, 38집 137쪽. '全羅兵使申命全
辭朝 上引見謂曰 今年春操停止 只令兵使營將 待秋一番巡歷矣 聞嶺南一
營將 於其巡歷時 使軍人試放三銃而罷云 一年一番之事 豈可如是疎略乎
且近來武將 全廢弓馬之藝 是誠不思也 爾則無忘本業'

14) 『顯宗改修實錄』 권28, 현종 15년 8월 갑오, 38집 197쪽. '(知事柳)赫然曰
營將之設 意非偶然 而近因年凶 操鍊巡歷 廢閣已久 守令之視之 有同剩官
營將之號令 略不擧行 甚者稱以有弊 多般沮撓 使不得措手 殊非當初設立之
意 今年雖未免水旱之災 巡歷操鍊等事 使備局申飭 守令之不遵號令者 請令
營將 依事目處置 上曰 依此爲之 而營將之因循不能擧職者 亦摘發科罪'

지가 근소하게 많은데, 굳이 의미를 부여하자면 아무래도 '農時'와 관련이 되었던 것 같다. 조련 정지의 이유는 주로 흉년 등의 '農形'이 이유가 되고 있었다.

肅宗代 조련 정지의 주된 이유는 물론 흉년과 그로 인한 기근과 관련된 것이었지만, 조련에 따르게 마련인 民의 추가적인 부담도 조련의 정기적인 시행을 어렵게 했다. 監·兵使나 營將이 순력할 때에는 대규모의 행렬이 동반되어 그들에 대한 酒食의 접대가 부담이 되고 있었고, 下吏들이 軍兵에게 부담을 지우는 일도 빈번했던 것이다.[15] 조련을 행할 때 각 營의 下人들이 군병들로부터 受賂하는 폐단은 숙종대에 와서도 계속 문제가 되고 있었다. 이미 孝宗代에 習操時 민폐를 끼칠 경우 梟示토록 규정한 바 있었지만,[16] 지나치게 엄격한 법률로 인해 오히려 범법사실을 은폐하는 경우가 많았다. 이에 숙종 1년에는 죄가 무거운 자는 啓聞하여 梟示하되, 가벼운 자는 그 죄의 정도에 따라 決棍토록 하는 규정을 마련하고 있었다.[17] 또한 숙종대에는 처벌대상을 각 고을의 수령까지로 확대하는 규정이 마련되었다.[18] 이는 兵·水營 및 각 營將의 操鍊 이외에, 고을 단위로 조련이 행해지던 현실을 반영하는 것이었다.

이 당시 民이 속오군과 관련해서 감당하는 부담은 조련 자체에만

---

15) 『備邊司謄錄』41책, 숙종 13년 12월 28일, 4집 98쪽 ; 『備邊司謄錄』42책, 肅宗 14년 1월 3일, 4집 101쪽.

16) 『受敎輯錄』「兵典」, 軍律, 효종 7년, '監兵使營將 巡歷及習操時 色吏食物 侵責於軍兵處 則監兵使並罷推 該營將拿鞫定罪 身犯色吏立斬.'

17) 『承政院日記』248책, 숙종 1년 8월 19일, 13집 125쪽. '(備邊司)又啓曰 習操時兵水營下人之受賂於各邑各鎭者 梟示警衆 已有孝宗朝定奪之事矣 慶尙道巡撫使權大載狀啓中 統營水操時諸般下人 受賂於各鎭浦者 文書現捉云 所當依前定奪梟示 而此事奸細之徒所易犯者 而立法太嚴 則反有掩匿之弊 依楊前定奪 自今以後 隨其現發 重者啓聞梟示 輕者則從重決棍事 分付各道各營 而今此現發之統營下人則其犯禁文書 下送于統制使處 使之査出 各別決棍 以爲日後懲戢之地 何如 答曰 允.'

18) 『受敎輯錄』「兵典」, 軍律, 숙종 14년. '官門習操時出斂之事 自官成貼以給 守令徒年定配 出物軍兵從重決棍.';『典錄通考』「兵典」, 軍律, 肅宗 28년. '入番軍兵處受賂者 與受論以軍律.'

한정된 것이 아니었다. 肅宗代의 기록을 보면 軍兵의 조련이 부역과 함께 연계되어 나타나는데, 이와 같은 사실은 束伍 操鍊 혹은 束伍役 의 내용과 관련하여 많은 시사를 주는 것이다. 肅宗 3년(1677)에 慶 尙道의 군병은 合操 실시 후 防川役에 동원되고 있으며,[19] 이 밖에도 束伍軍이 부역에 동원되는 예를 찾기는 어렵지 않다.[20]

肅宗代에 들어와서는 흉년 등으로 인하여 조련·순력 등이 행해지 지 않자 보완 대책이 자주 논의된다. 그 가운데 주목할만한 것은 '官 門聚點'을 시행하자는 건의였다. 肅宗 10년 李世華는 병사나 영장의 조련·순력이 정지되었을 때, 대신 수령이 束伍軍을 '官門에 모아 點 考[官門聚點]'하자고 건의하였다.[21] 소요의 우려가 있다하여 시행에 는 이르지 못하지만 그 의의는 인정되고 있어,[22] 이후 다시 논의되기 에 이른다. 肅宗 12년에도 南九萬은 조련의 오랜 정지로 인한 문제점 을 지적하면서, 앞으로는 풍흉에 관계없이 營將의 순력은 거행토록 청하여 숙종의 허락을 받고 있다.[23] 이렇듯 肅宗代 전반에는 조련이

---

19) 『承政院日記』 258책, 숙종 3년 2월 18일, 13집 700~701쪽.

20) 『備邊司謄錄』 55책, 숙종 30년 10월 22일, 5집 389쪽 ; 『承政院日記』 425 책, 肅宗 31년 6월 9일, 22집 890쪽 ; 『備邊司謄錄』 57책, 숙종 32년 9월 6일, 5집 595~596쪽 ; 『承政院日記』 434책, 숙종 33년 1월 25일, 23집 359~360쪽.

21) 『承政院日記』 305책, 숙종 10년 9월 6일, 16집 180~181쪽. '特進官李世華 所啓 外方軍政之疎虞 莫甚於近年 誠極寒心 當此凶歲 兵使營將 巡歷操鍊 等事 自朝家有特爲停止之令 此實息民除弊之至意 而其在陰雨備預之道 亦 不可全然抛棄 令各其守令 時或乘間聚点軍卒於官門 敎以坐作試放之法 則 此諸營將兵使巡歷時 各邑軍兵賚粮往來 省弊亦多 且此荒年官吏軍民 互相 管攝 目見貧殘飢餒之狀 或爲饋遺 其中技藝之最優 參酌施賞 似合事宜 下 詢大臣 稟旨分付各道 何如 上曰 問于廟堂稟處 可也.'

22) 『承政院日記』 305책, 숙종 10년 9월 13일, 16집 188쪽. '(備邊司)又啓曰 云云事命下矣 雖當凶歲 陰雨之備 亦不可抛棄 各邑守令 若能得體朝家之 意 從容聚点軍卒於官門 一邊試藝 一邊賑飢 兼整飭撫摩之政 則豈不便好 而但意凡諸操鍊巡歷等等事 旣以年凶 並使停止矣 朝家 今又有聚点軍兵之 令 則諸道列邑 一時聚軍 必不無順擾之弊 其於賑政軍政 亦未必有大利益 今能依前分付停止 待明秋擧行操鍊等事 似合事宜 敢啓 答曰 知道.'

23) 『承政院日記』 315책, 숙종 12년 5월 3일, 16집 720쪽. '(左議政南)九萬曰

자주 정지되었지만 그 대안이 여러 가지 방향으로 모색되었고, 결국 營將의 巡歷만은 꼭 거행한다는 원칙이 확인되고 있는 것이다.

한편 孝宗代에 시행된 束伍軍에 대한 給保 및 給復策도 顯宗과 肅宗代를 거치면서 크게 변화한다. 즉 嶺南의 束伍에 대한 給保는 顯宗 5년(1664)경에 폐지되며, 三南의 束伍에 대한 給復도 곡절 끝에 肅宗 9년(1683)에 폐지되고 있는 것이다. 이 시기 給保와 給復을 둘러싼 논의 역시 당시의 시대적 상황과 밀접한 연관을 맺고 전개되었다. 특히 給保 문제는 군액의 加減 및 군제의 변통과 밀접하게 연관되는 문제였으므로, 良役變通論議와의 관련성 속에서 논의된다. 한편 給復의 문제는 재정적인 문제와 연관되고 있었으므로, 정부의 재정 운영에 따라서 변화하는 모습을 보인다. 또한 給復은 조련 시행에 대한 대가로서 주어진 것이었으므로, 조련의 시행 여부와도 밀접히 연관된다.

束伍軍에 대한 給復策에 대한 논의는, 그 대상을 확대하자는 움직임으로 시작되었다. 顯宗 즉위년(1659)에 수원방어사 韓震琦가 속오군의 蠲役을 요청하였는데, 三南의 給復·蠲役도 불편하다는 논의가 있는 차에 다른 지역으로 확대하는 것은 불가하다는 이유에서 받아들여지지 않는다.24) 또한 顯宗 2년에 金壽興도 남한산성 소속 束伍軍에 대한 復戶의 지급을 청하고 있다. 三南지역에 이미 復戶가 지급되고 있으며, 영남지방은 保人까지 지급하고 있으니 10여卜이라도 給復하게 되면 큰 도움이 될 수 있으리라는 것이었다.25)

… 自孝宗朝設立營將之後 三南束伍則比他道稍爲精鍊云 而近聞連因年凶 營將巡歷 停廢不行者 亦久矣 今後則設因年凶 停廢兵使習操 而營將巡歷 則勿論豊凶 依例擧行宜當 敢此仰達 上曰 '營將巡歷 依所啓勿論豊凶 使之 每年擧行 可也.'

24) 『備邊司謄錄』20책, 현종 1년 1월 5일, 2집 597~598쪽. '去己亥十二月二 十八日 引見時 領議政鄭太和所啓 水原防禦使韓震琦狀啓二度 啓下備局矣 臣未及入侍之前 與諸堂上相議 則束伍軍蠲役收米減捧等事 在前亦有此言 而三南給復蠲役之擧 議者猶以爲難便 不可又施於他道 此則今姑置之 … 上曰 依爲之.'

25) 金壽興(1626~1690), 『退憂堂集』 권3, 「南漢陳弊疏」(『총간』 127집, 66

三南 이외 지역의 속오군에 대한 免貢이나 給復 조치는, 흉년을 맞아 진휼의 차원에서는 가끔 행해진다. 顯宗 1년 가을에 흉년이 들자 水原의 正軍과 束伍軍에게 신역 면제의 조치가 있게 된다.[26] 그런데 이 조치는 良役이나 公賤으로서 속오를 兼役하고 있었던 자들에게만 혜택이 돌아가는 것이었다. 이에 따라 私賤으로서 속오를 兼役하고 있었던 자들에게는 별도로 10卜씩의 給復을 해주게 된다.[27] 水原의 속오에 대한 蠲役·給復은 흉년에 일시적으로 내린 조치로, 조련을 대가로 주어지던 三南 지방의 給復과는 성격이 다른 것이었다.

顯宗代에는 또한 給復에 따른 제반 보완책의 필요성이 나타나고 있다. 顯宗 3년(1662)에 工曹는 束伍軍의 免役으로 인한 工曹의 匠人價布의 부족으로 재정이 곤란하다 하여 대책마련을 요청하고 있는데, 이에 대해 조정은 餘丁木을 工曹에 지급하고 다른 관서로부터 布木을 대여함으로써 해결하려 하였다.[28] 그러나 이것이 항구적인

쪽.) '臣之淺慮 以爲三南束伍 皆已給復 嶺南則至於給保 朝廷軫恤之意 可謂至矣 本府束伍 宜用此道 而如有事變 使之率妻子入守 則不但國家之策 勵有辭 渠輩亦豈無固結之感乎 所給不須多 雖給十餘卜 亦必感動 莫不自勵 今若以十餘卜爲斷 則千名所給 不過百結 二百結而得千人之心 並與其妻子而編於行伍 則所失至些 所得則多矣.'

26) 『備邊司謄錄』 20책, 현종 1년 9월 21일, 2집 632쪽. '本府五十八面內二十三面 全然被災 此處所居軍兵 必須別樣救濟 可以保存 良役束伍各有應納 價布 此則並爲蠲免 … 答曰 允.'

27) 『承政院日記』 164책, 현종 1년 10월 19일, 9집 105쪽. '又以備邊司言啓曰 水原尤甚被災處軍兵身役蠲減事 旣已定奪啓下分付 良役公賤爲束伍者 無不蒙惠 而唯私賤束伍身役 則公家無他可減之事 渠輩不無向隅之歎 今見水原府使任義伯所報 私賤束伍九百八十八人 自已今年實結零星之數 合而計之 都不過九十八結八十卜 以此給復均一保完云 京圻收米 旣減二斗之外 九十八結零應捧之米 只三十九石零 特爲減除 以示朝家存恤之意 何如 傳曰 允.'

28) 『備邊司謄錄』 22책, 현종 3년 4월 14일, 2집 743쪽. '工曹判書李浣所啓 本曹例捧匠人價布 以爲凡百需用 而本曹所屬匠人中 或以束伍 或以被災 或以貧殘 而不能備納 未捧之數 至於四十同除矣 雖在常時 亦多竭乏之患 而勅行當前 酬應多端 且有改造船隻之事 而所改船數亦多 事甚可悶 請貸用他司木二十餘同 以價布捧上後還上之地 何如 領議政鄭曰 餘丁木五六同

給代策이 될 수는 없었다. 工曹에서는 顯宗 5년(1664), 10년(1669)등 수차례에 걸쳐 같은 요청을 제기하고 있으나29) 별다른 대책이 마련되고 있지는 않다.

즉 조정에서는 속오에 대한 給復이나 免役조치를 시행하고 있었지만, 그로 인한 재정 감축분을 해결할 대책이 마련되어 있지 않았다. 給復으로 감축된 田結의 稅額이 給復되지 않은 다른 전결에 전가되어 폐단이 되고 있음은 孝宗代의 給復 혁파논의에서 이미 알 수 있거니와, 身役價布의 면제로 인한 各司 재정의 보완책도 전혀 마련되어있지 않아 그때그때 요청에 따라 임기응변적으로 처리되고 있는 것이다.

束伍軍에 대한 復戶의 지급은 어디까지나 操鍊을 시행한 것에 대한 대가였다. 이에 따라 조련이 제대로 시행되지 않으면서, 속오군에 대한 復戶의 지급도 고비를 맞는다. 顯宗 3년에 좌의정 元斗杓는 三南 束伍의 조련이 흉년으로 시행되지 않았으니 給復을 정지하자는 청을 하게 된다. 이미 顯宗 1년부터 給復이 정지된 적이 있음을 알게된 顯宗에 의해 이 해에는 給復이 예정대로 행해진다.30) 하지만 흉년이 거듭된 顯宗代에 조련이 계속 행해지지 않게 되자, 이후에도 束伍軍의 復戶가 지속적으로는 지급되지 않았던 것 같다.

顯宗 5년에 金壽恒은 內奴 束伍의 身貢을 면제해줄 것을 청하였다. 원래 면제되도록 되어 있는 內奴 束伍의 身貢을 징수하라는 명령이 내려졌다가 취소되었음에도 불구하고, 顯宗 2년과 3년의 身貢은 그대로 추징하라고 하였다는 것이다.31) 顯宗 11년(1670)에 淸州

白給工曹 其餘則使之貸用於他司 似可也 上曰 餘丁木六同白給本曹 用於
船隻改造之役 其餘則兵曹木十同 戶曹木十同 貸用可也.'
29)『承政院日記』182책, 현종 5년 2월 11일, 10집 74~75쪽 ;『備邊司謄錄』
28책, 현종 10년 2월 12일, 3집 12~13쪽.
30)『備邊司謄錄』22책, 현종 3년 8월 10일, 2집 757쪽.'(左議政元斗杓)又所
啓 下三道束伍軍 連以凶年不爲操鍊 故給復事 姑停矣 上曰 給復 自何年
停止乎 元斗杓曰 自庚子歲停之耳 上曰 然則自今年給復 可也.'
31) 金壽恒(1629~1689),『文谷集』권16,「北道掌試時民瘼書啓」(『총간』133

牧使 南九萬이 束伍給復을 그대로 유지하도록 청한 것도 같은 맥락
이라고 볼 수 있다.[32] 田結의 감축과 조련의 정지를 이유로 備邊司
에서는 束伍 給復의 정지를 명했던 것이다. 한편 給復 조치와 身役
免除 조치가 동일하게 적용되지도 않았다. 公賤인 속오에게는 身貢
이 면제되고 있었지만, 유독 田結에 대한 復戶는 허용이 되지 않아
고르지 못함이 지적되고 있기 때문이다. 復戶의 대상은 騎·步兵과
各色의 保人 그리고 私賤들이었으므로, 公賤을 제외한 대부분의 농
민들이 혜택을 받지 못했던 것이다. 흉년으로 조련이 행해지지 않았
으니 復戶조치가 철회된 것이었는데, 흉년으로 고통을 받던 농민들
에게는 부담의 가중으로 받아들여질 수 있었다. 이에 復戶를 그대로
줄 것을 청한 것이었지만, 조정에서는 받아들이지 않았다.[33]

顯宗代에는 束伍 給復의 운영에 많은 곡절이 있었다. 이는 이 시
기 束伍軍의 운영실태와 밀접한 관련을 가진 것으로 생각된다. 원래
給復은 효종대 三南 지방의 속오군이 조련을 받는 대가로서 주어지
던 것이었는데, 시기는 정확히 알 수 없으나 그 후에 軍器의 마련
여부에 따라서 차등 적용된다. 즉 鳥銃을 스스로 갖춘 자에 대해서
는 50負를 더 지급하여 1結을, 그렇지 않은 자에 대해서는 그대로 50
負만을 給復하게 되었다. 하지만 顯宗代의 연달은 흉년으로 인하여

집, 310쪽.) '內奴束伍軍 在前除其身貢 其意有在 竊聞頃者有依他收貢之令
旋又還寢 而辛丑壬寅兩年身貢 仍令追徵 故各邑今方督捧云 貧殘之輩 一
時并備累年之貢 勢所末由 且旣有仍令除貢之令 則已往應免之貢 似不必追
徵 特命一幷蠲減 實合事宜 令該曹稟處.'

32) 南九萬(1626~1711), 『藥泉集』 권4, 「淸州陳弊疏」(『총간』 131집, 491
쪽). '伏見備局關文 則因慶尙監司狀啓 束伍給復 以田結之減縮 操鍊之停
止 並使勿給 臣則竊以爲非計也 束伍軍之當初給復 臣未知其果如何 而初
旣定立恒式 以爲優恤軍兵之地 當此飢歲 又復奪之 則事變之作 安知飢歲
之必無 臣則以爲當此飢歲 尤當軫恤 而乃以結役之減縮 不念軍兵之怨咨
其與富弼靑州賑飢募軍之法 恐相反也 且復戶之類 旣盡還奪 而公賤束伍
獨得免貢 則事之不均 莫甚於此 若欲徵貢則更生一怨 此又是難處者也.'

33) 『顯宗實錄』 권18, 현종 11년 12월 임자, 36집 684쪽. '淸州牧使南九萬 上
疏略曰 … 束伍復戶 願仍給 毋失其心 … 上 下其疏于備局議啓 束伍給復
一事外 皆從其言.'

조련이 정지되자 각각 50負를 감량하여, 1結을 지급할 자에게는 50
負를 지급하고, 50負를 지급해야하는 자에게는 復戶하지 않도록 했
다. 이에 따라 顯宗 13년(1672)에도 조련이 실시되지 않자 예전대로
감량하여 급복하고, 조련이 실시되기를 기다려 정상적으로 給復키로
결정하고 있다.[34] 孝宗代와는 달리 조련이 제대로 행해지지 않는 顯
宗代에는 束伍에 대한 給復도 역시 이루어지지 않았던 것이다. 여기
에서 束伍軍에 대한 給復이 조련에 대한 반대급부임을 다시 한 번
확인할 수 있으며, 給復의 조건에 軍器의 自備 여부가 새로이 추가
된다는 사실도 알 수 있다.

顯宗代에는 嶺南 束伍 給保의 置廢를 둘러싼 논의도 계속되었다.
顯宗 4년(1663)에 慶尙監司 李尙眞은 본도의 폐막을 啓聞하면서 給
保의 폐지를 청하였다.[35] 慶尙道 속오의 給保는 다른 道에는 없는
것이므로 다른 道와 같이 변통하자는 것이다. 이는 이듬해(1664) 備
局 宰臣들과의 논의 끝에 그대로 유지하는 것으로 결론이 나지만,
慶尙道 내에서도 좌·우 兵使 사이에 의견이 엇갈릴 만큼 논란이 되
었다.[36]

給保는 혁파할 경우의 軍情을 우려해 유지되었지만, 이미 孝宗代
에 그것을 시행할 당시와는 사정이 판이하게 달라져 있음을 짐작할

---

34) 『顯宗改修實錄』권26, 현종 13년 10월 정묘, 38집 127쪽. '吏判李慶億曰
外方束伍復戶 例給五十束 鳥銃自備者 則加給五十負 而頃因年凶 應給一
結者 減給五十負 應給五十負者 全減不給矣 今年亦無操鍊之事 姑爲仍減
似當 … 上曰 … 束伍則待明秋操練給復.'

35) 『顯宗實錄』권7, 현종 4년 10월 임인, 36집 383쪽. '慶尙監司 李尙眞 以本
道弊瘼十條啓聞 … 其九 束伍給保 他道所無 或父爲元軍 子爲保 或子爲
元軍 父爲保 有害於官與民最大 宜爲變通 一如他道 … 上以其狀下籌司
籌司回啓 … 束伍給保事 使兵使通議 更啓 … 上從之.'

36) 『顯宗改修實錄』권10, 현종 5년 2월 경자, 37집 364쪽. '領相鄭太和曰 慶
尙道束伍給保 此是他道所無 而權堣爲監司時 啓請行之至今矣 今者監司李
尙眞又啓請 而本道左右兵使中 意見不同 一則以爲當罷 一則不欲罷之 今
若革罷 軍情皆落莫矣 上曰 慶尙道盡給保耶 左相元斗杓曰 雖給保 所謂保
人 非其兄弟 則族屬也 行之已久 有難猝罷 上命仍存.'

수 있다. 효종대와 같은 군사적 긴장상태가 유지되지 않고 거듭된 흉년으로 속오군의 조련도 자주 행해지지 않았던 만큼 給保의 명분도 약해졌으며, 더 이상 奉足의 확보 자체가 어려웠으므로 폐지하자는 논의가 나오게 된 것으로 보인다. 그러나 갑자기 폐지할 경우 현실적으로 가족 간에 戶·保를 이루어 보호받던 군병들이 군역에 일제히 노출될 가능성을 우려하는 견해가 우세해 결국 給保制를 유지키로 결론을 내린 것이었다.

그렇지만 그 유지는 폐지를 전제로 한 것이었다. 같은 해 10월 水原府使 李壽昌이 경상도 속오 가운데 취사병에 해당하는 火兵의 특수성을 들어 추가로 1인을 더 배정해 달라고 청하는 가운데, 속오保人의 궐액을 더 이상 보충하지 말라는 명령이 있었음을 언급하고 있기 때문이다.[37] 즉 일시에 給保制를 폐지하지 않고, 궐액의 충정을 하지 않는 방법을 통해 給保制를 사실상 폐지한 것이었다.

肅宗 1년(1675)에는 尙衣院奴인 束伍의 신공면제가 문제되어 논란을 펴다가, 결국 尙衣院奴를 束伍에서 제외하는 조치가 취해진다. 원래 정부 각사의 노비[寺奴]는 束伍軍이나 御營軍에 속할 경우 身貢의 납부를 면제하도록 되어있었다.[38] 그런데 金萬基는 尙衣院의 경우 그 재정이 모두 노비의 身貢에 달려있으므로 군역에 든 奴子의 신공 납부를 면제하지 못하도록 事目에 규정되어 있다고 주장하였다.[39] 지금 200여명의 尙衣院 奴子가 각도의 束伍·御營에 속해있는

---

37) 『顯宗改修實錄』 권11, 현종 5년 10월 임신, 37집 404쪽. '(水原府使李)壽昌曰 … 而臣曾任慶尙兵使 見本道有束伍給保之規 而今春因監司李尙眞啓聞 有有闕勿補之令 我國軍政非古制 而至於一隊之中 火兵只是一人 軍興遠赴 則勢難運其賚裝 他道雖不可一時變通 本道旣有定給保人 以其保人加給火兵一名 則似便矣 上曰 言于該曹.'

38) 『備邊司謄錄』 18책, 효종 7년 9월 2일, 2집 508쪽, 「備邊司單啓目」.

39) 『備邊司謄錄』 31책, 숙종 1년 11월 21일, 3집 210~211쪽. '特進官金萬基所啓 寺奴之入於束伍及御營軍者例除身貢 而尙方御供之需 專靠於奴婢身貢 故奴子之入於軍役者 勿許除貢 曾有啓下事目矣 目今尙方奴子 入於各道束伍及御營軍者 多至二百餘名 而旣應軍役 又納身貢 渠輩皆以不均稱冤 不可無變通之道 而今若依寺奴之例 許令除貢 則本院所納貢布 漸至減縮

데 兼役으로 고통을 호소하고 있으니, 만약 다른 寺奴와 같이 身貢의
면제를 허용하면 貢布의 납부자가 점점 감축될 것이 우려된다고 하
였다. 따라서 內奴의 예에 의해 束伍에 충정하지 않도록 청하고 있
다. 이러한 청에 대하여 領議政 許積은 속오에게 신역을 면제하게된
경위를 설명한후, 尙衣院 奴子의 경우에 신공을 면제할 경우 다투어
군역에 입속할 우려가 있으니 內奴의 예에 의해 군역에 충정하지 말
자고 하여 金萬基의 의견에 동의하였다. 이에 肅宗은 '이미 충정된
자는 제외시키고, 앞으로는 충정하지 않도록' 명령함으로써, 결국 尙
衣院奴는 속오군의 충정에서 제외되고 있다.40)

顯宗代 工曹匠人의 價布가 문제되었던 때에도 드러났듯이, 束伍軍
에 대한 給復·免役 등의 조치에 給代策이 전무했음이 다시 한 번
확인되고 있다. 그런데 各司의 재정이 문제되자 이제 조정에서는 속
오에서의 제외라는 조치를 취하고 있는 것이 주목된다. 신공면제로
인한 각사 재정의 부족분을 조정의 다른 수입에서 전용하여 보태어
주지 않고, 아예 속오에서 제외시킴으로써 해결하려한 것이다. 한편
孝宗代에는 엄연히 束伍의 역을 부담하도록 되어있던 內奴도 이 시
기에는 충정되지 않는 것으로 나타나고 있어 그 흐름을 짐작할 수
있게 한다.41)

將無以成樣 依內奴之例 勿許充定束伍等軍役似當 而係干軍政 詢問大臣而
處之 何如.'

40) 같은 사료. '領議政許(積)日 各司奴子之入於束伍者 在前本無除貢之事 孝
宗朝營將設立之時 諸色軍兵及各司奴子 並令充定束伍 監兵使習陣之外 營
將巡歷 亦甚頻數 故旣入於束伍 則諸色軍兵 除其身布 各司奴子 除其身貢
而內奴則不爲充定束伍矣 近聞尙方用度 有難繼之患 此尙方奴婢身貢 比各
司最重 入於束伍等軍役者 許令除貢 則必將爭入軍役 其弊可慮 依內奴例
勿許定軍役 宜當矣 上日 然則 已入者頉下 此後更勿充定事 分付可也'

41) 肅宗 2년에는 다시 內奴를 속오에 충정시키도록하는 결정이 내려지지
만,(『肅宗實錄』권5, 숙종 2년 8월 경오, 38집 334~335쪽 ; 『備邊司謄
錄』32책, 숙종 2년 8월 21일, 3집 258쪽.) 실제로 시행이 되었는지는 의
문이다. 內奴를 束伍에 충정시켜야 된다는 논의는 光海君代 이래 계속되
지만, 별로 실효를 거두지 못하고 있다.

孝宗代에는 成均館의 奴子가, 顯宗代에는 工曹의 匠人이 束伍役에서 빠져나간데 이어, 公賤의 대부분을 차지하는 內奴와 尙衣院의 奴子마저 束伍役에서 빠져나감으로써 이제 公賤 가운데에는 일부 寺奴만이 束伍役을 부담하게 되었으며, 그 궐액은 고스란히 良人이나 私賤 신분의 부담으로 남게 되었다. 처음에는 양인과 공사천을 망라해서 편성되었던 속오역이 그중 일부 계층에로 집중되는 결과가 되었던 것이다.

肅宗 3년(1677)에는 江原道의 속오군에 대한 대우의 개선이 논의된다. 行副護軍 柳星緯는 嶺東의 束伍軍이 매우 가난한데다가 조련까지 빈번하여 어려움을 겪는다며 대책 마련을 호소하였다. 嶺東지방에는 田結이 많지 않아 삼남처럼 給復해주지는 않는 대신, 烟戶雜役을 줄여주도록 청하여 그대로 조치된다.[42] 한편 같은 해에는 濟州의 防軍을 겸하게된 속오군에게도 戶內雜役을 견감해주게 된다.[43]

그러나 위와 같은 속오군에 대한 雜役의 견감은 예외적인 것이었다. 江原道의 경우에는 조련은 받지만 三南처럼 給復받지 못하기 때문에 특별히 내려진 조치였고, 濟州의 경우는 束伍軍과 防軍을 兼役한 경우에 취해진 조치였다. 이러한 경우를 제외한 일반 束伍軍과 다른 병종 사이에는 오히려 雜役의 부담에 있어서도 차이를 보이고 있었다. 그래서 肅宗 4년에는 束伍軍과 他 兵種의 잡역을 균일화하자는 건의가 올려진다. 각 아문 軍官·牙兵의 경우에는 그 역이 가벼워 많은 백성이 투입하는데, 烟戶雜役까지 蠲免토록 되어 있었다. 하지만 束伍나 騎·步兵은 같은 군병인데도 신역은 무겁고 烟戶雜役도 견감되지 않고 있었다. 따라서 각 아문의 군관이나 牙兵·壯抄등과 御營

---

42) 『承政院日記』258책, 숙종 3년 1월 7일, 13집 649쪽. '(武臣行副護軍柳)星緯曰 嶺東編伍軍 善射放耐飢寒可用之軍 而貧殘特甚 若頻數操鍊 則有呼冤之弊 若不頻數操鍊 則難見成效矣 三南束伍 則有給復之規 而嶺東則田結甚少 人民且稀 不得給復 煙戶雜役 特爲除減 庶可少慰軍情矣 (領議政許)積曰 雖不得如下三道 一體給復 煙戶雜役 除減似當矣 上曰 依爲之.'

43) 『肅宗實錄』 권6, 숙종 3년 5월 계미, 38집 356쪽. '備局 … 覆啓曰 … 勢將以束伍添給 而以束伍兼防軍 則必以兩役稱冤 宜特減戶內雜役 從之.'

軍의 烟戶 견감 규정을 혁파하여 속오의 예에 따라 烟役을 같이할 것을 청하였다.[44] 그 결과 제색 군병의 잡역을 束伍와 균일화하도록 결정되지만, 御營軍은 이미 仁祖 1년(1623)에 雜役을 부담하지 않도록 하는 결정이 있었다는 이유로 예외적으로 인정되게 된다.[45]

肅宗 7년에 閔鼎重은 束伍軍이 軍器를 自備할 때 주는 혜택을 폐지할 것을 청하고 있다.[46] 전에는 각읍에 鳥銃이 부족해, 束伍軍 가운데 鳥銃을 직접 마련하는 자에게 本役을 면제하도록 하였다. 그런데 이제는 官銃도 이미 많고, 束伍가 마련한 총은 정밀하지 못하므로 총을 한 번 바친후 本役을 영원히 면제하는 것은 지나치다는 것이다. 그러므로 이미 備納한 것은 제외하고, 앞으로는 총을 마련하였다 하여 保人의 역을 면제해 주는 것을 폐지하기를 청한 것이다. 이는 軍器의 마련을 독려하기 위해 개선되었던 제도가 이제는 더 이상 유지될 필요가 없어진 상황을 반영한다.

그런데 여기에서 閔鼎重의 이해에는 약간 부족한 점이 엿보인다. 鳥銃을 自備한 자에게 주는 혜택은 본래의 신역을 면제하는데에만

---

44) 『承政院日記』 266책, 숙종 4년 10월 16일, 14집 158~159쪽. '(執義)姜碩耉啓曰 爲國之道 莫大乎均民役而紓民力 有所不均 則民役不紓 有乖王者一視之政也 各衙門軍官牙兵之役 視他最輕 故避役之民 擧皆投入 至於烟火之役 亦皆蠲免 以致應役之戶日縮 民情有偏苦之怨 各邑有成樣之勢 此誠外方之通患 而不可不變通者也 若曰 緩急所用 必優其力云爾 則有所不然者 束伍騎步 同是軍兵 而身役之重 有所難堪 雖其烟戶之役 未嘗蠲減 則惟彼各衙門所屬 已是最輕之身役 何必蠲除烟戶之役 有所偏厚也哉 此非均役之道 其在事理 豈容如是 請各衙門軍官衙兵壯抄御營軍 烟役蠲減之規 併皆革罷 一依束伍軍例通同烟役 以紓民力 上曰 當今廟堂稟處焉.'

45) 『備邊司謄錄』 34책, 숙종 4년 10월 24일, 3집 378쪽. '啓曰 云云事命下矣 各衙門所屬軍官及各項軍兵 皆不應烟役 以致應役之民偏苦之弊 宜有變通之道 以爲均役之地 而御營軍之蠲除雜役 卽癸亥後設立時事目 到今差役 事涉重難 有難輕議 而各衙門軍官及良牙兵壯抄軍等 則依他束伍軍例通同出役 少紓民力何如 上曰 依啓.'

46) 閔鼎重, 『老峯集』 권5, 「寧陵奉審復命後書啓」(『총간』 129집, 110쪽.) '在前各邑軍器中鳥銃數少 故束伍之自備銃者 許軍保本役矣 今則官銃已多 束伍之自備者 制造類多不精 而一納之後 永除本役 誠爲過優 除已往備納者外 此後寢罷備銃除保之令 似合事宜 請令該曹議處.'

있었던 것이 아니라, 田結에 復戶를 추가하는 형태로도 주어지고 있
었다. 본래 束伍軍에 대한 復戶의 지급 및 身役의 면제 조치는 직역
에 따라서 구분되어 적용되었다. 즉 騎步兵과 각색의 保人 및 私奴·
內奴 등은 復戶가 주어지고, 각종 公賤과 각종 직역 명색은 신역을
면제하도록 했던 것이다.47) 그리고 조총을 스스로 마련한 자 중에서
복호가 주어지던 대상자에게는 각각 복호의 양이 50부씩 추가되어
지급되었음도 앞에서 살펴본 바와 같다. 그런데 閔鼎重이 이야기한
保人의 本役을 면제한다는 것은, 이러한 사실 파악의 착오가 아닌가
한다. 각색의 保人들은 給復의 대상이었기 때문에, 鳥銃을 自備하더
라도 本役이 면제되는 것이 아니라 給復의 양이 늘어났던 것이다.

　孝宗代 이래 변화를 거듭하던 三南 속오에 대한 給復은 肅宗 9년
(1683)에 완전히 폐지되게 된다.48) 장기간의 조련 정지로 인하여 顯
宗 11년 이후로는 鳥銃을 납부한 자에 한해서만 50負를 復戶해주고,
그렇지 못한 자는 復戶가 주어지지 않아왔다. 그런데 이제 각 아문
의 鳥銃 제조가 증가함에 따라 이제는 給復의 폐지가 가능해진 것이
다. 또한 給復 대상 토지의 증가로 인한 정부의 세입 감축도 원인의
하나가 되고 있었다.

---

47) 『備邊司謄錄』18책, 효종 7년 9월 2일, 2집 508쪽, 「備邊司單啓目」.
48) 『備邊司謄錄』37책, 숙종 9년 1월 12일, 3집 600쪽. '(領敦寧府事閔維重)
　　又所啓 湖南束伍軍自備鳥銃者 給復一結 無鳥銃者 給復五十負 而庚戌裁減
　　時 自備鳥銃者 一結內減五十負 無鳥銃者 所給五十負則減除 今年亦當依庚
　　戌年例施行 而第念束伍給復 其數甚多 以致實結減縮 既非可繼之道 而近來
　　京衙門及京外所造鳥銃 逐歲增加 以此分給於束伍 減其復戶 未爲不可 且無
　　銃者尤不當給復 此事不可不一番變通 況今年既停操鍊 則仍爲給復 亦無據
　　矣 左議政閔(鼎重)曰 當初以鳥銃稀貴之故 束伍軍之自備者 別爲給復 而今
　　則京外鳥銃制度精好 所儲亦多 不必給復勸募 至於無銃者 何可盡爲復戶乎
　　田結減縮 皆由於此等給復 自今束伍給復 一切革罷 似宜矣 上曰 束伍給復
　　他道所無之事 革罷可也.' 이후 같은 달 24일에 湖西지방의 속오군에 대한
　　급복도 혁파된다. 그런데 영남 급복에 대해서는 따로 언급하고 있는 사
　　료가 없는데, 비슷한 시기에 혁파되었을 것으로 추측된다. : 『肅宗實錄』
　　권14, 숙종 9년 1월 임자, 38책 619쪽 : 『備邊司謄錄』37, 숙종 9년 1월
　　14일, 3책 603쪽.

顯宗代 이후의 시기는 정부의 관심이 군사적인 부문에서 재정적인 부문으로 전환하고 있던 시기였다. 이러한 분위기는 속오군의 운영에 있어서도 즉각적인 변화를 가져오게 되었다. 우선 전반적으로 束伍軍 操鍊의 頻度와 强度가 줄어들고 있었다. 春秋 두 차례 거행키로 되어 있었던 兵使의 巡歷·操鍊은 흉년 등을 이유로 정지되는 예가 늘어갔다. 營將의 巡點은 원래 병사의 巡操와 함께 행해지는 것이 원칙이었으나 점차 춘추조의 정지시에 그를 대체하는 역할을 수행하였고, 병사의 조련이 행해지는 경우에는 정지되었다.

한편 束伍軍에 대한 給保·給復策도 이 시기에 오면 폐지된다. 嶺南 束伍軍에 대한 給保는 顯宗 5년에, 三南의 束伍軍에 대한 給復은 肅宗 9년에 각각 폐지되고 있는 것이다. 이는 束伍軍의 군사적 기능이 약화되어 가던 당시의 상황을 반영하는 것이었다. 그렇다면 이 시기 束伍軍은 어떠한 사람들이 담당하고 있었는가 하는 문제를, 兼役 실태의 분석을 통해서 살펴보도록 하겠다.

2. 束伍軍의 兼役 실태 - 江原道 伊川府 사례

이곳에서 분석할『戶籍』은 奎章閣 소장 古文書(奎 古大 4258-4)로서 肅宗 13년(1687) 江原道 伊川지역의 호적 자료인데,[49] 國史編纂委員會에서『各司謄錄』55책으로 다시 등사하여 펴낸 바 있다. 이 자료에는 束伍軍의 兼役 상황이 本役과 함께 기재되어 있다. 따라서 이를 분석한다면, 민인들이 담당하고 있던 職役의 분포와 함께 束伍軍의 兼役 실태에 대한 조망이 가능할 것이다. 또 兼役 명색의 분석

---

49) 伊川지역의『戶籍』을 분석하기 위해서는, 우선 자료의 원형을 복원하는 작업이 선행되어야 했다. 이 자료가 전해져 내려오는 과정에서 상당한 부분이 散佚되었고, 또 남아있는 자료도 그 순서가 심하게 뒤바뀐채로 보관되고 있기 때문이었다. 자료의 복원에 대해서는 다음 논문 참조. 金友哲, 1998,「17世紀 後半 江原道 伊川의 職役 分布와 束伍軍의 兼役 實態 -伊川『戶籍』의 분석-」『軍史』36.

을 통하여 17세기 후반 향촌에서의 속오군 운영의 구체적인 모습을 그려볼 수 있을 것이다.

壬辰倭亂을 맞아 전란시의 비상조치로서 출발했던 束伍軍은 孝宗 연간에 이르러 크게 강화된다. 營將制를 통한 효과적인 군사조련, 給保制의 시행을 통한 束伍軍額의 확보 등을 내용으로 하는 束伍軍의 강화노력은 현종대 이후 점차 정돈상태에 빠지게 된다. 의욕적으로 군비강화를 추진하던 효종의 사망이나 현종 연간에 빈발한 자연재해 등 몇 가지에 그 원인을 구할 수도 있겠지만, 근본적으로는 束伍軍이 '兼役'이라는 사실이 더 이상의 확대를 불가능하게 했다. 伊川의 『戸籍』이 작성된 시기는, 이렇듯 束伍軍의 확장 움직임에 제동이 걸리며 군액이 고정화되는 시기와 대체적으로 일치한다. 군액이 고정화된 이후의 시기는 그 이전의 시기와 束伍軍의 운영에 있어서도 다른 모습을 띠었을 것으로 추측되는데, 『戸籍』의 분석과 관계되는 사료의 검토를 통하여, 그 구체적인 실상을 이해해보기로 하겠다.

남아있는 伊川 『戸籍』에 나타난 총 戸數는 323戸에 口數는 1,888口이다.50) 1,888口를 신분별로 구분하면, 良 신분이 1,655口로 전체의 88%를 차지하며 賤 신분이 233口로 나머지 12%에 해당한다.51) 또 남자는 1,056口, 여자는 832口의 분포를 보이고 있다.

---

50) 伊川의 『戸籍』 자체가 중간에 결락된 부분이 많아 분석의 대상을 확정하는 기준이 모호할 수가 있다. 이 글에서는 직역의 분석을 주요한 목적으로 하였기 때문에 직역, 성별, 이름, 나이가 확인이 되는 사람만을 대상으로 하였고 그 총 口數가 1,888口이다. 戸는 위의 기준에 의해서 1口 이상의 존재가 확인되는 총 戸數이다.

51) 신분별 분류에서는 良 신분과 賤 신분으로만 나누어 구분하였다. 이 시기의 신분구조를 良·賤으로만 나누어 살펴볼 수는 없는 일이지만, 良 신분의 경우 호적상의 직역만을 가지고 兩班·中人·常民 등으로 구분하는 것은 지나치게 자의적일 수 있다는 판단에서였다. 또 종래의 연구자들이 다른 지역의 호적자료를 분석하면서 직역에 따라 신분을 구분했던 의도는 신분의 변동 혹은 고정화 등의 문제를 증명하려고 했던 것이지만, 한 시기의 자료만이 남아있는 伊川의 경우에는 크게 의미가 있는 작업이 아니라는 생각이다.

戶主의 職役에 대한 개략적인 분석은 이미 기존의 연구에서 시도
된 바 있으므로,[52] 이 글에서는 개개인을 단위로 직역 분포를 조사
하기 위하여 우선 총 1,056명의 男口에 대하여 분석을 해 보았다. 특
히 이 글은 束伍軍의 兼役실태에 주된 관심을 두고 있으므로 개인
단위의 분석이 더욱 합당한 방법이 될 수 있을 것이다. 호주의 경우
에는 총 323명 중에 속오를 兼役하고 있는 경우가 9건에 불과해 분
석대상으로는 너무 부족하다. 이 결과를 직역별로 구분해 나타낸 것
이 다음의 〈표 12-1〉이다.[53]

〈표 12-1〉 伊川 男口의 職役

직 역	수	직 역	수	직 역	수	직 역	수
閑 良	274	驛 吏	8	典醫監前御	2	守禦廳軍官	1
私 奴	111	童蒙校生	6	出 身	2	別武士	1
牙 兵	75	(老除)	6	定虜衛	2	馬 隊	1
牙兵保	71	盲 人	5	鷹師保	2	別 隊	1
(兒弱)	68	司僕諸員	5	忠順衛	2	甲 士	1
禁衛保	49	樂工保	4	內官保	2	別破陣	1
騎 保	39	贖 良	4	驛 保	2	水 軍	1
砲 保	37	箕子後裔	4	驛 奴	2	驛 率	1
御營保	33	唱 準	3	居 士	2	驛吏保	1
幼 學	21	旗 手	3	嘉善大夫	1	精抄保	1
騎 兵	20	吹螺赤	3	納粟嘉善大夫	1	別馬隊保	1
步 兵	20	內 奴	3	通政大夫	1	水鐵匠	1
病 人	20	禁衛資保	3	納粟通政大夫	1	水鐵匠保	1
禁衛軍	20	馬隊保	3	通德郎	1	尙衣院匠人保	1
校 生	16	侍 丁	3	魯陵參奉	1	藥生保	1
步 保	14	餘 丁	3	典設司諸員	1	敬順王後裔	1
御營軍	13	雇 工	2	落講校生	1	大聖後裔	1
(無役)	12	扈輦隊保	2	忠翊衛	1	孝 子	1
業 武	11	武 學	2	吏曹書吏保	1		
吹 保	11	武學保	2	旗牌官	1	계	1,056

---

52) 邊柱承, 1997, 『朝鮮後期 流民研究』, 高麗大 博士學位論文. 36쪽 표8, 38
   쪽 표9.
53) 『戶籍』에 나타난 伊川 민인의 직역 분포에 대한 구체적인 분석은 金友
   哲, 앞의 논문 참조.

이 분석에 의하면 伊川의 민인이 지니고 있었던 직역은 총 78종이
다.54) 兒弱이나 病人 등과 같이 실제 직역이라고 볼 수 없는 경우를
제외하면,55) 총 67종 정도가 실제 직역이라고 이해할 수 있다.

伊川의 호적에 束伍軍을 兼役하고 있는 것으로 기재된 사람은 모
두 75명이다. 그들의 현실적 처지를 살펴보기 위해 본래의 직역을
분석하였다. 다음 〈표 12-2〉는 束伍軍을 兼役하고 있는 75명의 本役
을 도표화한 것이다.

〈표 12-2〉 伊川 束伍의 本役

직역	수	비율(%)	직역	수	비율(%)	직역	수	비율(%)
私奴	26	34.7	御營保	6	8.0	侍丁	1	1.3
砲保	11	14.7	步保	4	5.3	贖良	1	1.3
騎保	9	12.0	吹保	4	5.3	驛吏	1	1.3
禁衛保	9	12.0	步兵	3	4.0	계	75	≒100

위의 표에서 보는 바와 같이 束伍役을 兼役하고 있는 직역의 수는
모두 11종이다. 伊川 男口의 총 직역이 78종으로 나왔던 것과 비교
하면 크게 차이가 난다. 물론 母集團의 크기 자체가 큰 차이를 보인
다는 점을 전제하더라도 束伍役이 특정한 직역에 집중된다는 사실
은 쉽게 확인할 수 있다.

종래의 구분에 의해56) 양반 신분이라고 할 수 있는 각급의 大夫
나 幼學 등은 물론이고, 중인 신분으로 간주되는 忠順衛·校生·閑
良 등의 직역은 하나도 발견되지 않았다. 그리고 같은 상민 중에서

---

54) 이 수효는 분류 기준에 따라서 다소 차이가 있을 수 있다. 이 책에서는
   兼役하고 있는 경우 등은 모두 本役만을 기준으로 정리하였다.
55) 兒弱·無役·老除와 같이 실제 호적에는 기재되지 않았는데, 필자가 임
   의대로 붙인 경우와 病人·盲人이나 贖良·居士·孝子, 箕子後裔·敬順
   王後裔·大聖後裔 등 11종이 이에 해당한다.
56) 李俊九, 1993, 『朝鮮後期 身分職役變動研究』, 一潮閣, 261~274쪽의 「時期
   別 戶主의 身分·職役 一覽」을 참고로 하였다.

도 주로 각종 兵種의 保人들에 집중되어 있고 戶首가 束伍軍을 兼役하는 경우는 이미 納布軍化하고 있었던 步兵뿐이었다. 즉 束伍軍을 兼役하는 경우만을 놓고 보면 직역 사이에 심한 편차가 존재한다고 볼 수 있다. 물론 그 의미는 각 신분층의 경우에 따라 다를 수 있다.

兩班이나 中人 신분이 束伍軍에 속하고 있지 않다고 하는 사실은 이미 正軍의 군역도 지지 않고 있던 상황에서 당연한 일이라고 이해할 수도 있다. 하지만 束伍軍의 창설 자체가 兩班에서 賤人까지를 망라하는 비상체제 형식으로 출발한 것이었다는 점을 상기하면, 束伍軍의 운영이 17세기 후반에 오는 동안 이미 심각하게 변질되었음을 보여주는 것이라고 이해할 수 있다.

반면에 常民層의 경우에 正軍인 戶首보다는 保人에 집중되고 있다고 하는 사실은 기능적인 측면에서의 설명이 가능할 것 같다. 즉 현역의 복무와 束伍軍의 조련이라는 이중의 업무를 수행하는 것 자체가 어렵다는 현실을 반영하는 것으로 볼 수 있다. 이 또한 성립 초기와는 상황이 달라졌음을 보여준다. 17세기 전반만 해도 '上番하면 騎兵, 下番하면 束伍軍'이라 하듯이[57) 正軍으로서 束伍를 兼役하는 경우가 드물지 않아 폐단이 되었던 것이다.[58)

또 위의 표에 의하면 賤人의 경우에도 內奴나 驛奴는 제외되고 私奴만이 束伍役을 지는 것으로 나타나고 있다. 물론 內奴나 驛奴의 경우『戶籍』에 5명 밖에 나타나지 않기 때문에 일반화하기에는 문제가 있지만, 公賤이 束伍役에서 빠져나가고 私賤에게 束伍役이 집중되는 현상은 이 시기의 일반적인 추세였다. 內需司의 奴는 원래 束伍軍의 충정 대상이었지만, 內需司의 압력에 의해 충정에서 제외되는 경우가 비일비재했다. 光海君代부터 문제가 되어온 이 문제는 뚜

---

57)『仁祖實錄』권19, 인조 6년 12월 신묘, 34집 309쪽. '軍籍廳堂上李曙啓曰 … 一正兵之身 而當其上番則謂之騎兵 還屬營將則謂之束伍.'

58) 李民宬(1573~1649),『紫巖集』권4,「對或問」(『총간』82집, 110쪽.) '公私賤流 旣有身上本役 而又被束伍之苦 騎保之兵 出而赴邊 爲邊將之呑噬 入而束伍 爲將官之剝割 終歲勤動 無一日間 束伍之不堪其苦 日就無形者 無足怪矣.'

렷한 결론을 맺지 못한 채 숙종대까지 이르게 되었던 것이다. 지역
적으로 특수한 함경도 지방을 제외하고는 대체적으로 내노의 束伍
충정은 쉽지 않았다. 내노를 束伍軍에 충정했다하여 內需司로부터
鄕所·色吏 등이 엄벌을 받은 載寧郡의 예에서 그와 같은 사정의 일
단을 엿볼 수 있다.[59] 비록 대상이 3명에 불과하지만, 『戶籍』에 內
奴가 하나도 束伍를 겸하고 있지 않는 것으로 나타난 것은 어느 정
도 현실을 반영하고 있다고 보아도 무방할 것이다. 즉 良人 중에서
는 軍保를 신역으로 하고 있는 일부 상민층에게, 賤人 중에서는 公
賤을 제외한 私賤에게 束伍役이 집중되는 현실을 『戶籍』에서는 여
실히 드러내주고 있는 것이다.

일부 상민층과 私奴만이 束伍役을 담당했다면, 그들 사이의 비율
은 어떠했을까? 일부에서 束伍軍의 賤隷化 경향을 설명하면서 肅宗
8년(1682)을 전후한 시기를 그 시점으로 상정한 것은[60] 타당한 견
해일까? 이러한 점을 해명하기 위해서는 束伍軍 내부에서의 신분별
비율을 살펴볼 필요가 있을 것이다. 앞의 〈표 12-2〉에 의하면 75명의
束伍軍 중 賤 신분인 私奴가 26명이고 良 신분이 49명이니 단순히
보면 65%가 良人이고 35%가 賤人이라는 계산이 나온다. 그러나 이
것은 각 신분이 차지하고 있는 비율을 고려하지 않은 것이다. 즉 각
신분이 차지하고 있는 원래의 비율을 감안해야 하는 것이다. 그런데
여기에서 또 한가지 염두에 두어야할 점이 있다. 앞의 각종 통계는
호적에 나타난 男口 모두를 대상으로 한 것이었다. 따라서 연령적으
로 '老除'의 대상이나 '兒弱'까지를 모두 포함하는 것이었다. 그런데
束伍軍의 대상은 16~60세의 壯丁에 한하였다.[61] 따라서 束伍軍의

---

59) 『承政院日記』256책, 숙종 2년 8월 20일, 13집 530쪽. '(領議政許)積曰 古
人有是言也 人君無一毫私意 方可以治國 自前內奴與公私賤 一體充定於束
伍 而上年載寧郡 以內奴充定束伍事 鄕所色吏面任等 至於移因他道而嚴刑
臣等 晚始聞知 陳達請寢矣.'

60) 張弼基, 1990, 「17世紀 前半期 束伍軍의 性格과 位相」『史學研究』42,
161쪽.

61) 분석 대상 75명 가운데 장정이 아니면서 속오군을 兼役한 사례는 하나

대상이 되는 壯丁의 수효가 얼마인지를 정확히 파악할 필요가 있다. 良 신분의 경우 나이가 차지 않으면 직역이 아예 표시가 되지 않는데 대하여 賤 신분은 나이에 관계없이 '私奴' '內奴' 등과 같이 직역이 표시되면서 모두 통계에 포함되었기 때문이다. 이에 따라서 호적에 표시된 나이를 기준으로 해, 16세~60세 사이의 연령층만을 신분에 따라 비교한 것이 다음의 〈표 13-1〉이다.

〈표 13-1〉伊川 束伍의 身分別 비교

신분	장정의 수	속오의 수	속오의 비율
良	740	49	6.6%
賤	81	26	32.1%
계	821	75	9.1%

이 결과에 따르면 束伍는 良 신분 대상의 6.6%에 불과하고, 賤 신분은 대상의 32.1%가 束伍軍을 겸하고 있는 것으로 나타난다. 즉 이에 따르면 이 시기에 束伍軍의 완전한 賤隸化에 이르지는 못했다고 해도 賤隸化가 상당히 진행된 것으로 이해할 수도 있다. 賤人이 良人보다 束伍軍을 兼役할 가능성이 5배 가까이 높은 것이다. 그런데 여기서 또 한 가지 생각해 보아야할 점이 있다. 앞에서 살펴본 바에 의하면 같은 良 신분 내에서도 직역별로 매우 심한 차이를 보이고 있다. 즉 良 신분 78종 중에 11종의 직역만이 束伍軍을 겸하고 있는 것으로 나타난 것이다. 즉 단순한 신분별 비교보다는 직역별 비교가 더 합당한 비교가 될 수 있을 것이다. 그러니 위와 같은 방식으로 직역별로 다음의 〈표 13-2〉를 만들어 보았다.

도 발견되지 않는다. 참고로 가장 적은 나이는 18세이고, 가장 많은 나이는 52세였으며 평균연령은 37세였다.

〈표 13-2〉 伊川 束伍의 職役別 비교

직 역	장정의 수	속오의 수	속오 비율	직 역	장정의 수	속오의 수	속오 비율
私 奴	77	26	33.8	吹 保	8	4	50.0
砲 保	34	11	32.4	步 兵	16	3	18.8
騎 保	28	9	32.1	侍 丁	2	1	50.0
禁衛保	48	9	18.8	贖 良	3	1	33.3
御營保	32	6	18.8	驛 吏	7	1	14.3
步 保	12	4	33.3	계	267	75	28.1

이 결과는 위의 결과와 상당한 차이를 나타내고 있다. 직역별로만 비교를 할 때에는 束伍에 해당하는 직역의 평균 28.1%가 束伍를 兼役하는데, 賤 신분인 私奴의 兼役 비율이 33.8%로 높기는 하지만 단일 직역으로 볼 때는 良 신분 직역의 束伍 비율이 더 높은 경우도 있다. 즉 표본의 수가 극히 작은 侍丁의 경우는 제외하고라도 吹保의 경우 50%로 私奴보다 높게 나타나고 있으며, 步保나 砲保·騎保 등의 경우도 30%를 넘어 거의 私奴와 비슷한 비율을 보여주고 있는 것이다. 이 표를 종합하여 良·賤별로 구분한 것이 다음의 〈표 13-3〉이다.

〈표 13-3〉 伊川 束伍 해당 職役의 身分別 비교

신 분	장정의 수	속오의 수	속오의 비율
良	190	49	25.8%
賤	77	26	33.8%
계	267	75	28.1%

이에 따르면 해당 良 신분의 25.8%, 賤 신분의 33.8%가 束伍를 兼役하고 있는 것으로 나타난다. 賤人들이 束伍를 兼役하는 비율이 상대적으로 높게 나타나고 있기는 하지만, 良 신분에 비해 압도적이라고 할 수는 없으며, 따라서 아직까지는 束伍軍의 신분 구성에 있어서 賤隷化를 논의하기는 어려울 것 같다. 일단 숫적으로는 良 신분이 압도적으로 많았고, 비율을 고려해도 크게 밑돌지는 않았다. 즉 肅宗代

까지는 아직 賤隷化를 논의하기에는 좀 이르지 않나 한다. 그렇지만 각각의 신분내에서 일부 직역에로의 집중현상이 일어나고 있는 것은 분명하였다. 양반·중인 계층은 물론 束伍役의 부담에서 벗어나고 있었고 상민층에서도 일부 軍保에게로 束伍의 직역이 집중되고 있었다. 천인층에서도 私賤에게로 그 부담이 집중되고 있었다.

집중의 문제와 관련하여 설명해야할 사실이 있다. 良·賤 신분에서 束伍의 대상이 되는 사람만을 통계로 한 앞의 〈표 13-3〉을 보면 良·賤을 통틀어 대상의 9.1%가 束伍를 兼役하고 있는 것으로 나온다. 이는 仁祖代에 있었던 대상 男丁의 1/10을 束伍軍에 충정하자는 논의와 거의 일치하는 결과이다.

仁祖 6년 2월 備邊司는 號牌에 등록된 1/10을 束伍軍에 편입시키자는 慶尙監司 金時讓의 견해를 소개하면서 좋은 계책이라 평가하고 있다.[62] 號牌를 기준으로 일률적으로 1/10씩 편성하면, 지역간의 불균도 해소되고 일정한 액수의 군병을 확보할 수 있게되는 잇점이 있었다. 仁祖 7년에는 이 '什一之抄法'이 시행되고 있던 것으로 보인다.[63] 그런데 지방 장관이 실제로 이를 시행하는 과정에서는 ⅓이나 ¼을 뽑아 폐단이 되고 있다.[64] 束伍軍을 대상의 1/10로 충정하도록

---

62) 『仁祖實錄』권18, 인조 6년 2월 경신, 34집 262쪽. '備局啓曰 … 且列邑軍兵之多少 宜隨人口之衆寡 而羅州靈光二邑 則民多而兵少 珍島綾城等六邑 則民少而兵多 或未免苟充 或未免脫漏 軍額之不均 莫此爲甚 慶尙道觀察使金時讓 見其道內軍額之如此 啓聞變通 就號牌數 以十分之一 加抄束伍 此實充其軍額之良計也 令本道監兵使 相議可否 民少者減其兵數 民多者增其軍額 而俾無騷屑之弊爲當.'

63) 『仁祖實錄』권21, 인조 7년 12월 신미, 34집 358쪽. '公淸監司南以雄啓 陳束伍什一之抄定之弊 備局回啓曰 十一編束之令 實出於不得已 今之所謂四十三邑 皆在戶牌摠數之中 若除出此數 而又加抄出十分之一 則名雖十一 而實是六七分之一 一道之騷擾 勢所必至 依此施行 上從之.'

64) 『仁祖實錄』22, 인조 8년 1월 경자, 34집 360쪽. '上命召對講書傳 … (副提學李)敬輿曰 臣四年之後 始得入侍 請先陳民情 夫號牌之罷 徒有其名 不革其實 民安得不怨乎 且以牌籍之數 抄束伍十分之一 自朝家有是命 民間騷屑尤甚 加抄雖勤 得力爲難 當初抄出十分之一者 此亦便宜之策 而抄兵之時 能體朝廷什一之義者鮮少 或以三分之一 或以四分之一 民怨極矣

한 조치의 본래 의도는 이와 달랐다.[65] 즉 지나친 충정으로 인한 민심의 동요를 방지하기 위해 1/10로 제한을 했던 것이다. 하지만 이것은 해당 男丁 중 양반 등의 계층이 빠져나가는 현실을 미처 고려하지 않은 결정이었다. 또 호세가에 투탁하는 경우도 많았다. 그 결과 私賤 보다는 正軍이나 保人이 많이 충당되는 결과가 초래된 것이다. 따라서 면역자를 제외한 나머지 대상자 중 1/10을 충정하자는 건의가 있게된 것이다.[66] 이 논의의 결과가 어떻게 되었는지는 확인되지 않고 있지만, 현실적으로 양반 등의 계층은 물론, 호세가에 투탁화고 있는 私賤들도 상당 부분 束伍軍의 충정에서 제외되고 있었던 것으로 보인다. 물론 그것은 지역적인 차가 있는 것이었다. 이러한 '什一之抄法'이 원래의 의도대로 束伍軍의 정예화를 가져오지는 않았다. 정작 1/10정도를 충정한다고 해도, 막상 정예한 장정은 뇌물

請令廟堂 更爲講定 上曰 此乃嶺南已行之事 故依其例行之矣 近來兵政解弛 什一之抄 自是便宜 取之雖少 猶有解弛之患 且是累年廢閣之事 而欲一朝行之 果有其弊也.'

65) 鄭經世,『愚伏集』別集 권3,「經筵日記」,(崇禎)3년(인조 8년) 1월 23일,(『총간』 68집, 460쪽.) '臣自嶺南來時 所經諸邑守令品官等皆曰 以束伍加抄民心騷動云 … 回啓時大臣及金時讓以什一之抄(細注:號牌男丁中十分之一)整頓之後 民亦便之云.' ;『仁祖實錄』 권22, 인조 8년 1월 계묘, 34집 361쪽. '晝講書傳 … 知經筵鄭經世曰 今日民間之騷屑 皆以爲束伍加抄之故也 上曰 今之抄定 非徒欲加軍額 前者所抄 多少不均 小縣役重而束伍亦多 大邑則非徒役歇束伍亦少 故爲十分取一之法 以均其役 而忠淸一道 尤甚騷屑 豈豪右不便者多耶 抑守令不能奉行之致耶 (特進官)李曙曰 自甲子爲束伍加抄之法 而今見本道抄軍文書 則私賤絶少 多以正軍之保充定 事甚乖當 上曰然 曙曰 雜色軍等所率之保 或有二三人 而雖有緩急 此輩則安居 殊非朝廷均役之意也 宜除正軍之保 以此輩充束伍之隊 上曰 令廟堂議處.'

66) 같은 사료, (崇禎)3년 10월 20일, (『총간』 68집, 463쪽.) '鄭經世曰 … 臣見御史回來之人 慶尙等道流民還集 而聞朝廷有十分之一之命 皆爲戇頑云 大槩朝家以十分之一爲善制 而頃見金孝誠上疏 極言不便 其言似是矣 (特進官張)維曰 通計號牌時男丁自上士夫下至黎庶之謂也 除其不當充軍者 則應充軍役者甚少 若如前日全羅兵使上疏 除其不當爲軍役者 而只以應爲軍役者充十分之一 則未知何如 上曰 頃見他邑皆充其十分之一 而有餘數者 其有餘數者何如邑也 其不及數者何如邑耶.'

을 바치는 등의 방법으로 제외되고 있다는 朴知誠의 지적에서 그것
을 확인할 수 있다.[67] 1천명의 남정 중 1~2백명의 束伍軍이 있다면
형식적으로는 1/10 이상이 되겠지만, 그것이 곧 정예화로 이어지는
것은 아니었던 것이다. 대상 남정의 1/10로 제한한다는 것의 본래
의도는 民의 부담을 완화하면서 束伍軍의 액수를 확보하려는 것이
었다. 그러나 운영과정에서 액수를 확보할 수는 있었지만, 모든 사람
을 대상으로 하지 않고 있다는 점에서 속오군의 신분적·계층적 고
정화를 가져오는 결과를 초래했던 것이다. 결과적으로 1/10을 束伍
에 충정하기로 한 仁祖代의 결정은 肅宗代까지도 유지된 것으로 볼
수 있다. 하지만 처음부터 우려되었던 집중의 문제는 해결되지 않고
오히려 더욱 강화되었던 것이다.

한편 伊川의 『戶籍』에는 束伍軍뿐 아니라 束伍軍의 장교라 할 수
있는 '哨官'의 직책이 확인되어 주목된다. 哨官 역시도 일반 束伍와
마찬가지로 兼役의 형태였는데, 형제인 2명의 哨官 모두 본역은 '業
武'였다.[68] 哨官은 束伍 편제에 따른 단위부대인 哨의 책임자였다.[69]

한편 業武는 본래 武業의 연마를 의미하던 일반적 용어 혹은 유사
직역으로 사용되다가, 仁祖 4년(1626)의 號牌法 실시와 함께 제도적
직역명으로 수용되었다고 한다.[70] 이후 肅宗 22년(1696)에는 庶孼

---

67) 朴知誠, 『潛冶集』 권2, 「萬言疏」(『총간』 80집, 111~112쪽) '抄定束伍軍
及諸軍之責 唯在守令 而近日守令 率多不職 凡有田畓一二結 則必有男丁
一二名 然後可以耕食 故有田千結 則必有男丁千名 千名之男丁 或有老弱
殘疾者 雖不可盡抄爲兵 然可以爲兵者 少不下五六百名 而千結之邑 束伍
軍不過一二百名 則漏落者過太半矣 古人云 兵務精不無多 千人之中 擇其
精銳者一二百名爲兵 則未爲不可 而今之爲兵 非擇其精銳也 凡人精銳可以
爲兵者 必能致富而有財物 故厚賂色吏 得免軍役 凡充定軍役者 皆是庸懦
無才能飢寒切身者也 飢寒切身 求死不贍 何暇習武才藝 以此飢寒所傷疲癃
殘疾之民而驅之於戰 則是如以肉投餒虎也.'
68) 『戶籍』 70쪽, 下西面 禾巖里 2통 6호. '老業武李秀擇 … 次子業武哨官廷
亨年五十二丙子生 … 次子業務哨官廷年三十八庚寅生.'
69) 이 책 제1장 Ⅱ절 1. 束伍軍의 編成 원칙 참조.
70) 李俊九, 1993, 「業儒·業武와 그 地位變動」, 앞의 책, 44~61쪽.

직역화함으로써 종전과는 신분 개념이 달라졌다는 것이다. 숙종 4년
이전에는 양반 직역으로 하자가 없지만, 이후 班·常의 중간 계층에
존재하며 有役하층민의 피역과 신분상승의 階梯的 역할을 담당하였
다고 한다. 『戶籍』에 나타난 이들의 경우도 중인층 정도로 설정을
할 수 있을 것 같다. 호주인 이들의 父도 직역이 '老業武'로 되어 있
고, 호주의 4祖는 모두 '學生'이며, 이들의 妻가 모두 '召史' 표기가
되어 있는 것으로 보아71) 그러하다.

이 시기에 哨官을 중인층인 業武가 담당하고 있었다는 사실은 이
후의 사정과 비교하면 역시 차이점을 드러낸다. 英祖 7년(1731)의
상소에는, 常漢들이 哨官을 거쳐 免役을 시도하는 현실에 대한 언급
이 있다.72) 肅宗代에 中人層이 담당했던 束伍軍의 哨官을, 英祖代에
는 常漢들이 담당하는 경우가 발견되는 것이다. 물론 이 때에도 哨
官職 자체는 '免役'이 인정되는 정도의 위치였으므로, 중인층 이상으
로 임명하는 것이 원칙이었을 것이다.73) 다만 18세기 전반에는 常漢
들의 입속처로도 이용되었던 哨官職을, 17세기 후반에는 여전히 中
人 신분인 業武가 담당하고 있다는 사실이 『戶籍』을 통하여 확인된
다는 점이 의미가 있다고 생각한다.

이상 『戶籍』의 자료 분석을 통하여, 숙종대 束伍軍의 실태에 대하
여 몇 가지 사실을 확인할 수 있었다. 우선 이 시기에 오면 계층
별·직역별로 束伍役의 부담이 특정한 부류로 집중화되어 나타난
다는 사실이다. 양반 및 중인 계층이 束伍의 부담으로부터 벗어나고
있었는가 하면, 상인 및 천인 계층에서도 각각 직역에 따른 집중화

---

71) 앞의 주 68)의 자료.
72) 『備邊司謄錄』 95책, 영조 10년 4월 29일, 9집 789쪽, 「上疏別單」, 辛亥 6
    월 26일 司勇 林秀桂 상소. '其一 常漢一經哨官 則賤役之侵 不及其身與
    子 首將官利其廳禮 廣開蹊道 汚濁莫甚.'
73) 같은 사료에 이어지는 부분을 보면, 양반의 자제로 선임하도록 청하고
    있다. '別爲定式 以兩班子枝擧薦差定 哨官而把摠 把摠而千摠 千摠而別將
    非經哨官 不許直差首將官事也 常漢之一經哨官 得免賤役 實爲痼弊 另加
    申飭諸道 必以兩班子枝擇差 毋得數遞宜當是白乎旀.'

현상이 뚜렷하였다. 한편 束伍軍 내부의 신분 구성에서는 아직까지 賤隸化가 뚜렷이 진행되고 있다고 보기는 어려웠다.

3. 肅宗代 後半 束伍軍의 變通 論議

顯宗代부터 제기되기 시작한 양역변통논의는, 肅宗代 후반에 접어들어 더욱 활기를 띠게 되었다. 숙종 28년(1702) 良役 變通을 담당할 句管堂上의 차정은 그 구체적인 모습이었다.[74] 그 결과 軍政 전반에 대한 釐正策이 발표되는데, 군사제도적인 측면에서는 三軍門 都城守備體制의 완성이 주목된다. 즉 그때그때 필요에 의해 증설되었던 都城의 3軍門은 숙종 30년 경에 편제상의 통일을 기하게 되었고, 李麟佐의 난을 겪으면서 도성수비체제의 강화 필요성을 절감한 英祖에 의해 이 체제는 더욱 확고해진다.[75] 中央軍인 3軍門을 중심으로 하는 수비체제가 확립됨에 따라서 지방군인 束伍軍의 위상도 재정립되지 않을 수 없었다.

또한 국제정세의 변화도 속오군의 재편 필요성을 제기하고 있었다. 속오군이 성립될 당시는 일본이 방어해야할 主敵으로 등장하였고, 이에 따라 일본과의 전쟁에 유리한 戚繼光의 『紀效新書』가 교범으로 자리잡았다. 속오군의 성립에 바탕이 된 병서도 바로 『紀效新書』였다. 한편 왜란이 종결되면서부터는 북방의 여진족이 主敵으로 바뀌었다. 이미 선조대 말에는 女眞에 대한 방어를 위해 북방 지역에 『紀效新書』 대신 『練兵實紀』의 적용을 검토하기도 하였다.[76] 이

---

74) 鄭萬祚, 1990, 「肅宗朝 良役變通論의 展開와 良役對策」 『國史館論叢』 17, 148쪽.

75) 李泰鎭, 1985, 「18세기 王政과 三軍門 都城守備體制 및 親衛軍營」 『朝鮮後期의 政治와 軍營制變遷』, 韓國研究院, 250쪽.

76) 『宣祖實錄』 권182, 선조 37년 12월 신유, 25집 11쪽. '訓鍊都監啓曰 … 練兵實紀 則是防胡大法 車載火器 阻截虜馬 又以騎步藏在車陣之內俟 其敗北飛追鏖殺 此其大略也 與我國陣法 亦多符合 所謂車則火車是也 騎步則

후 호란을 거치면서 대두한 北伐論에서는 당연히 淸이 가상의 주적이었다. 효종대 이래의 군비확충은 바로 북벌론과 불가분한 관계에 있는 것이었다. 그러나 숙종 초반 三藩의 亂을 성공적으로 진압한 康熙帝 치세의 淸은 강성한 국세를 과시하고 있었고, 北伐論에 기반하였던 조정의 군사적인 관심은 재정적인 문제로 옮겨가게 되었다.[77] 따라서 顯宗代 이후 속오군의 운영이 孝宗代와 같이 정상적으로 이루어지지는 않았음은 앞에서 살펴본 바와 같다.

淸에 대한 적극적인 대책으로서의 北伐論은 자취를 감추었지만, 淸에 의한 재침의 위협까지 완전히 해소된 것은 아니었다. 장기간의 평화로 인해 군사적인 관심이 약화되면서 오히려 주변 국가에 대한 경계의 필요성은 증대되고 있었다. 숙종대 후반의 崔錫鼎의 견해를 통해서 이 시기의 대외인식을 엿볼 수가 있다.

　　살피건대, 지금 남북변방에는 오래도록 놀랄만한 소식이 없습니다. 편안함이 오래 쌓인 나머지에, 어찌 어떠한 사단이 일어날지 알겠습니까? 淸나라 사람이 우리나라를 대함에는 당장은 걱정할 바가 없겠습니다. 그러나 갑자기 변고가 있게 되면, 저들의 사정과 형편도 전과는 달라질 것입니다. 저들은 혹 瀋陽이나 寧固塔 등으로 도망와 우리에게 근접할 수도 있습니다. 비록 전쟁에서 패하더라도, (우리나라처럼) 작은 나라 정도는 제어할 수 있을 것입니다. 혹은 군병을 징발하고, 혹은 식량과 기계를 내게 할 것이니, 작은 나라의 民力으로 어찌 감당할 수 있겠습니까? 또한 다른 세력이 燕京에 들어가게 되면, 그 형세가 반드시 우리 나라를 침략할 것입니다. 이러한 때를 당하면 우리나라의 君臣은 다시 전쟁에 고통스러울 것입니다.
　　倭人 또한 당장 틈이 벌어질 실마리는 없습니다. 서로의 交好를 닦아 講和하여 전쟁을 멈추었습니다만, 이미 백여년이 지났으니 어찌 영구히 근심이

騎統步統是也 誠用是法 則實亦參用祖宗之陣法也 自京中行此兩法 立其規模 京畿忠淸全羅慶尙四道 則教以新書之法 江原黃海平安咸鏡四道 則教以實紀之法 一如中朝 南北防備之制 亦爲宜當 都監方令韓嶠 撰次車騎步操鍊規目矣 練兵實紀爲先印出 紀效新書及操鍊圖式拳譜 亦爲印出何如 傳曰 允 都監之事 近未免解弛 更加盡心敎鍊'

77) 柳承宙, 1976, 「朝鮮後期 鑛業政策論」『韓國思想大系』Ⅱ, 成大 大東文化研究院, 594쪽; 1993, 「緖論」『朝鮮時代 鑛業史硏究』, 高麗大出版部, 6쪽.

없이 지킬 수 있겠습니까?

지금 걱정할 만한 것은 또 서남지방의 해적이 있습니다. 십년 사이에 황당선이 우리 경계에 오고 감이 끊임이 없습니다. 지금은 비록 고기잡이 정도로 일삼고 있지만, 뱃길이 익숙해진 후에는 우리나라의 허실을 잘알게 될 것입니다. 앞으로의 걱정은 이루 다 말할 수가 없습니다. 수륙의 방비책을 때맞추어 강구하지 않을 수 없습니다.[78]

이 글은 崔錫鼎이 숙종 34년에 올린 箚子로, 장기간의 평화로 인한 국방태세의 소홀을 지적하면서 수륙의 방비책을 강구할 것을 주장하는 내용이다. 이러한 崔錫鼎의 견해는 17세기 이래 전개되고 있었던 '寧固塔 回歸說'의 연장이라고 볼 수 있는 것이었다. '寧固塔'은 淸의 발상지로 주목된 곳으로, 조선이 청의 운명적인 몰락을 전망하면서 그들이 원래의 발상지로 돌아올 것을 예측하면서 생겨난 주장이 '寧固塔 回歸說'이었다.[79] 특히 몽고가 청에 반기를 들 가능성이 점쳐짐에도 불구하고, 몽고의 실체와 위치에 대한 정보는 충분치 못했으며 이러한 불확실성은 '寧固塔 回歸說'을 더욱 강화시켰다.[80]

'寧固塔 回歸說'의 입장에서 崔錫鼎은 淸을 잠재적인 위협요소로 언급을 하면서, 日本에 대해서도 마찬가지의 경계를 하고 있다. 또한 직접적으로는 서남해안에 출몰하기 시작한 해적이 위협 요소로서 언급되고 있다. 이러한 국제정세도 조선후기 지방군의 재편에 일정

---

78) 崔錫鼎(1646~1715),『明谷集』권20,「陳時務四條箚」(『총간』154집, 256쪽.) '按卽今南北二邊 久無警報 積安之餘 安知有何樣事端 淸人之待我國 姑無可慮 而一朝人事嬗變 則彼中情形 比前頓別 彼人或將奔迸于瀋陽寧固塔等地 與我密邇 雖殘敗之餘 猶足以制馭小國 或徵軍兵 或索粮械 小國民力 將何以堪 又況他人入主燕京 則其勢必將來侵我國 當此之時 東國君臣 且苦兵矣 倭人亦姑無釁端 惟當謹修交好 而講和息兵 已過百有餘年 安保 其永久無虞 見今所可慮者 且有西南海浪賊 十年之間 荒唐船之往來我境 連續不絶 今雖以漁採爲事 水路旣熟之後 我國虛實 得以備諳 前頭之憂 有不可勝言 水陸備禦之策 不可不及時講究.'

79) 배우성, 1998,「유기체적 국토관과 변경의식」『조선후기 국토관과 천하관의 변화』, 일지사, 65쪽.

80) 같은 논문, 70쪽.

한 요인으로 작용하게 된다.

이러한 배경에서 제기된 肅宗代 지방군의 개편 논의는, 그 주장하는 바에 따라 몇 가지 방향으로 구분해 살펴볼 수 있다. 우선 朝鮮前期 五衛制로의 복구를 주장하며, 속오군의 폐지를 주장하는 입장이 있었다. 숙종 14년(1688)에 朴世采는 五衛制를 復設함으로써, 士族과 良民으로 行伍를 구성하자는 원칙론을 주장하고 있었다.[81] 또한 숙종 28년(1702)에도 申琓은 100여만의 虛簿 軍額을 모두 혁파하고, 수십만으로 정예화하는 대변통론을 제기하였다. 지방군의 경우각 지방의 監·兵使에게는 각각 소속 부대를 두어서, 春秋로 연습케하도록 하자는 것이었다. 단위부대는 각각 부근에서 모아 편제하는것을 원칙으로 하고 있었다.[82] 물론 이러한 주장은 양역 전반의 대개편을 전제로 하는 것이어서, 쉽게 수용될 수 없는 주장이었다.

五衛制의 복구가 쉽게 이루어질 수 없다는 현실인식에서, 營將制를 혁파하고 鎭管體制를 복구하는 방안이 대안으로 제시되기도 하였다. 肅宗 25년에 崔錫鼎은 영장제의 문제점으로 수령에게 親兵이없는 문제점을 지적하면서, 鎭管制를 복구함으로써 그 문제를 해결할 수 있다고 보았다.[83] 또한 유사시에 요긴하게 쓰일 수 있는 군대

---

81) 朴世采(1631~1695), 『南溪集』 권12, 「陳時務萬言疏」(『총간』 138집, 245쪽.) ‘島夷入寇 八路陷覆 幸賴天朝前後出兵而救之 大亂隨平 於是乃更置所謂束伍軍 無論私賤雜類 以爲鄕兵 而五衛仍廢 只以綿布上納 今當還復舊制 使士族良民稍知恩義者 編於行伍 庶幾有仗義效忠之心 而無獸驚鳥散之患矣.’

82) 申琓(1646~1707), 『絅菴集』 권13, 「進八條萬言封事册子箚」(『平山申氏文集』 3, 249쪽.) ‘如欲大變通遵故制 則盡罷百餘萬之虛簿軍額 鈔爲數十萬之有統精兵 團聚則依束伍管領之法 專屬則遵鎭管五衛之制 … 監兵防禦使各以所屬之軍 春秋鍊習 察其某司某哨官之精不精 賞罰其將領之能否 而擇其中撫愛軍卒 … 司哨旗隊各以附近完聚 無時私習 不俱軍兵精鍊 將材可得矣.’

83) 崔錫鼎, 『明谷集』 권16, 「四條政弊箚子」(『총간』 154집, 181쪽.) ‘至於外方軍制 則臣以爲必復鎭管舊制而後 方有詰戎之實效也 何者 大典鎭管之法守令各摠其軍 如漢時郡國之兵 各邑隷於主鎭大牧 敵入其境 則官吏率衆而禦之 嬰城而守之 今則不然 執殳赴戰之卒 只是束伍 而別設營將以統之 隷于兵使 是以守令有同僉鎭管之名而無其實 脫有邊警 手下無一親兵 不過望

로 束伍軍을 지적하면서, 지나치게 疲殘者 등으로 충정되어 있는 현실을 개선하여 적당히 감액할 것을 주장하였다.[84] 이에 대해 領敦寧 尹趾完은 진관법을 급격하게 시행하기는 어렵다고 반대했지만, 속오의 감액에 대해서는 긍정적인 견해를 표명하였다.[85] 그러나 南九萬은 속오군의 감액에 대해서도 반대하였다. 즉 束伍軍은 양천을 가리지 않고 편성이 되는 군대인 만큼 나름대로 장점을 가지고 있으니, 감액을 가벼히 논할 수 없다는 주장이었다.[86] 이후 영장제의 혁파는 꾸준히 거론된다.[87]

肅宗代에는 또한 기존의 陣法이 아닌 새로운 진법도 꾸준히 모색되었다. 일찍이 숙종 13년(1687)에 숙종에 의해 '六花陣法'의 채용이 지시되었다가 무위에 그친적이 있었는데,[88] 숙종대 후반에 들어오면 戚繼光의 陣法이 재검토의 대상이 된다. 그 가운데 하나는 束伍軍에 騎兵을 대폭 확충하자는 주장으로 나타났다. 숙종 23년에 李後慶은 양민 10만명을 騎兵으로 삼아 속오의 역할을 겸하게 할 것을 청하였다.[89] 이 주장은 그동안 통용되던 『兵學指南』에 대한 비판을 전제로

風奔潰而已 否者卷入深山 以避賊鋒 壬丙之已事 今可爲鑑 豈不寒心哉 臣之愚意 五衛之制 雖難猝復 宜申明鎭管之法 以節制大牧爲主將 所管各邑爲屬將 使之各率其兵 春秋訓鍊 以致其精 主鎭罷營將而置中軍 廩給視營將減半 以治軍旅 如是則外方軍制 自有管轄 可謂緩急之用.'

84) 같은 사료. (173쪽.) '我國軍制之弊 實是前古所無 軍門名目猥多 騎步之類 只有軍名 可以得力於緩急者 乃是束伍之軍 而率以疲殘者編於軍伍 此甚可慮 … 臣意以爲各軍門軍兵哨司 稍宜減縮 逃故之代 一並擺落 更加代定 則或可爲救弊之端矣.'

85) 『肅宗實錄』 권33, 숙종 25년 5월 계사, 39집 530쪽. '領敦寧尹趾完以爲 … 束伍鎭管之法 今難猝行 而一半減之 猶爲十萬衆有用之軍 勝於無用之卒云.'

86) 南九萬, 『藥泉集』 제33, 「答崔汝和」 (『총간』 132집, 555쪽.) '至於束伍 乃是良賤無擇之兵 尤不宜輕議減哨 以其闕額 逐年漸充 恐無不可矣.'

87) 『肅宗實錄』 권47, 숙종 35년 3월 기축, 40집 323쪽.

88) 『肅宗實錄』 권18, 숙종 13년 9월 병신, 39집 111쪽. '上命諸軍門習行六花陣法 訓鍊大將申汝哲以爲 六花陣法 出於唐之李靖 而其後無曉知者 我國則專用戚繼光之陣法 猝難行之 上從之.'

89) 『肅宗實錄』 권31, 숙종 23년 5월 정유, 39집 460쪽. '武人前監察李後慶應

하고 있는 것으로, 나중에 지방군의 재편에 영향을 미친다. 이후 숙종 32년에는 숙종과 대신들이 『兵學指南』 중심으로 행해지는 戚繼光 陣法의 변통에 대해 의견을 같이 하게 된다.[90]

그러나 陣法의 변통이 손쉬운 일은 아니었다. 肅宗 37년에 韓城君 李基夏는 陣法 개편의 어려움을 조목조목 지적하고 있다.[91] 우선 壬亂이후 戚繼光의 병법만을 사용했기 때문에 갑자기 변통하기 어려우며, 또한 戚繼光의 병법은 배우기 쉬우며 변환이 용이하다는 장점이 있었다. 반면에 전래의 五衛 陣法은 익히기에 힘이 들었다. 또한 女眞族의 騎兵에 대응하기 위해서는 수레를 사용해야 하지만, 우리 지

旨進言 陳戎務十三條極言 我國軍兵 虛數多而實額少 請精抄良民精銃者十萬爲騎兵 兼帶束伍 一如國朝舊制 … 柳葉箭不足以拒敵 兵學指南無益於禦寇.'

90) 『備邊司謄錄』 57책, 숙종 32년 9월 13일, 5집 601쪽. '上曰 各軍門常用戚法 習操時 每以一規爲之 似涉便僻矣 兵判今方入侍 可無變通之道耶 行兵曹判書趙相愚曰 軍門習操時 坐作進退之法 恒襲一套 有以兒戲 以今日下教 分付諸軍門 當行別樣陣法矣 領議政崔(錫鼎)曰 大抵習操之法 不一其規 而軍門 專用戚繼光遺法 武士只以兵學指南爲事 如聽發放査功罪等大體 則固有定式 而至於戰陣之法 有奇正之別 不可局定 而每用一例 操練之不廣 盖以此也 似當與諸大將 商議變通矣 上曰 只用戚繼光之法 終是便僻 與諸大將 相議變通 可也.'

91) 『肅宗實錄』 권50, 숙종 37년 2월 병인, 40집 387쪽. '韓城君李基夏上辭疏 仍論陣法曰 我國壬辰以後 專用戚法 今以淺見 輒事變通 誠不容易 習操者 所以欲令軍卒 耳熟金鼓 目熟旌旗 而教之以坐作進退之節 使無臨急齟齬之患也 目今操練 多習方陣 聖教所稱習操 每用一規 事涉偏僻者 盖必指此 而筵臣所謂坐作進退 恒用一套 有同兒戲者 似未及深察 今之習操所用者 乃戚法中之前後層陣也 機權之神變 似不及於古法 然而節目無多而易習 變換簡而不亂 前層纏交 後層間出 旣寓番休之意 又兼奇伏之制 此非活法 而何哉 又曰 五衛陣法 曰五陣相生相克 其來尙矣 然教習實難 故今權從簡便 但教以直陣可也 據此則祖宗朝習操 亦恒用一法 槩可見矣 雖曰一法 而活法實寓其中耳 又曰 南寇利步 北寇利騎 見今陣法 旣長於禦倭 則所欲變通而講究者 非禦騎之術乎 禦騎莫良乎車 而我國地多險隘 不利用車 故車制遂廢 今雖變通陣法 而終不得爲萬全計也 凡事莫如取法於近 故臣竊欲姑守戚法 而聖意必欲變通 則國朝五衛陣法 最爲近古 但須變易軍制 改換形名 然後乃可議也 上 答以陣法 令本兵稟處.'

형상 사용할 수 없으니 또한 어려움이 있었다. 결국 일단은 기존의
陣法을 이용하되, 陣法의 변통은 군제의 개편 이후에야 논의할 수 있
다는 것이 李基夏의 주장이었다. 이로써 肅宗代의 陣法 논의는 일단
락되었지만, 진법에 대한 논의는 英·正祖代로 계속 이어지게 된다.

속오군의 변통론은 양역에서의 호포론과 관련이 되면서, 田結에서
出兵하자는 주장으로도 제기된다. 전결에 일정한 수의 속오군을 배
당하여 내게함으로써, 속오군의 도망을 방지할 수 있다는 주장이었
다.92) 이 제안은 후에 4결에 1명의 군사를 내자는 주장으로 구체화
되어 논의되지만, 田結의 파악도 일정하지 않고 一身 兩役의 兼役문
제도 해결되지 않는다 하여 시행하기 어렵다는 쪽으로 결론내려진
다.93)

지방군제의 재편 논의는 숙종 36년 이후 새로운 양상으로 전개된
다. 숙종 36년 9월, 淸에서는 海賊을 경계할 것을 내용으로 하는 咨文
을 조선에 보내게 되고94) 이를 계기로 조선에서는 '海防論'이 대두하
게 된다. 이 海防論은 양역변통논의와 결합하면서 군제 전반에 대한
검토를 가져온다. 海防論을 계기로 조정에서는 축성, 馬兵의 양성, 수
령 친병의 확대 등이 논의되고 그 중 상당 부분은 실현에 옮겨지게
된다. 그렇지만 전체적인 조선후기 군제의 골격은 그대로 두고 새로

---

92)『肅宗實錄』권32, 숙종 24년 3월 신사, 39집 487쪽. '先是 上以田制軍制變
通之意 詢廟堂 判敦寧府事徐文重上箚論 … 又言變通束伍之法 以田結出
兵 可革逃散疎虞之廢.'

93)『承政院日記』380책, 숙종 24년 8월 30일, 20집 246쪽. '(禮曹判書)崔奎瑞
曰 … 閔鎭長有所陳白 宜有一時處分矣 一四結出軍一名 則可爲歇後 必有
應募者 而卽今勿論有役無役 皆充四結 則固好 而臣意則以爲不然 田結有
逐年加減 此役一難也 平居無事時 則雖非定制 四結或二結 立一人可也 而
壬癸兵火後 田野結數 皆陳荒 豈可以結數定軍耶 若已立役 則毋論一身兩
役 但當責應 二難也 旣已充定之後 則雖爲稱冤 而赴戰鬪 而結少之輩 若
不給衣食 則立役者亦不爲有根着之人 實難赴戰矣.'

94)『肅宗實錄補闕正誤』권49, 숙종 36년 9월 기미, 40집 383쪽. '淸人以皇旨
移咨 令警備海賊 時昇平已久 北咨猝至 廟堂惟悯 朝野蕩泃 前承旨金興慶
時居湖西近海地 聞有此警 着短衣戴氈笠 走匿山中 以此沿海一帶 益騷然
久而後定云.'

이 兵種을 신설하는 방식으로 진행된다. 따라서 속오군제 자체에 변동은 없었다. 다만 지방에 馬兵이 증설되고, 수령의 친병이 확대되면서 속오군은 지방군에 있어서 상대적인 위치로 전락하게 된다.

속오군의 변통 필요성에 대해서는 肅宗도 인정을 하고 있었지만, 그 변통이 쉽지 않음 또한 알고 있었다.[95] 따라서 전체적인 대변통 논의와는 별개로 束伍軍의 유지를 전제로 문제점을 해결하려는 논의도 계속되었다. 그것은 이미 시행이 되었다가 폐지되었던 給保와 給復策의 재개를 중심으로 논의되었다.

束伍軍에 대한 給保制가 실질적으로 폐지된 이후에도 이것을 다시 시행하려는 움직임은 계속되고 있다. 특히 이는 숙종대의 양역변통논의와 연결되어 전개되고 있는데, 이전에 영남에서의 시험적인 실시에 그쳤던 것과는 달리 전면적인 실시의 방향에서 논의된다. 숙종 1년에 武臣 金世器는 湖南의 속오군에게 復戶를 해주는 대신에 保人을 지급해줄 것을 청하였다.[96] 현재 삼남의 속오에게 50卜을 급복하고 있는데, 전체의 양을 계산하면 조정에서 잃는 바가 많지만, 정작 속오들에게는 큰 도움이 되지 못한다는 것이다. 무엇보다도 속오들이 給復보다 給保를 원한다는 것이 그 이유로 제시되었다. 이에 대해 조정에서는, 영남에서 시험적으로 시행하다가 폐단만 있고 실

---

95) 宋徵殷(1652~1720),『約軒集』권6,「經筵講義」庚辰(숙종26년·1700) 12월 16일. (『총간』163집, 532쪽.) '上曰 如束伍軍之類 緩急實難得力 軍制宜可變通 而亦所不易矣.'

96) 『備邊司謄錄』31책, 숙종 1년 12월 4일, 3집 213~214쪽. '啓曰 兵曹啓辭 今十一月二十七日 晝講入侍時 武臣金世器所啓 … 大抵束伍之法 慶尙道則給奉足三名 全羅道則給半結 全羅一道束伍都數二萬三千一名 各給復五十卜 則給數之多一萬一千五百給(結?)也 五十卜給復 雖似零星 而都合計之 則朝家所失不少 渠輩則不願給復 欲如嶺南之各受三名奉足 依願施之 則合便當 且以束伍所給田結 通計於大同量減米斗 則民必蒙惠矣 … 全羅道束伍之數 不止二萬三名 乃是三萬二千餘名 … 金世器之請給保而勿給復者 不可謂無所見 而但三萬束伍之三保九萬餘名 搜括充定之際 民間騷擾之弊 有不可勝言者 況此事曾試之嶺南 而以其有弊無實之故 停罷已久 今難又施之於湖南 置之何如 答曰 允.'

익은 없었던 까닭에 폐지했던 급보를 호남에 또 시행하기는 어렵다
하여 받아들이지 않고 있다.

숙종 7년에 李端夏는 속오군을 정예화하는 방법론으로 給保論을
제기한다. 전국에 속오군이 20여만이나 되지만 잘 훈련되어 있지 못
하므로, 그 가운데 丁壯을 가려서 정예화시키고 나머지는 도태시켜
保로 삼자는 것이다.[97] 효종대에 영남에서 시행되었던 給保策이나
기존의 給保 시행주장이 속오의 원액은 그대로 둔채 봉족을 충정하
는 것으로 실제의 시행에 무리가 빚어질 우려가 있었던 것과는 달
리, 원액 중에 丁壯을 가려 뽑고 老殘을 保로 삼자는 주장은 민인들
에게 추가 부담을 주지않고 속오군의 정예화를 이룰 수 있다는 점에
서 현실적인 주장이었다. 이러한 李端夏의 주장은 당시 宋時烈 門人
들의 군제변통론과 맥락을 같이 하는 것이었다. 宋時烈은 같은 해
군제변통론을 제시하였는데, 그 주 내용은 국가재정의 부족을 초래
하는 訓鍊都監을 혁파하고 番上兵으로 대체하자는 것이었다.[98] 李端
夏의 속오군에 대한 給保論도 궁극적으로는 속오군의 減額을 전제
로 하고 있다는 점에서, 宋時烈의 주장과 연결될 수 있는 것이었다.
西人 척신 세력은 이러한 군제변통론에 맞서 戶布論을 제시하였고,
이에 대해 李端夏 등 宋時烈의 문인들은 호포의 시행에 적극적으로
반대하게 된다.[99]

따라서 같은 給保論이라고 하더라도, 논자의 입장에 따라서 상이
한 의미를 갖는 것이었다. 특히 李端夏의 주장과 같이 給保와 속오
의 減額을 연계시키는가의 여부는 더욱 그러해서, 조정에서 의견의
일치를 보고 있지는 못하였다. 일례로 숙종 25년의 논의에서 領府事
南九萬은 속오의 減額에 반대 입장을 나타내는 반면, 領敦寧 尹趾完

97) 『肅宗實錄』 권12, 숙종 7년 8월 무자, 38집 546쪽. '(同知經筵 李端夏)曰
束伍兵通計一國爲二十餘萬 殊不精鍊 軍裝辦備之際 多賣田業 不能聊生 今
若擇其丁壯爲實兵 而汰其餘爲保 則皆當爲精兵 雖有外寇 以此可以備禦.'
98) 鄭萬祚, 1990,「肅宗朝 良役變通論의 展開와 良役對策」『國史館論叢』17,
140쪽.
99) 같은 논문, 141~142쪽.

은 절반을 감하여 정예화시킬 것을 주장하여 끝내 결론을 내리지 못
하고 있다.[100] 이렇게 정예화가 논의된 이유는 당시의 속오군이 모
두 貧殘하여 향촌에 근거를 마련하지 못한 사람들에 의해 충당되어
있다는 인식에 따른 것이었다. 당시의 당국자들은 良賤 混成을 속오
군의 질적 악화를 초래한 원인으로 파악하고 있었다. 이에 따라 속
오군에의 충정은 기피 대상이 되었고, 충정시에 형편이 조금 나은
자는 뇌물로 빠지고, 양반의 奴子는 안면에 구애되어 충정하지 않는
현상이 반복되었던 것이다.[101]

이러한 가운데 지평 權燧도 속오군에 대한 保人의 지급과 雜役의
면제를 청하고,[102] 知事 李寅燁은 효종대에 실시되었던 것과 거의
비슷한 방법의 속오 급보론을 제기하기도 하였다.[103] 李寅燁에 의하
면 속오군의 강화방안에는 곡식의 지급과 보인의 지급이 있을 수 있
지만, 그 중 보인의 지급이 더 현실적이라는 것이었다. 즉 속오보인

---

100) 『肅宗實錄』 권33, 숙종 25년 5월 계사, 39집 530쪽.
101) 『備邊司謄錄』 55책, 숙종 30년 8월 30일, 5집 354쪽. '(知事閔鎭厚) 又所
     啓 外方閑丁 固爲難得 而其中束伍軍 則乃是良賤幷屬之後 故搜得之難
     比他軍似勝 而聞外方監色輩 每於簽丁之際 其中稍實者 則受賂而減除 至
     於士大夫奴子 則守令亦拘於形勢 而不得充定 以此被抄之軍卒 皆貧殘無
     根着之人 軍政之虛疎 誠可寒心.'
102) 『肅宗實錄』 권35, 숙종 27년 3월 기유, 39집 593쪽. '持平權燧上疏曰 …
     又曰 我國家一自亂後 兵制大壞 軍政不修 外方牙兵束伍軍 依兩都監例
     給保人 除烟役 自專意於操鍊 則軍政不至疎虞.'
103) 『備邊司謄錄』 58책, 숙종 33년 5월 17일, 5집 660쪽. '知事李寅燁所啓 …
     或云還上耗穀 量宜劃給 以爲赴操之粮爲宜 或云給保一名 一年收米五六
     斗 以爲資裝之用爲宜 臣意則劃給耗穀 不無難繼之慮 莫如給保之爲愈也
     盖問簽束伍充定保人 歲收五六斗米 則其視編伍之苦 勞逸相懸 民必願屬
     不患保人之難得 且人各有子姪戚屬 其中一人 從願望定 則雖不收米 必以
     庇護子枝爲幸 軍情旣無怨詛之端 朝家亦施顧恤之恩 雖當緩急之際 庶可
     以得力矣 且兵使營將春秋巡歷之時 非不申飭 而豪强之徒庇及一村有根着
     可合軍伍者 擧皆脫免 必以下戶編氓無依之類 臨時苟充 規免責罰 故朝充
     暮散 只擁虛簿 軍裝服色 亦不成貌樣 不可不別樣申飭 雖以孝廟朝古事言
     之 數遣巡按御史 點視軍兵 祖宗朝 亦有特遣大臣之時 今宜別遣御史 以
     爲警勅之道.'

을 충정해 1년에 5~6두씩만 걷으면, 속오보다 훨씬 편안하므로 백
성들이 다투어 입속할 것으로 전망하였다. 또한 사람마다 각각 자제
나 친척 등이 있으니 그 중 하나를 望定하도록 하면, 보인을 얻는
문제가 어렵지 않게 해결될 것이라고 추측하였다. 또한 이는 당시에
豪强 등의 비호 아래 군역 담당층이 한유하는 현실에 대한 대책이기
도 하였다. 따라서 효종조처럼 따로 어사를 파견해서 감독토록 할
것을 주장하였다. 이렇게 속오군에 대한 給保論이 양역 대책의 일환
으로써 논의되게 된 것도 당시의 상황과 유관한 것이었다. 李寅燁은
少論系 인물이었지만 탕평론에 공감하고 있었고, 이에 따라 탕평론
자를 중심으로한 良役釐正사업에 참가하고 있었다. 숙종 중기의 양
역변통논의는 양역제의 인정을 전제로 하는 小變通論으로 귀결되고
있는데, 속오군에 대한 給保 논의도 이러한 배경 아래서 나오게 된
것이었다.104) 이후 숙종 말기의 양역변통논의의 과정에서 老論系의
일부가 大變通論을 주장하는데 대하여, 少論系는 小變通論을 주장하
는 경향을 찾을 수 있는데105) 속오군에 대한 급보 문제도 같은 입장
에서 이해할 수 있다.

이상과 같은 속오군의 급보 재개 논의에 따라, 숙종 34년(1708)경
에는 조정에서 속오에 대한 給保가 일단 결정된다.106) 역시 少論系
인 檢討官 鄭栻이 속오군의 減額 및 給保를 청하는 書啓를 올리자,
조정에서는 給保만을 결정하고 속오군의 減額은 거론하지 않았다.
이에 대해 鄭栻은 "군사는 정예함을 힘써야지 많음을 힘써서는 안된

---

104) 鄭萬祚, 앞의 논문, 151쪽.
105) 같은 논문, 156쪽.
106) 『承政院日記』444책, 숙종 34년 8월 19일, 23집 954쪽. '(檢討官鄭栻)又
曰 … 故臣於暗行書契中 敢有所論 而頃見廟堂覆啓 則減額一款 不爲擧
論 給保一款 特爲施行事蒙允矣 臣之本意 皆出於務精不務多 而亦慮保人
之難得 敢請減額給保 而今若不爲減額 別定保人 則元額難充之邑 又何以
能別得保人乎 當初矯弊之意 反爲益弊之歸 故臣卽欲陳疏 而登對時仰達
亦似未晚 故迄今未果矣 此事不可不更詢廟堂而處之矣 上曰 儒臣所達 是
矣 脫有緩急 所恃惟在束伍 而如是疎虞 誠爲慨然 今又減額 更爲給保 誠
難之說 不無意見 後日問于大臣處之.'

다.[兵務精不務多]"라는 논리를 내세우며 保人을 얻기도 힘드니, 減
額하여 給保할 것을 건의하고 있는 것이다. 속오의 급보는 이때 결
정이 되지만, 역시 減額에 대해서는 의견의 일치를 보지 못하고 있
다. 그런데 이 때 결정된 給保마저도 제대로 시행된 것같지는 않다.
숙종 37년(1711)에도 호남의 속오군에게 급보를 시행하는 기사가 나
오는데, 이전에 이미 결정이 되었지만 여러 가지 이유로 인하여 시
행에까지는 이르지 못하였던 사실을 언급하고 있기 때문이다.[107] 이
해에도 束伍 保人에 대한 保米의 징수는 정지하고 있어, 원활히 시
행되지는 않았음을 엿볼 수 있다. 다만 속오군에게 보인을 지급키로
결정하고, 그에 따라 보인이 편성되어 있었던 것은 확실했다.

숙종대 후반에 시행된 속오 급보가 구체적으로 어떻게 운영되었
는지를 파악하기는 쉽지 않다. 효종대처럼 節目이나 事目이 남아있
지도 않고, 年代記 자료에도 거의 언급되고 있지 않기 때문이다. 다
만 앞에서 살펴본 자료 등을 통해 추측하자면, 지역적으로는 三南지
역에 실시되었으며 신분적으로는 私賤이 중심이 되었던 것으로 보
인다. 保人의 역가는 양인 10두, 천인 5두로 차등이 두어졌다. 숙종
34년에 少論系 大臣인 領議政 崔錫鼎은 時務에 관한 箚子를 올리는
데, 그 가운데 束伍 給保는 신분에 따라 차등을 두어 良保는 10斗,
賤保는 2명이 각각 5斗씩 납부토록 건의하고 있다.[108] 이 건의는 곧
정책에 반영된 것으로 보인다. 앞의 숙종 37년 기사를 보면[109] 束伍

---

107) 『備邊司謄錄』 61책, 숙종 37년 3월 28일. 6집 136~137쪽. '左議政徐(宗
泰)所啓 全羅道巡察使權尙游狀啓 以束伍保元軍處所給當幾數 有所論稟
自本司 以束伍保 幾皆私賤 旣有本身役 則保米 當無過五斗之意 覆啓分
付矣 第束伍給保事 雖行會已至數年 而事多窒碍 外方 全未一齊擧行 就
緒未易云 今若獨於本道 徑先有元戶督捧之事 則當此灾年飢饉之時 必有
偏苦呼怨之弊 事涉不便 故先爲行關於巡撫使處 使之知委各邑 姑勿徵捧
矣 旣是啓下之事 而未及陳稟而分付 故今始仰達 上曰 大臣所達宜矣.'
108) 崔錫鼎, 『明谷集』 권20, 「陳時務四條箚」(『총간』 154집, 256쪽.) '金演爲
嶺伯時 狀請束伍給保 其說誠然矣 但許多軍保 有難趂卽充補 宜令元軍自
得 兄弟子姪及鄰里人 勿令官家搜括 每人定良保一名米十斗 賤保則二名
各米五斗爲率 則入者無怨矣.'

保의 신분이 거의 私賤이므로 保米를 5斗로 제한하고 있다. 속오군에 대한 給保가 어느 정도 시행이 되고 있었던 것은, 숙종 38년 (1712) 洪陽幼學 李濟世가 속오군의 保人만으로 作隊할 것을 건의하고 있는데서 확인할 수 있다.110)

保人의 충정이 어떠한 방식으로 이루어졌는지는 알 수 없으나, 속오군을 감액해서 얻는 형식도 아니고 효종대처럼 自得하는 형식도 아니었다면111) 아마도 官에서 충정하는 형식이 아니었나 한다. 숙종대의 給保策은 이후 영조 6년(1730)의 「束伍節目」으로 이어지게 된다.

한편 숙종대 후반에 들어와 束伍軍 조련의 정지가 더욱 잦아지게 되자, 그 보완 대책이 다시 논의되게 된다. 그것은 이전에 논의된 바 있었던 '官門聚點'의 시행으로 귀결되었다. 肅宗 28년(1702)에 慶尙監司 趙泰東은 習操를 정지하더라도 戎政을 소홀히 할 수 없으므로 官門에 모여 연습케 할 것을 청하였다. 이 건의는 논의를 거쳐 우선 兩南 지방에서 먼저 시행토록 결정되었다.112) 이 당시 조련은 兵使가 習操를 담당하고 營將은 각읍을 巡歷하는 것이 예였다. 하지만 흉년 등의 이유로 習操나 巡點이 정지되는 경우가 잦아지자 각 고을 단위로 스스로 연습케 하고 있는 것이다. 이 해의 '官門聚點'은 아직까지 제도화된 것은 아니었다. 하지만 이후에도 조련 정지에 대한

---

109) 『備邊司謄錄』 61책, 숙종 37년 3월 28일, 6집 136~137쪽.

110) 『備邊司謄錄』 권65, 숙종 39년 4월 8일, 6집 479쪽. '壬辰(숙종38년·1712)三月十七日啓下 洪陽幼學李濟世上疏 … 其他束伍保人廣選馬軍僧人作隊等事 俱係撓弊 並不可行 疏內辭緣 置之宜當是白齊.'

111) 숙종 46년의 논의에 의하면, 崔錫鼎이 숙종 34년에 올렸던 내용중에 언급된 束伍軍 保人의 自得이 현실적으로 불가능하다고 판단하고 있다. 『備邊司謄錄』 73책, 숙종 46년 3월 15일, 7집 256~257쪽.

112) 『承政院日記』 408책, 숙종 28년 11월 20일, 21집 903~904쪽. '(右議政) 申琓曰 慶尙監司趙泰東狀啓內 近因年歉 軍兵習操 並命停止者 蓋以兵使巡歷廚傳之弊 軍兵裹粮赴操之難 而每因年凶 停廢旣久 則戎政甚爲疎虞矣 若令各邑 或以一哨或以二哨 使千摠摠領 率聚於官門 輪文操鍊 則不過數月 可以畢鍊 而其所鍊習 不煩不擾 故以此意 詢問帥臣 則皆以爲便好云 … 上曰 以此定式分付 而今番則先令兩南擧行 他道則使之待後日依此擧行可也.'

대안으로 고을 단위의 연습 필요성이 계속 제기되고 있다.113) 이는
이후 英祖代에 들어와 제도화되기에 이른다.

18세기에 접어들어 속오군의 운영이 제대로 이루어지지 못하면서
조정에서는 다른 대안을 모색하지 않을 수 없었다. 그것은 새로운
兵種을 신설하는 방향으로 나타났는데, 크게 두 가지 방향으로 전개
되었다. 하나는 수령을 중심으로 한 親兵을 설치·유지하는 것이었
고, 다른 하나는 騎兵을 신설하는 것이었다. 전국적인 편성을 가지고
있었던 束伍軍이 구실을 하지 못하는 상황에서 각 고을 단위의 군사
조직의 필요성이 제기되었다. 이에 따라 吏奴隊 및 牙兵 등과 같은
수령 친병이 생겨나게 되었다. 한편 日本을 적으로 가상한 『紀效新
書』의 실효성이 의심되면서, 북방의 민족에 대항하는 騎兵의 필요성
은 진작부터 제기되어왔다. 그러는 가운데 숙종대 중엽의 海防論은
각 도별로 騎兵을 확충시키는 계기가 되었다.

수령 親兵의 필요성은 營將制의 실시와 함께 제기되어 온 바 있
다. 守令에게 地方軍의 지휘권이 주어지지 않다보니, 유사시에 대비
할 수 없다는 것이 그 이유였다. 수령 친병의 양성은, 평소에도 수령
과 밀접한 관련을 맺고 있는 관아의 人吏나 奴僕들을 조직화하는 형
태로 나타났다.

수령 親兵으로서 人吏나 奴僕 등을 이용하려는 움직임은 군사적인
요충지를 중심으로 시작되었다. 숙종 28년 江華에서는 軍官과 校生을
포함해 書吏·廳直·使令·官奴 등을 훈련시키고 있음이 보고되고
있으며,114) 숙종 29년에 官屬作隊를 전국적으로 시행토록 한 기사에
는, 西道의 각 고을에서는 이미 시행되고 있음이 언급되고 있다.115)

---

113) 『承政院日記』 444책, 숙종 34년 8월 19일, 23집 954~955쪽. '(知事李)益
　　壽曰 … 外方習操 連因凶歉 一向廢閣 軍政殊甚疎虞 兵使營將 聚會一年
　　大擧操鍊 則誠有其弊 而若使名邑 每年春秋 許其私自鍊習 則可無軍兵等
　　屢日留待之弊 而敎鍊之道 庶有勝於全然抛棄者矣.'
114) 『肅宗實錄』 권37, 숙종 28년 8월 기축, 39집 694쪽. '(江華留守李)思永又
　　言 今方團束本府軍官校生書吏廳直使令官奴 合三千名 一如禁軍之制 又
　　定別將 使之日日敎習射放於官門之外 頗有成材之望.'

숙종 29년에 각 고을의 官屬을 조직하도록 한 계기는, 치안유지의 필요성에서였다. 天安에서 獄門을 부수고 軍布를 약탈해가거나, 瑞興의 烽臺에서 軍器를 훔쳐내는 일이 발생하면서 관청 스스로를 방위할 군사력의 필요성이 제기되었다. 이에 따라 조정에서는 衙前·通引·使令·官奴 등의 官屬으로 대오를 만들도록 전국에 지시하게 된다. 그러나 이는 제도화되었다기 보다는 일시적인 조치였다.

숙종 36년 9월 海賊을 경계하라는 淸의 咨文이 도착하면서 조선에서는 '海防論'이 일어나게 되었고 그 와중에서 官屬作隊를 효과적으로 운영하도록 하는 방안이 거론되었다. 10월에 閔鎭厚는 절목이 마련되지 않아 대부분 착실하게 거행되지 않고 있는 官屬作隊의 형편을 아뢰고, 兵使나 營將의 순력시에 이들을 試才하고 施賞토록 할 것을 청하여 허락을 받았다.[116] 다음달에는 驛卒들의 作隊를 전국적으로 시행할 것이 결정된다. 원래 驛卒들은 束伍軍에 소속되어 있었는데, 유사시에 束伍役과 驛卒의 本役을 함께 행하기가 어렵다는 이유로 仁祖代에 束伍軍에서 제외된 바가 있었다.[117] 이후 경상도에서

---

115) 『備邊司謄錄』 53책, 숙종 29년 4월 1일, 5집 153~154쪽. '知事李濡所啓 向日天安郡打破獄門 掠去軍布之盜 旣極驚駭 而近於瑞興烽臺 亦有軍器 偸出之賊 尤可寒心 各邑守令 本無所率軍卒 而盜賊之猶不能輕犯者 只畏 國家名分之嚴也 設有直犯之患 實無可禦之道 今以天安瑞興賊患觀之 其 侵逼官府 略無忌憚之狀如此 將來之慮 有不可言 各其官屬 毋論衙前通引 使令官奴 並爲作隊 … 此則限賊患寢息之間 行之無妨 各邑守令 間或有 試此法者乎 朝家分付 使之一体爲之 似好矣 上曰 各邑中 雖無分付 而有 爲之者耶 濡曰 官屬作隊 則西路各邑已有行之者云矣 上曰 依爲之.'

116) 『承政院日記』 456책, 숙종 36년 10월 4일, 24집 748쪽. '(入診時提調)閔 鎭厚所啓 判府事李 曾以各官官屬作隊之意 陳達分付 而此事初無節目 各 邑多不着實擧行 其中或有一二處行之者 頗有其效云 若令兵使營將巡歷時 捧成册試才論賞 下吏之非公私賤而才藝超衆者 或拔置將校 則不但渠輩興 勸 各邑亦不得私練 以此申飭何如 上曰 依此申飭可也.'

117) 『仁祖實錄』 권22, 인조 8년 1월 정해, 34집 360쪽. '兵曹啓曰 驛卒之苦 倍於他役 長立路上 一站只有二三人 或有無人處 保卒之在他官者 則被奪 於新軍籍 餘存者不勝其苦 投屬於都監御營 非特一二 此路一開 殘驛萬無 蘇息之理 大槩水軍驛卒 世傳其任 其苦難堪 據此可知 又令移屬於營將 操鍊技藝 非徒一身兩役 脫有緩急 驛卒自有驛役 哨軍自有軍役 勢難兼行

일부 驛卒의 作隊를 시행한 바가 있었는데, 병영에 소속되는 속오군과는 달리 監營에 속하여 조련의 부담을 완화하는 형식으로 운영되고 있었다. 이에 전국적으로 확대하도록 한 것이었다.118) 이와 함께 巡撫使를 파견할 때 官屬作隊도 함께 살피도록 조치한다.119)

巡撫使는 海賊의 침입이 우려되는 서해안 지방에 파견되었다. 關西·海西의 兩西와 湖西·湖南의 兩湖 지방에 파견된 것이다. 巡撫使는 연해 각읍의 海防과 관련한 각종 軍器·軍兵의 점검과 試才 등을 주 임무로 하고 있었다. 巡撫使를 파견하는 節目에 포함된 다음의 언급은, 외부로부터의 위협에 대응하여 수령 친병의 필요성이 증대되는 당시의 상황을 잘 드러내주고 있다. 驛卒이나 官屬들로 作隊하도록 한 것은 그와 같은 위기감의 표현이었던 것이다.

> 지방의 軍制는 지극히 허술하여 沿海의 邊將은 다만 약간의 土卒과 水軍이 있으나 守令의 경우 手下에 하나의 군졸도 없으니 만약 급박한 일이 있을 경우 실로 방어할 도리가 없다. 이는 오늘날 제1의 급무로서 서둘러 강구하지 않을 수 없다. 해당 道의 方伯과 閫帥 및 守令·邊將과 반복 논의하여 아뢸 것.120)

兩役 宜依舊例 專屬驛役 上允之.'
118) 『承政院日記』 457책, 숙종 36년 11월 27일, 24집 811쪽. '受針入侍時 提調閔鎭厚所啓 洪萬朝爲慶尙監司時 以驛卒作隊伍事馳啓 而廟堂覆奏許施矣 聞爲朝匪久遞還 未盡措畫云 而此法甚好 他道亦宜一体爲之 巡撫使下去後詳察 各其道形勢啓聞擧行之意 分付何如 副提調洪萬朝曰 臣得罪嶺營時 各驛所屬修正都案 將報兵曹 而未及擧行矣 若果團束 則可爲精兵 而以輪城驛卒作隊事觀之 屬之兵營 每行習操 其弊多端 故入於作隊者 以兩處應役 有所難堪 驛役全不對答矣 今若專屬巡營 俾作親兵 常時間間試射 有事以備調用 則似無騷擾之弊矣 上曰 承旨所達然矣.'
119) 같은 사료. '(閔鎭厚)又所啓 臣曾以官屬作隊事 陳達申飭矣 聞外方不無擧行之效云 巡撫使下去後 或爲試謝放 或議成節目 則似尤着實 以此分付於各道巡撫使何如 上曰 所達好矣 依此分付可也.'
120) 『備邊司謄錄』 60책, 숙종 36년 11월 13일, 6집 43쪽. 「兩西兩湖巡撫使責擧應行節目」 '一. 外方軍制 極其疎虞 沿海邊將 只有若干土卒水軍 而守令則無手下一卒 脫有緩急 實無防禦之道 此爲今日之第一急務 不可不急速講究 與該道方伯閫帥及守令邊將 反覆論難以啓爲白齊.'

숙종 36년의 海防論議와 더불어 결정되었던 각읍의 官屬들을 조직화하는 문제는 계속 추진되지 못하다가, 숙종 43년에 淸이 蒙古의 침입을 받게 되면서 다시 논의가 재개된다. 물론 蒙古가 조선에 직접적 위협이 되지는 않았지만, 아직 소탕되지 않은 海賊들은 충분한 위협이 될 수 있었기 때문이었다.[121] 원래 숙종 36년에는 각읍의 吏胥·奴婢 등 官屬과 驛卒 등의 대오 편성 뿐 아니라, 沿海 각읍의 각 군문 保人들의 作隊까지 함께 논의되었다. 海防 論議의 과정에서 沿海邑 방어의 중요성이 강조된 때문이었다. 이 때 忠淸道 巡撫御史인 李晩成의 청에 의해 沿海뿐 아니라 내륙의 保人들도 대오를 편성토록 하되, 監兵使의 節制를 받지 않고 守令의 節制만 받도록 결정된 바가 있었다. 하지만 충청도와 황해도를 제외한 다른 지방의 경우에는 구체적인 절목을 만들어서 조정에 보고를 하지 않았고, 이후 흐지부지 되어버린 것이었다. 이에 따라 숙종 43년에 다시 吏奴 및 保人의 作隊가 결정된다.[122]

수령에게 吏奴隊 등의 親兵이 있었다면, 각도의 監·兵營에서는

---

121) 『肅宗實錄』 권59, 숙종 43년 4월 을유, 40집 643~644쪽. '謝恩使兼冬至使礪山君枋李大成書狀官權焿等歸 復命於水原 上引見 問淸國事情 枋曰 … 臣屢經使行 前則彼中人物甚盛 關門嚬咽矣 今則關外人家 多有撤毀處 關內人物頗稀疎 馬畜甚貴 或騎牝騾而行 盖以征討西㺚之故 如是凋弊云耳 焿曰西㺚卽蒙古部落云 … 大成曰 西賊姑非我國之憂 而海賊實有可慮者 購得內閣文書中 有朝鮮可憂等語 至於再三 或者欲以此爲驚動我國之計 而申飭海防 似不可已 如所江僉使之類 恐宜擇差矣.'

122) 『承政院日記』 504책, 숙종 43년 9월 7일, 27집 245쪽. '(藥房提調閔鎭厚) 又所啓 庚寅年以各邑吏奴各驛馬夫走卒外 並爲作隊 沿海各邑所在 各軍門保人團束作隊等事 或以外方狀聞 或以臣之所陳 詢於諸道 則其時忠淸道巡撫御史李晩成狀啓中 皆以爲好 仍請保人作隊事 陸邑亦爲擧行 而勿令監兵使干涉 只令守令節制 以耗穀給賞事 與監兵使 議定節目 頒布各邑各驛云 故廟堂覆啓 以試射放賞格等事 監兵使相議 作爲節目 啓聞頒布 而每於試藝行賞後 報兩營 轉報備局之意 諸道一體分付 則趙道彬爲忠淸監司時 以論賞一節啓聞 黃海兵使亦啓聞 而其餘各道 則終無黑白 仍爲置之矣 似聞此法頒行之初 頗有其效 而無端中輟 外方有識之輩 亦或竊歎云 今宜更加申飭 使之考出文書 斯速啓聞 以爲着實擧行之地矣 上曰 此法最好 而中止不行 誠爲可惜 更爲申飭擧行可也.'

親兵으로서 牙兵의 설치를 확대한다. 牙兵의 설치는 이미 임진왜란 때부터 시작되어 17세기에 이미 광범위하게 설치된 바 있었다.

'牙兵'은 원래 법전에 근거한 것이 아니라, 임진왜란을 치르면서 관행화한 兵種이었다.[123] 실제로 왜란이 발생한 직후인 선조 25년 5월에 守令과[124] 兵使가[125] 牙兵을 소유하고 있음이 확인되며 이후 監營에도 설치되기 시작해[126] 인조대에는 이미 그 폐단이 지적되고 있었다. 정예한 군사가 수령의 牙兵이 되면서 私兵化하는 것이 문제되고 있는 것이다.[127] 이렇듯 牙兵은 처음부터 지방 장관의 친병적인 성격으로 시작한 것으로[128] 후에는 수어청·총융청 등의 屯牙兵 등의 명색으로도 나타나게 된다.[129]

柳馨遠은 원칙적으로 각 아문의 牙兵을 모두 폐지할 것을 주장하였다. 혹시 監司가 牙兵을 둘 경우에는 1백 혹은 2~3백명으로 한정하고, 監營 소재지 고을의 속오군을 떼어서 속오군과 같이 훈련시키는 것이 바람직하지 지금과 같이 收布에만 집착하면 문제라는 것이었다. 그러나 監司는 節度使를 겸하고 있으므로 별도 명목의 私兵이 필요가 없다는 것이 柳馨遠의 원칙적인 입장이었다. 유사시에 兵使가 군사를 이끌고 출전하면, 監司가 본도를 지키도록 되어 있으니 혹 군대가 필요하다면 監營 소재지의 고을 군대를 나누어 거느리면

---

123) 『仁祖實錄』 권31, 인조 13년 11월 병진, 34집 614쪽. '備局 … 又啓曰 三南監兵營牙兵別隊之號 元非法典所載 出於亂後新創之規 而今當朝夕待變之日 監兵使手下親兵 不可盡減 令本營定數啓聞 額數之外 良民則破定軍保 公私賤則 編入束伍爲當 上皆從之.'

124) 『宣祖實錄』 권26, 선조 25년 5월 병술, 21집 495쪽.

125) 鄭琢, 『藥圃集』 권4, 「梁大樸倡義事蹟」(『총간』 39집, 485~486쪽.)

126) 『宣祖實錄』 권216, 선조 40년 9월 계사, 25집 361쪽.

127) 崔晛, 『訒齋集』 권4, 「丁卯胡變後疏」(『총간』 67집, 229쪽.) '今之守令 … 及其調兵之日 自擇精卒 號曰牙兵 以爲衛妻子避亂之計.'

128) '牙兵'에서의 '牙'는 天子나 大將軍의 旗를 뜻한다. 대장이 세우는 깃대 위에 상아로 장식하였기 때문에 대장기를 '牙'로 부른 것이다. 諸橋轍次, 1971, 『大漢和辭典』 수정판 권7, 605~606쪽.

129) 鄭演植, 1985, 「17·18세기 良役均一化政策의 推移」 『韓國史論』 13, 130~131쪽.

문제가 없다는 것이었다. 그러므로 監營 및 각 고을의 牙兵을 폐지
해야 한다는 것이었다.130)

현종 4년(1663) 金萬基는 유사시에 대비하여 조련하는 일은 필요
하다하여 牙兵의 필요성에 대해서는 인정을 하지만, 收布함으로써
監營의 재정적인 목적으로 이용되는 문제를 경계하고 있다. 또한 牙
兵은 公賤이나 正兵 등 身役이 있는 자들의 兼役으로 충정이 되고
있었다. 그에 따라 金萬基는 수포를 면제하고, 속오군과 같이 조련할
것을 청하고 있다.131) 이렇듯 牙兵은 다른 양역 명색과는 달리 兼役
이라는 점에서 속오군과 유사한 존재였다. 하지만 조련 대신에 수포
한다는 점에 있어서는 속오군과 다른 존재였다. 또한 경우에 따라서
는 兼役이 아닌 本役으로서, 牙兵의 役만을 담당하기도 하는 등 그
역의 부담 형태가 일정하지 않았다. 조정에서는 牙兵을 속오군과 같
이 兼役 명색의 조련군으로 두려고 했으며, 따라서 그 대상은 속오
군과 중첩될 수 밖에 없었다.

그런데 18세기에 들어와 牙兵의 설치는 새로운 단계를 맞게 된다.
그 배경은 크게 두 방향에서 살펴 볼 수 있다.

하나는 물론 속오군제의 운영이 제대로 시행되지 않는 현실에 있

---

130) 柳馨遠(1622~1673), 『磻溪隨錄』 권21, 「兵制」 '一. 各衙門牙兵 悉罷之.
今各衙門 皆有牙兵 盡罷之 ○若監司宜有牙兵則當量定其數 或百人或二
三百人 以附營邑束伍軍 割爲牙兵 一如束伍鍊習以待之 不可如今散處列
邑 只事收布也 然監司實總兼節度 不必有別色私兵 若謂臨警 節度使領兵
赴戰 監司居守本道 亦不可無兵則在其時 量分營邑兵 自領待變 亦無不可
若干牙兵 本無益於事而名色多端 實軍政之大害也 監營牙兵 亦可罷無疑
矣 至於列邑則尤無可論也 大槩牙兵 本舊制所無而近來添設者也.'

131) 金萬基(1633~1687), 『瑞石集』 권8, 「憲府因災異陳戒箚」 (『총간』 144집,
475쪽.) '監營牙兵之設 推原其本意 乃是監司之親兵以備緩急之用者也 別
爲一隊操鍊以須 亦其可也 而今乃徵其軍布 以爲監營之私用 無論其公賤
正兵之已有身役者 並加督捧 一身疊役 不恤怨咨 監營非如郡邑之責應多
門 別會之貯 亦足以需用 而爲此無名之橫斂 終使歸怨於國家 是豈不可已
者哉 竊聞湖南道臣爲念其弊 使之兩人倂定 此亦爲彼善於此 而未若依束
伍之例 時時鍊閱而並除其收布之爲得也 爲道臣者若以是而爲不可 則此不
顧民生之弊 而只爲私用之地也.'

었다. 전면전에 대비한 전국적인 속오군의 유지가 부담스러워진 상황에서, 각 고을에서는 수령들이 지휘할 수 있는 吏奴隊 등을 설치함으로써 유사시에 대비하려 했다. 한편 監司나 兵使 등은 평소에나 유사시에나 속오군을 지휘하도록 되어 있었지만, 역시 속오군이 해이해진 상태에서는 親兵의 존재가 필요했다.

다른 하나의 배경은 당시 양역변통논의와 관련한 것이었다. 牙兵은 원래 규정되어 있지 않은 명색이었다. 조정에서는 이른바 '私募屬'으로서 조정의 파악에서 벗어나 있던 각종 명색을 양성화시킴으로써 조정의 통제아래로 두는 정책을 펴고 있었다.132) 그러한 정책의 연장선에서 조정에서는 각도의 牙兵을 공식적으로 인정하는 입장을 취했던 것이다. 속오군 유지의 어려움이나 대외적 위기감의 고조로 인한 군사적 필요성 등은 그 양성화를 뒷받침해주는 근거가 될 수 있었다. 그 결과 각도 牙兵의 군액이 공인되고 조련이 제도화된다. 하지만 군사적 필요 못지 않게 재정적인 목적이 중요했던 지방의 각 營門으로서는, 牙兵의 운용을 규정대로 시행하지 않는다. 그 결과 牙兵 역시 재정 목적의 納布軍 명색이 되었던 것이다.

숙종대 후반에 들어서는 각도의 監營에 牙兵을 정식으로 설치하는데, 대부분이 束伍軍을 牙兵으로 만드는 형식이었다. 숙종 29년(1703) 忠淸監司 金演은 다른 道와는 달리 忠淸道에 監司 親兵이 없는 문제를 아뢰며, 충청도의 2만 3천여 속오군중 公州의 4천여명을 監營에 나누어줄 것을 청하고 있다.133) 병조는 인원만 3천명으로 줄

---

132) 金友哲, 1991, 「均役法 施行 前後의 私募屬 研究」 『忠北史學』 4, 98∼102쪽.

133) 『承政院日記』 409책, 숙종 29년 1월 12일, 21집 947쪽. '忠淸監司留待入侍時 金演 … 又所啓 臣未及赴任 姑未知本道事務之如何 而監營陰雨之備 最爲疎濶 諸道則皆有牙兵累萬名 或近萬名 少不下累千名 常時鍊習 以爲緩急之需矣 卽今災異如此 不虞之備 不可不慮 雖曰 兵使以戰將領率束伍 監司則節制兵使 只傳朝令云 而旣無所領軍卒 或有事變 則猶不能自衛其身 何以措其手足乎 … 本道束伍五營摠數二萬三千餘名 其中公州營束伍四千餘名 移屬監營 而二萬名亦無不足之患 以此變通 似爲便好 敢此仰達 上曰 令該曹稟處.'

이는 선에서 이 건의를 수용하였다.[134] 이 조치는 監營의 牙兵이 정
식으로 필요성을 인정을 받았다는 점에서도 의미가 있는 것이었지
만, 종래의 束伍軍-營將體制가 심각히 도전받고 있다는 점에서도
주목할 만한 것이었다. 公州營의 병력 전체를 牙兵으로 전환할 것이
시도되었다는 사실은, 전면전에 대비한 束伍軍-營將體制의 존속 필
요성에 의문이 제기된 것이기 때문이었다. 監營 牙兵에는 右營인 公
州營 뿐만 아니라, 中營인 淸州營의 상당수 軍兵도 移屬되었다.[135]

숙종 34년을 전후해서는 수어청 속오군의 이속 등을 통해 江原道
에도 監營의 牙兵이 설치된다.[136] 이렇듯 各道에 牙兵이 설치되자
양역변통논의의 과정에서 변통의 필요성이 제기되었다. 특히 재정적
목적에 의해서 이미 설치되어 있던 여러 지방의 아병이 문제가 되었
다. 숙종 39년에 判府事 金昌集은 海西 監營의 牙兵이 歇役으로, 良
丁 투입의 소굴이 되고 있음을 지적하였다.[137] 海西 지방에는 監營
이외에 兵營에도 牙兵과 隨營牌라는 명색의 병종이 있었는데, 그 가
운데 牙兵은 納布軍으로 운영되고 있었고, 隨營牌는 그 수가 너무

134)『肅宗實錄』권38, 숙종 29년 3월 신미, 40집 11쪽. '至是兵曹覆啓 請以五
營中三千兵 移屬監營 作方伯手下兵 從之.'
135)『備邊司謄錄』53책, 숙종 29년 8월 1일, 5집 188쪽. '此卽忠淸兵使李澤狀
啓也 盖以監司金演引見時 陳達設置牙兵於營 而右營公州 中營將淸州所屬
木川天安稷山全義等邑軍內 各衙門軍官 除實軍 合二千名旣已劃送巡營.'
136)『承政院日記』440책, 숙종 34년 2월 26일, 23집 773쪽. '(江原監司)宋廷
奎又啓曰 本道軍政 尤極疎虞 監營素無手下軍兵 緩急無以得力 近來設置
牙兵 又以守禦廳軍兵之在道內者 劃給本營 合而計之 幾至三千.'
137) 金昌集(1648~1722),『夢窩集』권6,「陳西路民瘼箚」(『총간』158집, 12
7~128쪽) '至於海西 則土地之編小 非如諸道之比 而營中所屬各色名目
則不翅夥然矣 取諸彼而潤一營者 反有加於諸路 而最是牙兵 並其戶保 遍
於列邑者殆無慮累千 而以其役歇之故 便爲良民投入之藪 … 只就兵營 …
所謂隨營牌 其數址濫 則亦可以汰定 而本營牙兵 雖以兵爲名 曾無團束之
事 只收其身布而已 … 夫諸邑牙兵之創設 盖爲方伯緩急之用 而營門只以
多多益善 … 臣意則 各道牙兵 雖不可盡罷 宜自朝家酌定其額數 亦須以
公私賤充補 俾不至濫侵良丁 … 至於關東 則道內束伍 司旣與防禦使 分
而領之 此亦便是親兵 雖不別設牙兵 可也 而竊聞原州所在牙兵 厥數甚多
以此本州簽丁之難 比他尤甚 亦不可不革罷.'

많았다. 이에 따라 金昌集은 牙兵의 액수를 정하고, 앞으로는 公私賤
人으로만 궐액을 충정함으로써 良丁의 지나친 침탈을 방지하자고
주장하였다. 또한 근래에 설치된 강원도의 牙兵도 불필요함을 지적
하면서 혁파할 것을 청하였다. 강원도의 경우에는 監司와 防禦使가
도내의 속오를 나누어 통솔하니, 이들이 곧 親兵으로 별도로 牙兵을
설치할 필요가 없다는 것이었다. 강원도에는 이외에도 原州에도 邑
의 牙兵이 별도로 존재하였다. 金昌集의 이 건의는 조정의 논의를
거쳐 대부분이 수용되었다. 즉 牙兵의 액수를 정하도록 하고, 궐액은
公私賤으로만 충정해 良丁이 침책되는 일이 없도록 결정하여 각도
에 파견되는 御史들에게 숙지시키고 있었다.[138] 이후 黃海 兵營의
隨營牌도 保人 2명 가운데 1명을 賤人으로 대체하도록 하여, 良丁의
지나친 투속을 방지하고 있다.[139]

　肅宗代 이후 조선후기의 지방군에 나타난 또다른 변화는 각종 騎
兵의 확충이었다. 그 가운데 대표적인 것이 親騎衛였다.[140] 숙종 초
반, 중국에서 일어난 三藩의 난 등으로 인하여 위기상황이 고조되는
가운데 騎馬兵의 부족상황을 타개할 필요성이 제기되었다. 이에 따
라 숙종 10년, 함경도에 騎兵部隊를 설치하여 北兵使와 南兵使, 咸鏡
監司에게 각각 속하게 하였으니 이것이 親騎衛이다. 대체적으로 20
세 이상 40세 이하인 鄕族과 將校의 子弟가 대상으로, 親騎衛에게는
매해 4회씩 試才를 실시하여 성적이 우수한 자는 등용하였다.

　숙종 36년의 '海防' 논의는 騎兵의 확산에 계기가 되었다. 정예 마

---

138) 『備邊司謄錄』66책, 숙종 39년 10월 10일, 6집 610쪽. '一. 癸巳閏五月行
判府事金箚子中 各道牙兵 雖不可盡罷 宜自朝家酌定其額數 亦須以公私
賤充補 俾不至濫侵良丁 而如有違越定式 一向冒濫者 隨現責罰 而前頭御
史之行 方伯閫帥之尤甚方命者 亦皆廉問以來 則庶有警惕之道 各邑亦有
容手之地事 據司啓.'

139) 『承政院日記』526책, 경종 즉위년 9월 25일, 28집 526쪽. '(右議政李)健
命曰 黃海兵營隨營牌 是兵使親兵也 … 而以其身役稍歇之故 各邑謀避軍
役之輩 多數投入於隨營牌 … 各邑保人 則良保一人 代以公私賤二名定給
之後 以原保良丁 移充軍役之意 分付本道 何如 … 上曰 依爲之.'

140) 姜信曄, 1994, 「朝鮮後期 親騎衛」『慶州史學』13.

병의 설립을 앞장서 제기한 인물은 奉朝賀 南九萬이었다. 그는 咸鏡
道의 親騎衛가 처음 선발했을 때와는 달리 퇴락해졌음을 지적하며,
다시 정예화할 것을 청하였다. 이와 함께 平安道에도 親騎衛와 유사
한 兵種을 양성할 것과, 黃海道에 이미 존재하고 있는 御營廳의 馬
兵과 禁衛營의 別驍衛를 강화할 것을 청하였다.[141] 이와 같은 주장
에는 기존의 속오군으로는 海賊을 방어하기에 적당하지 않다는 인
식이 바탕이 되고 있었다. 騎兵의 경우에는 束伍와는 달리 기동력이
있어서 海賊의 방어에 적당하다는 입장이었다.[142]

이 해의 결정은 곧 실행에 옮겨졌던 것으로 보인다. 숙종 44년에
는 황해도에도 別武士가 생겨나 監·兵營에 각 3백명, 水營에 2백명
을 편성하도록 하는데,[143] 이는 관서 지방에 이미 편성되어 있었던
別武士를 모델로 한 것이었다.[144] 관서의 馬兵은 원래는 관복과 같
이 親騎衛라는 이름으로 편성토록 하였던 것인데, 이름이 천하다는
이유로 소속되기를 원하는 자가 없자 別武士로 개칭하였였다. 이후
영조 3년에 親騎衛라는 이름이 천하지 않다는 사실을 알고 도로 親

---

141) 『備邊司謄錄』 60책, 숙종 36년 11월 9일, 6집 35~37쪽. '奉朝賀南(九萬)
    以爲 … 而號其軍曰親騎衛矣 聞當初則所選頗精銳可用 卽今則頹廢疲殘
    大不及初選時云矣 然其規制貌樣 亦必猶有存者 更命本道監司兵使 汰其
    老殘 更募健壯 充其舊額 以爲隨時徵用之地 則必有其效 平安監兵使處
    亦命依親騎衛節目 抄選練養 亦必爲應卒之用 至於黃海道 則已有御營廳
    之馬兵 禁衛營之別驍衛 而其曾前選擇與練習 未知果可用於危難與否 更
    令本軍門及黃海監兵營通議 急時講定 或因舊選 或加新擇 而亦令監兵使
    分將於本道 而合用於受敵之處 其爲得力 必勝於卽今海邊舟師及陸地束伍
    之生疎屠弊易致奔潰者矣.'
142) 徐宗泰(1652~1719), 『晚靜堂集』 권9, 「備局因北咨論措處事宜啓辭」(『총
    간』 163집, 184쪽.) '竊念海寇若或有來犯之事 則乘風一踔 涉海如陸 以沿
    海邑鎭若干戰船 單寡束伍 豈能有抵當遮遏之望 不幸登岸 則預有馬軍而
    後 以其馳驟之長 可以衝擊而制之 其勢然矣.'
143) 『備邊司謄錄』 71책, 숙종 44년 12월 7일, 7집 92~93쪽. 「黃海道別武士
    節目」
144) 『肅宗實錄』 권62, 숙종 44년 10월 신미, 41집 42쪽. '備局言 海西最多武
    而沿海亦多可虞之端 請依關西別武士例 監兵營各選三百名 防營選二百名
    以兩班不事儒業中庶閒遊者 擇其武才 充數試才施賞事 一依關西節目擧行.'

騎衛라는 이름으로 환원을 청하지만, 허락되지 않았다.[145] 18세기 전반에는 이외에도 각처에 각종 명색의 馬兵이 있었다. 영조 3년에 동래의 別騎衛의 경우에는 點考 때에 말이 없어 驛馬를 빌어 代點하는 폐단이 지적되고 있었는데,[146] 역시 관북의 親騎衛의 예와 같이 설치된 것이었다.

良役變通論議의 전개와 함께, 肅宗代 후반에는 地方軍制에 대한 변통논의도 활발하게 전개되었다. 그러나 그 대안으로 제시되는 五衛나 鎭管體制로의 복구 주장은 군제 전반의 大變通과 연관되는 것이어서 쉽게 이루어질 수 없었다. 이에 따라 大變通論과는 별도로 束伍軍의 유지를 전제로 하는 논의도 계속되었다. 肅宗 34년 束伍軍에 대한 給保의 재개 결정은 이러한 논의의 결과였다. '官門聚點'과 같이 조련의 실효를 유지시키려는 논의도 이와 맥락을 같이 하는 것이었다.

한편 束伍軍의 운영이 제대로 이루어지지 못하면서, 조정에서는 다른 대안을 모색하고 있었다. 이에 따라 官屬들을 作隊하거나 牙兵을 설치하는 것과 같이 地方官의 親兵을 신설하거나, 각종 특수 병종으로서의 騎兵이 설치하기 시작하였다. 이에 따라 束伍軍은 地方軍에 있어서도 상대적인 위치로 전락하였다. 이러한 상황에서 발생한 戊申亂은 束伍軍을 포함한 지방군의 재정비를 요구하는 것이었다.

---

145) 『備邊司謄錄』 81책, 영조 3년 5월 27일, 8집 82쪽.
146) 『備邊司謄錄』 82책, 영조 3년 11월 29일, 8집 204~205쪽. '藥房入診入侍時 都提調所啓 頃見慶尙右兵使金錫保啓本 則東萊別騎衛點考時 別騎衛無馬 借得驛馬代點 … 大抵別騎衛 卽北道親騎衛之類 乃是別擇待變之武士 軍裝馬匹 所當別爲整飭.'

II. 英祖代 地方軍制의 再編

1. 束伍節目의 제정과 地方軍制의 再編

肅宗代의 良役變通論議는 특별한 결론을 내리지 못하고 英祖代로 이어졌다. 따라서 英祖代에도 良役의 문제는 여전히 가장 큰 현안이 었다. 이에 따라 束伍軍 등 地方軍制의 변통 논의는 우선 순위에서 밀릴 수 밖에 없었다. 英祖 1년 檢討官 權樀이 束伍軍에게 奉足이 없음을 지적하면서 변통을 청하자, 英祖는 양역의 폐단을 해결하는 것이 더욱 시급하다하여 큰 의미를 두지 않고 있다.[147] 덧붙여 給保한다 해도 조련하지 않으면 소용이 없으니 조련이나 충실히 할 것을 監·兵·水使에게 각별히 이르고 있다.

이렇듯 부차적으로 취급되었던 束伍軍 문제는 英祖 4년(1728) 戊申亂을 겪으면서 다시 중요하게 부각된다. 戊申亂의 진압에는 營將 지휘하의 속오군은 물론이고, 중앙군까지 동원되었다.[148] 하지만 속오군의 조직은 반란군으로 동원되기도 했다. 槐山의 土豪 金德三이 束伍軍을 이끌고 嶺南 봉기군을 맞으려 했던 것이나,[149] 陜川과 三

---

147) 『承政院日記』 606책, 영조 1년 12월 13일, 33집 153쪽. '(檢討官)權樀曰 … 我國軍兵 甚多疎虞 外方束伍 尤無可用 常時資裝等物 奉行艱辛 他軍 則皆有三奉足 而束伍則無之 甚爲可矜 宜有變通之道矣 … 上曰 其言好 矣 良役之弊 爲今日第一件事 其餘弊端 皆節目間事矣 … 束伍軍雖給保 人 常時旣不操鍊 則臨亂將安用之 … 出於擧條使諸道監司兵水使 各別惕 念 擧行可也.'

148) 徐台源, 1999, 「중세사회의 해체와 영장제」『朝鮮後期 地方軍制研究』, 혜안, 210쪽.

149) 정석종, 1994, 「영조 무신란의 진행과 그 성격」『조선후기의 정치와 사

嘉의 座首가 束伍軍을 반란군에 포함시켰던 사례 등이 그것이다.[150)
이렇게 束伍軍이 반란군으로도 진압군으로도 동원되는 모순된 상황
은 束伍軍의 재편 필요성을 부각시켰다.

英祖 5년에 領議政 洪致中은 유사시에 동원할 수 있는 유일한 군
대로서 속오군의 중요성을 강조하며, 戊申亂을 예로 들면서 변통의
필요성을 강조하였다.

> 우리나라에 단속하여 전쟁에 나아갈 수 있는 군사는 단지 속오군 뿐입니
> 다. 그런데 지방에서는 오로지 收布에만 힘을 쓰고 속오에는 소홀합니다. 장
> 교는 활쏘기를 익히지 않고, 군졸은 총쏘는 방법을 모르니 유사시에 어떻게
> 이들을 이용하겠습니까? 지난해 반역의 변란은 다행히 하늘이 도와 무찔러
> 없앴습니다만, 만약 예기치않은 일이 생긴다면 어떻게 적을 막아낼 수 있겠
> 습니까?[151)

이에 따라 吏曹判書 趙文明이 병조판서로 재임중에 마련했던 속
오군의 변통에 관한 절목을 올리도록 결정되었다.[152) 영조 6년
(1730)의 '束伍節目'은 이러한 배경 속에서 나오게 되었다.

束伍節目은 총 23조로 구성이 되어 있는데, 크게 속오변통의 필요
성과 편성의 원칙(제1조~제3조), 代定의 대상 및 방법(제4조~제12
조), 조련(제13조), 給保(제16조) 등에 관한 내용으로 구성되어 있
다. 束伍軍 변통의 필요성을 이야기하면서는 특히 '附近作隊'의 원칙
을 강조하고 있다. 성립 당시 속오군의 편성 원칙이었던 가까운 곳

상』, 한길사, 162쪽.

150) 徐台源, 앞의 논문, 212~213쪽.

151) 『承政院日記』698책, 영조 5년 12월 10일, 38집 579쪽. '(領議政洪)致中
曰 … 我國團束赴戰之卒 只是束伍軍 而外方 專致力於收布 而忽於束伍
將校不習操弓 軍卒不知放砲 緩急之際將焉用之 前年逆變 幸賴天佑 雖卽
剿滅 如有不虞之警 何以禦敵.'

152) 같은 사료. '吏曹判書趙文明曰 … 向來臣待罪本兵時 有一守令 以此論報
廟堂 故臣適當回啓 備陳束伍虛疎之弊 以自廟堂 定節目頒示八路 申飭擧
行之意 覆啓蒙允 臣果草出節目 而適於其時 又遞其任 故未及頒示 此是
已爲蒙允之事 而大臣之言 又如此 敢此悉陳委折矣 上曰 依爲之.'

으로부터의 隊伍 편성이 실제로는 지켜지고 있지 않았기 때문이었다. 가까운 이웃끼리의 편성은, 유사시 동원에 필수적인 요소라는 점에서 강조되지 않을 수 없었다.[153] 이 원칙에 따라 편성하되, 새로 충정하지는 않고 기존의 군졸을 사는 곳에 따라 相換하는 방식을 택하여 혼란을 방지하려 했다.[154]

束伍節目에서 가장 많은 비중을 할애하고 있는 부분은, 頉이 생긴 속오군의 代定문제였다. 代定은 해당 里에서 대정하는 里代定이 원칙이었다. 다만 里代定이 불가능할 경우에는 이웃 里에서 代定하도록 하고 있었다.[155] 代定은 物故의 경우에는 3일 이내, 逃亡의 경우에는 10일 이내에 하도록 하고, 老除나 兒弱·病疾 등으로 인한 頉의 경우에는 즉시 代定토록 하고 있다.[156] 또한 代定이 있었다는 사실을 상부에 보고할 경우에도, 매년 연말에 모아 하면 謀避의 우려가 있다 하여, 매월 말에 代定者 및 頉의 인적사항을 명백히 밝혀 보고토록 하고 있다.[157] 또한 대상이 되는 속오군의 신분은 良人·私賤을 막론하고 충정하되, 納布軍만큼 충정이 힘들지 않으니 건장한 자를 代定토록 규정하고 있다.[158] 여기에서 公賤은 아예 대상에

---

153) 『備邊司謄錄』88책, 영조 6년 9월 25일, 8집 892~896쪽.「束伍節目」‘一, 朝家之置束伍 意非偶然 自是待變之卒 故隣里團結 魚鱗作隊 明有事目 而近來國綱解弛 各邑守令 不遵舊制 此村有頉 彼村代定 哨旗隊五 各自 散處 不相統領 脫有緩急 其何能及時調發 首尾相救也 軍制之錯誤 莫大 於此 不可不及令變通厘正是白去等以 附近作隊節目 廟堂相議 各項條件 開坐于後爲白去乎 相考擧行爲白齊.'

154) 같은 사료. ‘一, 附近作隊 不必以新充定而爲之 以其時存軍卒 區別其所居 遠近 相換完聚爲白乎矣.'

155) 같은 사료. ‘一, 如是制定之後 其中有物故者 … 仍於其里中搜得可代者 檢狀之末 捧疤率來看審後 卽爲塡充 … 一. 本里若無可合代定者 則就其 傍近隣里 搜得塡充爲白乎矣.'

156) 같은 사료. ‘一, 逃故之代 故則三日 逃則十日內塡充 … 老除兒弱病廢零 殘等雜頉段置 … 卽令代定.'

157) 같은 사료. ‘一, 逃故代定之類 必欲待歲末 合數磨勘於各營 則其間奸僞易 生 且情債收斂 亦有弊端 必使朔末公事時 某故代定某 某逃末代定某 其居 住面里年疤 每朔馳報.'

서 제외되고 있다. 17세기 후반이 되면 公賤들이 대부분 속오군의
충정 대상에서 제외되고 있음을 살펴본 바가 있었는데, 18세기 전반
이 되니 이제 법제적으로 확인되고 있는 것이다. 그 밖에도 도망자
및 신고자·자수자·발각자의 처리, 궐액 충정에 소홀한 里任이나
民을 奴僕으로 속여 容接한 토호에 대한 처벌 규정 등을 담고 있다.
'束伍節目'에서는 또한 束伍軍에 대한 保人의 지급 및 烟役의 면
제를 제도화하고 있음이 주목된다.

> 束伍軍에게 각각 1保석을 지급하고 烟戶雜役을 견감하는 것은 이미 옛 제
> 도에 있는 것이다. 옛 제도에 의해 시행하되, 元軍이 거주하는 마을에서 내지
> 않도록하여 安緝하는 바탕으로 삼도록 한다.159)

束伍 給保에 대한 이 조항은 숙종대 후반에 실시하려던 給保策을
明文化한 것이라고 생각된다. 즉 내용에 나타나는 '옛 제도[舊制]'는
숙종대의 그것을 지칭한 듯하다. 給保의 운영에 대하여 구체적으로
언급하고 있지 않아 자세한 내용을 알 수는 없지만, 표현된 것만으
로도 孝宗代에 시행되었던 嶺南에서의 給保策과는 상당히 다름을
알 수 있다. 孝宗代에는 주로 가족이나 이웃으로써 충정케 하고 있
었는데 반하여 이 절목에서는 같은 마을에서는 保人을 내지 않는 것
을 원칙으로 하고 있다. 또 孝宗代에는 元軍이 自望하는 형식이었던
데 반하여, 이 절목에서는 肅宗代와 같이 官에서 직접 충정하는 형
식을 띠었던 것으로 보인다. 이렇게 두 節目이 내용을 달리하는 이
유는 아마도 給保의 의도가 서로 달랐던 데에서 비롯된 것이 아닌가
한다. 즉 孝宗代에는 保人의 지급이라는 명분을 통해서 군액을 확보
하려는 의도가 있었기 때문에, '自望'을 통하여 충정을 용이하게 하
려 했고 따라서 가족이나 이웃 등이 그 대상이 되었다. 반면에 英祖

---

158) 같은 사료. '一, 束伍軍 毋論良人私賤 幷皆充定 自有事目 則其爲括定 有
   異於納布之軍 不甚難得是白去乎 以其壯健者代定.'
159) 같은 사료. '一, 束伍軍 各給一保 烟戶雜役蠲減 自有舊制 依舊制施行 而
   亦使之不出於元軍所居之里中 以爲安緝之地爲白齊.'

代에는 束伍軍에 대한 保人의 지급이라는 원칙에 충실하여 官에서 직접 정해주되, 保人에 대한 元軍의 지나친 침책을 우려하여 서로 다른 마을의 사람으로 정해주게 한 것이다. 아울러 束伍軍에 대한 烟役의 면제도 함께 시행함으로써, 束伍軍에 대한 도움이 될 수 있도록 했다.

이상에서 살펴본 바와 같이 英祖 6년의 束伍節目은 해이해져가는 지방군제를 재정비하는 목적에서 반포되었다. 그런데 절목에서 담고 있는 조항들이 지나치게 원칙적이고 당위적으로, 비현실적인 부분이 많이 나타나고 있다. 특히 代定에 관한 각종 조항은 현실과 동떨어진 부분을 많이 담고 있었다. 궁극적으로 속오군의 문제는 '兼役'의 문제를 어떻게 해결하는가에 달린 것이었다. 그러나 束伍節目에서는 '兼役' 부분에 대한 대책이 전혀 나타나지 않고 있다. 물론 保人의 지급을 통해 속오 元軍의 부담을 줄이려고는 했다. 그러나 束伍 元軍의 수를 줄이지 않는 상태에서 保人을 지급한다는 것은 전체적으로 속오군액의 증대를 의미했다. 本役인 良役의 문제도 해결되지 않고 있어서 어려움을 겪고 있는 상황에서 새로 束伍軍의 保人을 충정한다는 것은 현실적으로 가능하지 않았다. 따라서 속오절목이 규정대로 운영되기는 힘든 상황이었고 속오군은 파행적으로 운영될 수밖에 없었다. 규정보다 조련의 시행을 적게 함으로써 속오군의 부담을 경감하던가, 실제 충정해야 할 대상보다 훨씬 질이 떨어지는 대상을 충정하여 비현실적인 규정에 액수를 맞추는 수 밖에 없었다.

戊申亂을 전후해서는 束伍軍 이외에 다른 地方軍 병종을 설치하는 문제도 재론되었다. 즉 肅宗代에 제기되었던 吏奴 등의 官屬을 조직화하는 문제였다. 이미 肅宗 43년에 吏奴 및 保人 들을 作隊하도록 결정한 바 있었지만,[160] 이 역시 지속적으로 시행되지 못하였다. 위기가 닥칠때에는 그 방안으로서 거론이 되다가, 위협 요소가 사라지면 다시 없었던 일이 되어버리는 일이 반복되었던 것이다. 英祖 2년

---

160) 이 책 제3장 Ⅰ절 3. 肅宗代 後半 束伍軍의 變通 論議 참조.

에도 持平 申魯가,161) 영조 3년에는 弼善 林光弼이162) 각각 吏奴의 作隊를 청하나 받아들여지지는 않았다.

영조대에 吏奴作隊가 다시 거론되는 것도 역시 戊申亂이 계기가 되었다. 영조 4년 4월, 난의 진압을 위해 파견된 嶺南 按撫使 朴師洙 의 건의에 따라 조정에서는 기존의 법령대로 吏奴作隊를 시행할 것 을 결정한다.163) 또 5월에는 淸州牧使 趙彦臣이 各色 保人들을 作隊 할 것을 건의하였다.164)

吏奴로 편성된 부대는 대부분이 邑治의 근처에 거주하기 때문에 평일에 단속해 유사시에 대비하기가 용이하였다. 左副承旨 金溰은 자신이 평안도에서 吏奴隊를 운영했던 경험을 이야기하며, 오히려 속오군보다 낫다고 평가하였다. 이에 따라 吏奴隊의 軍器 마련 등을 위한 대책을 청하기도 하였다. 이에 따라 平安兵使 朴纘新은 평안도 의 경우 병영 소속 吏奴는 스스로 마련케 하되, 각 고을에는 모곡등 을 획급하여 軍器를 마련케 하자는 방안을 제시하기도 하였다.165)

---

161) 『英祖實錄』 권10, 영조 2년 12월 정묘, 41집 612쪽. '持平申魯上疏 … 又
請鑄錢平糶 以蘇農民 各邑吏奴 皆令作隊 具戎服 春秋試才 以爲緩急之用.'

162) 『承政院日記』 649책, 영조 3년 11월 13일, 35집 565~568쪽. '弼善林光弼
疏曰 … 各邑吏奴作隊 實是良法 而乍行旋罷 臣實惜之 各邑守宰 或當變
亂 雖欲爲國捍難 旣無手下一兵 其勢未有 今若團束而鍊習 一如束伍之制
則臨急可無渙散之弊 而其有益於捍衛也不少矣 唐之土團卽此也 宜令備局
行關諸道 使之着實舉行好矣.'

163) 『承政院日記』 659책, 영조 4년 4월 1일, 36집 157쪽. '柳綎以備邊司言啓
曰 嶺南安撫使(朴師洙)狀啓內 凡干事情 續續下諭事 … 吏奴作隊事 朝
令更下 則事涉騷擾 當初令甲尙存 依此便宜舉行宜當 … 以此分付何如
… 傳曰 允.'

164) 『英祖實錄』 권18, 영조 4년 5월 경신, 42집 57쪽. '淸州牧使趙彦臣上疏
… 且言淸州一邑 實爲嶺湖間要衝之地 其所設備之道 不可視同他邑 此所
以設置兵使營將者 而脫有兵事 則兵使營將 領軍赴戰 牧使則元無手下親
兵 獨坐空城 雖使智勇具備者當之 其不能獨自防守者 明矣 臣取考一邑軍
籍 則並計元軍及保人 合爲九千餘名 而元軍則俱是赴戰之軍 不可分屬於
牧使 而保人則不過納米布之類 當亂則便爲游民 各色保人 其數殆過四千
今若團束此輩 作爲隊伍 則儼成一大軍矣 平時納布 臨亂守城 則於民不爲
疊役 緩急可以得力 此誠今日之所當急先變通者.'

吏奴의 편성이 어느 정도 자리를 잡아가면서, 이제 保人의 作隊 문제가 다시 논의된다. 副護軍 李汝迪은 納布·納米하는 保人으로 作隊하여 유사시 대비케하면, 守令은 親兵이 생기고 保人은 주관처가 있게 되므로 서로 효과적이라고 주장하였다. 한편 特進官 朴師洙는 保人 作隊가 숙종 36년 이후에 거론이 되었다가 중지된 경위를 설명하며, 保人의 범주에 대해 명확한 해석이 있어야 함을 지적하고 있다. 당시 吏奴·保人을 함께 작대한다는 이야기가 있고 나서, 保人을 둘러싸고 3軍門의 保人을 포함하는지 人吏·官奴의 保人만을 이야기하는지 불명확해서 보류되었다는 것이다. 이후 吏奴의 作隊는 영조 1년 이후 거듭 신칙했으나, 保人은 아직 작대치 않고 오늘에 이르렀다는 것이었다. 물론 李汝迪이 언급한 保人은 納布·納米者로 3軍門 保人을 포함하는 것이었다.166) 李汝迪과 朴師洙의 청은 조정에서 논의되어, 保人들도 作隊하기로 결정된다. 물론 그 대상에는 訓鍊都監 및

---

165) 『承政院日記』666책, 영조 4년 7월 22일, 36집 725~726쪽. '(左副承旨金)溧曰 吏奴作隊 自是美法 各邑吏奴 皆在邑底 爲守令者 平日預爲團束 則緩急可以緊用 朝家之前後申飭 非不嚴明 而法令解弛 多歸文具 臣常慨然於此矣 昨年待罪甲山時 又因朝令 抄選吏奴之壯丁 依例作隊 春秋束伍 軍隊鍊時 亦一體鍊習 則能解坐作之節 而亦皆勇健可用 實非殘劣鄕軍之比 更加別申飭 以責其實效 何如 上曰 所達是矣 各別申飭可也 溧曰 雖令吏奴作隊 若無器械 則雖有兵無益矣 如平安兵營則物力足以可以辦給槍刀矣 兵使今方入侍 使放下去後 趁卽擧行 何如 (平安兵使朴)纘新曰 吏奴作隊 曾有朝令 故臣待罪邑宰時 亦爲作隊而空手無用 誠如承旨所達矣 營門所屬吏奴則自當備給 而至於各官則邑力有難自備以給 或以耗穀量宜割給 使之措辦 似宜矣.'

166) 『承政院日記』680책, 영조 5년 3월 11일, 37집 530쪽. '(副護軍李)汝迪曰 我國軍制 設置之初 各邑束伍 領付營將 守令則全無手下所領之兵 此誠寒心 保人之納米納布者 亦多有壯健之軍 使各其邑團束此額 成案以置 平時受布 臨亂率領 則守令有手下之親兵 保人輩亦有主管之處 似合便宜 … (特進官朴)師洙曰 吏奴作隊事 庚寅年海賊騷屑後 曾有朝令 而其時節目中 有吏奴保人一倂作隊之語 保人云者 或謂訓御禁三局保人 並爲作隊 或謂人吏官奴之保人 當爲作隊 各邑眩於奉行 因循置之 吏奴則乙巳後曾亦申飭 而保人尙未作隊 今此李汝迪所達納布納米者 則三局保人之謂也 上曰 令廟堂稟處可也.'

御營廳, 禁衛營 등 중앙 3군문의 保人도 포함되는 것이었다.[167]

중앙 군문의 保人들은 각 지방에 산재하여 軍布만을 납부하면서, 속오군의 편성에서도 대부분 제외되고 있었다. 갈수록 속오군 구성원의 質이 저하된 원인도 대상자들이 각 軍門의 保人 등으로 빠져나간데 있다고도 볼 수 있는 것이었다. 이들은 납포를 감당할만큼 기반이 있는 존재들이었기 때문에 단속해서 조련할 경우 효과를 볼 수 있다는 기대를 모았던 것이다. 결국 保人들을 작대하기로 조정에서 결정하지만, 이후로 실제로 그 운영이 어떻게 이루어졌는지는 확인되지 않는다. 그러나 保人보다 먼저 조직화되었던 吏奴隊의 경우에도 유명무실화되는 것으로 보아, 마찬가지였을 것으로 추측된다.

英祖 30년 무렵이 되면 吏奴隊가 제 구실을 하고 있지 못함을 알 수 있다. 左議政 金尙魯는 戊申亂 이후에 節目을 만들어 시행되었던 吏奴隊가 오랜 평화로 편안함에 젖어 무엇인지도 모르는 존재가 되었다고 한탄하며, 1개월에 1회씩 守令이 직접 조련을 시행할 것을 청하여 허락 받고 있다.[168] 그러나 黃海兵使 趙東晋은 1개월에 1회는 너무 잦으니 邑治 근처에 거주하는 자는 2개월에 1회, 멀리 사는 무리는 3개월에 1회씩 각각 조련을 실시토록 하자고 건의하였다. 결국 吏奴隊의 훈련은 邑治 근처에 거주하는 자는 3개월에 1회, 먼 곳에 거주하는 자는 6개월에 1회 실시키로 결정되었다.[169] 법을 완화

167) 『備邊司謄錄』 85책, 영조 5년 4월 12일, 8집 560쪽. '司啓辭 … 從前吏奴保人作隊之擧 實是不可已之事 而令下有年 尙無實效 誠爲慨然 更爲申飭 三局保人 並爲作隊 以爲臨亂領率 保守一邑之地 … 答曰 允.'

168) 『備邊司謄錄』 127책, 영조 30년 9월 6일, 12집 531~532쪽. '左議政金(尙魯)所達 八路守令 本無手下親兵 脫有緩急 有死而已 吏奴作隊之法 自戊申亂後 成節目而始行之 可謂善成法矣 外方狃於昇平 習於姑息 殆不知吏奴作隊之爲何制 故如軍裝器械及鍊習等事 置之相忘 全不留意 事關軍制 誠極寒心矣 令道臣嚴飭守令 依當初頒下節目 親行私操 而雖有故 一月一次 毋得廢閣 且法之不行 自上犯之 如使監se營爲各邑倡 則各邑之漫忽 豈至此乎 諸營一體奉行之意 分付各道 何如 … 令曰 依爲之.'

169) 『備邊司謄錄』 128책, 영조 31년 2월 4일, 12집 602~603쪽. '左議政金(尙魯)所啓 … 黃海兵使趙東晋狀本中 以作隊中居在邑驛底之類 間一朔點操

하여 오랫동안 시행할 수 있도록 한다는 명분이었지만, 역시 지속적으로 시행이 되지는 않았다.

吏奴隊는 각 고을 뿐 아니라 兵營에도 설치가 되었다. 兵使에게는 산하에 5營將에 소속된 군사가 있지만 모두 멀리 있어 실제는 '군사 없는 장수'와 같다며, 유사시에 대비하기 위해 全羅道 兵營에 親軍을 설치할 것이 건의되어 保人들을 作隊할 것이 논의된 적이 있었다.[170] 먼 고을의 保人과 兵營 소속 保人의 相換 등의 문제가 제기된 끝에 監·兵使가 상의해서 節目을 만들어 시행하도록 결정되었다.[171] 결국 保人들을 작대하여 親軍으로 만들게 되었는지는 확인되지 않지만, 이와는 별도로 吏奴들을 作隊한 것은 확인된다. 奎章閣에는 『全羅兵營吏奴作隊成册』이 전해지고 있다.[172] 작성 연대가 분명하지 않은 이 문서에는 간략한 편제와 作隊 경위에 대한 설명이 기록되어 있다. 全羅兵營의 吏奴隊는 모두 4哨로 구성되어 있었다. 책임자로 把摠이 1인 있었고, 把摠의 標下軍이 21명, 前·後·左·右의 哨官이 1人씩 4人, 각 哨의 標下軍이 5명씩 20명이었다. 각 초의 元軍은 99명씩 모두 396명이었다.[173] 兵營에 소속된 吏奴隊는 총 442

居在外村及遠站之類 四孟點操爲請 其言誠有意見 而若慮其聚集頻數 則
稍緩其法 便於久行爲宜 邑底居在者 間二朔 外村居在者 春秋兩次點操事
他道一體改定式分付 何如 上曰 依爲之.'

170) 『承政院日記』 681책, 영조 5년 3월 20일, 37집 593쪽. '(武臣宣傳官)趙儆
進曰 … 且以全羅兵營親軍言之 朝家許令 以本營所管各邑保人 定爲親軍
矣 … 凡兵使所領 乃是五營將之兵 則兵非不多 而皆在遠地 營底軍兵則
其數甚少 或有如昨年急時領出之事 則無軍之將 亦甚孤危.'

171) 『承政院日記』 683책, 영조 5년 4월 20일, 37집 709쪽.

172) 『全羅兵營吏奴作隊成册』 (奎4481).

173) 이 문서는 全炯澤에 의해서 인용이 된 바 있다. (全炯澤, 1989, 『朝鮮後
期 奴婢身分硏究』, 一潮閣, 262쪽.) 그런데 吏奴隊의 체제를 3部 9司 41
哨로 보고 그에 따라 모두 4,744명이 吏奴隊에 소속되어 있던 것으로 본
것은 착오인 듯 하다. 이 문서에는 吏奴作隊의 편제와 경위를 다룬 후
에, 바로 '全州鎭中營三部九司四十一哨'라 한 후 全州鎭 中營의 부대 편
제가 나오는데 이는 束伍軍의 편제를 나타낸 것으로 보아야 할 것이다.
中營에만 41초나 되는 吏奴隊가 편성되어 있다고 보기는 어렵기 때문이

명이었던 셈이다. 그런데 편제에 이어서 作隊 경위를 설명하면서 주목할 만한 설명을 하고 있다.

> 이상 作隊한 군대는 처음에는 설치 名色이 없었다. 따라서 本營의 吏奴와 羅卒 및 營 아래에 살고 있는 各色의 匠人과 閑雜人 등을 임시로 軍案에 포함시켜 수효를 채워 作隊하였다.[174]

吏奴隊의 편성에 있어서 원래 대상자가 아닌 匠人이나 기타 일반인까지 포함시켜 편성하고 있었음을 보여주고 있다. 이는 문서에 굳이 '임시로' 편제했다고 밝혔던 데에서도 드러나듯이, 원칙에 어긋나는 것이었다. 이는 조정의 명령에 의해 일단 형식을 갖추려던 데에서 연유한 것이 아닌가 추측된다. 각 哨의 元軍이 99명씩 꼭 맞게 편성되어 있던 것이 그러한 추측을 뒷받침해준다. 1隊=11人, 3隊=1旗, 3旗=1哨의 형식에 맞추어 편제를 하다보니 대상자가 아닌 사람까지 임시로 편제하지 않을 수 없었을 것이다. 이렇듯 형식적으로 구성된 吏奴隊가 실제 충실히 운영되었다고 보기는 어려운 것이었다.

2. 英祖代 束伍軍 運營의 실제

戊申亂을 계기로 束伍節目이 제정되고 吏奴의 作隊 등이 이루어지지만, 그것이 효과적으로 운영되지는 못했다. 束伍節目 자체가 실제 적용되기에는 지나치게 비현실적인 내용을 많이 담고 있었고, 吏

다. 아마도 원래는 全羅兵營의 편제를 모두 담은 원래의 文書가 있고, 그 안에 兵營의 吏奴隊 및 각 營의 束伍軍이 순서대로 기록되어 있었을 것이다. 이후 前·後·左·右營의 편제가 모두 누락된채 이 문서를 다시 등사하는 과정에서 처음에 나오는 吏奴作隊의 기사를 바탕으로 맨 첫줄에 『全羅兵營吏奴作隊成冊』이라는 제목을 붙이지 않았나 한다.

174) 『全羅兵營吏奴作隊成冊』, '已上作隊軍 初無設置名色 故以本營吏奴羅卒 及營下居生各色匠人閑雜人等 權宜編案充數作隊是齊.'

奴作隊의 편성 또한 형식적으로 이루어졌기 때문이다. 英祖代 束伍軍의 運營 실태는, 조련의 시행 여부를 통해서 확인할 수 있다.

英祖代에 들어와 조련의 정지는 더욱 빈번해진다. 다음의 〈표 14〉는 英祖代 조련의 시행 실태를 통계화한 것이다.

조련의 정지 추세는 갈수록 더욱 확연해져, 봄 조련의 약 80%, 가을 조련의 약 40%가 각각 정지되고 있다. 특히 春操와 秋操의 정지 횟수에 큰 차이를 보이고 있어서 주목된다.

〈표 14〉英祖代 조련 실태의 통계

구분	충청				전라				경상좌				경상우			
	봄		가을		봄		가을		봄		가을		봄		가을	
	합	영	합	영	합	영	합	영	합	영	합	영	합	영	합	영
년수	52	52	52	52	52	52	52	52	52	52	52	52	52	52	52	52
미확인	8	17	15	17	7	15	15	17	8	14	15	17	8	14	16	18
시행	3	5	15	3	2	4	17	3	2	4	16	4	2	4	15	3
부분시행		3	1	3	1	3	1	3	1	5	2	2	1	5	2	3
정지	41	27	21	29	42	30	19	29	41	29	19	29	41	29	19	28
정지비율(%)	78.8 51.9		40.4 55.8		80.8 57.7		36.5 55.8		78..8 55.8		36.5 55.8		78.8 55.8		36.5 53.8	

출전 : 『朝鮮王朝實錄』및 『備邊司謄錄』
비고 : '합'은 합동 조련[合操], '영'은 營將의 巡歷.

肅宗代까지도 근소한 차이를 보였던 것이 18세기에 들어와 더욱 확연하게 된 것은 역시 농사철과 관련되었던 것 같다. 顯宗~肅宗代에는 자연재해가 심각하여 봄·가을 모두 정지된 적이 많았던 데 비하여, 18세기에는 자연재해와는 무관하게 농사와 관련이 깊은 봄의 조련을 정지하는 방향으로 운영되었던 것이다.

실제로 英祖代에 들어와서는 봄·가을의 조련 중 특히 民에게 부담이 많은 春操를 폐지하자는 논의가 제기되기에 이른다. 英祖 6년(1730) 同知事 尹游는 兵使에 의해 행해지는 春操는 폐해가 많다 하여 營將이 巡歷하면서 간단히 操鍊하는 것으로 대체할 것을 청하고 있다.[175] 즉 兵使의 巡歷은 감사와는 달리 조련을 함께 행하므로 간단히 할 수 없어, 아무리 빨리 출발하더라도 끝에 도착하는 지역은 농사철과 겹칠 수밖에 없다는 것이다. 그러므로 앞으로는 병사의 순력 대신 각 營將이 수행하는 일행을 줄여 각읍을 순력하면서 點兵·結陣하고 간략히 조련하는 것으로 대체하자는 것이다. 이 건의는 조정의 논의를 거치지만, 결국 先王代에 춘추에 습조를 거행하도록 정했다는 이유에서 일단 春操를 계속 시행하는 쪽으로 결론지어짐으로써176) 속오군의 春·秋操 조련 체제는 그대로 유지된다.

기존의 束伍軍 조련 체계가 그대로 유지되기 힘들다는 사실은 정부에서도 이미 파악하고 있는 사실이었다. 英祖 6년의 「束伍節目」을 통해서 이를 확인할 수 있다. 「束伍節目」의 操鍊 관련 규정을 보면 현실적으로 상급부대 단위의 훈련이 제대로 시행되지 않는 점을 고려, 하급부대의 조련을 충실히 하도록 규정하고 있는 점이 주목된다. 즉 '操鍊은 旗·隊鍊이 중요하니, 조련이 정지되었을 때에도 1里의 隊, 1面의 哨별로 농한기에 연습케' 하고 있는 것이다.177)

한편 英祖 중엽 이후에는 조련을 실시하더라도 春操와 秋操를 연달아 시행하지 않는 것이 관행화되고 있었다. 영조 37년에 慶尙右道

---

175) 『備邊司謄錄』 87책, 영조 6년 1월 27일, 8집 796쪽. '同知事尹游所啓 臣因不奪農時之義 有所懷敢達矣 … 而至於春操則亦有民弊 … 秋操固不可廢 而春操則兵使雖早發巡 終到之處 必値農時 民或失業 此後春操則兵使勿爲之 只使各其營將簡其所率 巡歷所屬各邑 每於所到處點兵結陣 畧畧操鍊而罷 則軍兵無多日聚會之弊 而軍額可補 軍械可修 戎政不至全廢 農時庶可不失矣.'

176) 『承政院日記』 701책, 영조 6년 2월 10일, 38집 782쪽. '兵曹參判尹游曰 … 兵使春操 每與農時相値 多日聚待 自致耕作之愆期 此則誠爲可念 而但詰戎之政 卽國之大事 祖宗朝定爲春秋習操 意非偶然 若値災年 民有不得已之故 則臨時定奪變通 未爲不可 而永爲定式 則事涉未安 故敢達矣 上曰 已言于卿等云 故有稟處之命矣 春操若全廢 則殊無存羊之意 自廟堂臨時稟處可也.'

177) 『備邊司謄錄』 88책, 영조 6년 9월 25일, 8집 894쪽. 「束伍節目」. '操鍊之法 旗隊鍊最甚緊要 雖以年凶 操鍊停止之時是白良置 一隊之軍 在於一里之中 一哨之卒 在於一面之內 當其春秋農歇之隙 司哨旗隊之鍊 次次設行爲白乎矣.'

의 춘조가 정지되는데, 지난해 가을에 조련을 실시했다는 것이 정지의 이유였다.[178] 兵使의 합동 조련과 營將의 순력이 정지되는 경우가 빈번해짐에 따라서 조정에서는 새로운 대안을 모색하지 않을 수 없었다. 그것은 '官門聚點'의 제도화로 나타나게 되었다.

英祖 34년(1758)에는 조련 정지 때 '官門聚點'을 제도화하는 조치가 내려진다. 황해 병사 李潤成의 건의에 의해 취해진 이 조치는 停操時에 각읍의 수령은 官門에서, 각진의 邊將은 鎭門에서 군병을 모아 點考할 것을 법식으로 정하여, 각도에서 일체 시행토록 하고 있는 것이다.[179] 이후 英祖 38년(1762)에는 아예 營將의 巡點을 官門聚點으로 대체하도록 하는 조치가 취해진다. 營將이 巡點함에 있어서 많은 폐단이 따르자, "군병을 점검하고 軍器를 살펴보는 일은 같으니, 營將과 수령 사이에 무슨 차이가 있겠는가"라 하여 수령에게 그 권한을 위임케 하고 있는 것이다.[180]

이상과 같이 官門聚點이 제도화된 사실은 속오군 조련의 축소라

---

178) 『承政院日記』1189책, 영조 37년 1월 30일, 66집 543쪽. '(左議政李)珥曰 此慶尙右兵使李命峻狀啓也　各鎭束伍軍兵習操與營將統制使巡點擧行事 請令廟堂稟旨分付矣 上年秋操旣以設行 春操則一體停止何如 上曰 停止可也.'

179) 『承政院日記』1160책, 영조 34년 9월 5일, 64집 821쪽. '(領議政兪)拓基曰 此卽黃海兵使李潤成狀啓也 以爲春秋巡操 詰戎之大者 而因凶停廢 戎務疎虞 勿論春秋 若値灾年停操之時 則必使道內各該邑鎭 各聚其團束軍操點 一依巡操擧行後 枚報有無頉於臣營事 請令廟堂 定式施行矣 各鎭屬邑 或有至七八者 鎭之點操 似甚難 只令各其邑 凶年停巡操之時 則聚點鍊習後 報其有無頉於兵營 似好矣 上曰 依爲之 (兪)拓基曰 不但黃海道 各道一體定式施行 似好矣 上曰 依爲之 訓鍊都正具善復曰 黃海兵使狀請中稱鎭者 非各鎭營將之謂也 乃各鎭邊將之謂也 各邑官門聚點 則各鎭邊將鎭門聚點 邑鎭分而爲之 似好矣 上曰 依爲之.'

180) 『承政院日記』1201책, 영조 38년 1월 23일, 67책 305~306쪽. '(領議政洪)鳳漢曰 各道習操 非大段事故 則決不可停故 昨秋旣皆擧行 今春諸道設賑 不得已並停止 只令營將巡點事 纔已定奪矣 右相之意 以爲大操停不停 固有關係 而至於城營將巡點 無實效而有巨弊 毌令并費停止 使各邑官門聚點 以爲歇歲民人鎭安之地云 點軍閱械則同 營將守令何間焉 依此擧行之意 分付六道帥臣何如 上曰 依爲之.'

는 측면도 있지만, 그와 함께 영장 권한의 약화와 수령 권한의 강화라는 측면에서도 바라볼 여지가 있다. 수령 책임 아래 官門聚點의 실시는, 지방에서의 軍政과 民政의 분리 내지는 수령으로부터 兵權의 박탈이라는 명분으로 설치되었던 營將의 권한이 점점 축소되어 가는 반면 守令의 권한이 확대되어 가는 사정을 보여 주고 있다. 守令은 官門聚點을 통해 속오군에 대한 통제가 가능해진 이외에도, 吏奴隊·牙兵 등을 親兵으로 지휘하고 있었다. 이 시기 영장과 수령의 상호 관계의 변화가 갖는 의미는 이처럼 좀더 다양한 측면에서 검토할 필요가 있다.

한편 경기도의 경우에는 속오군을 守禦廳과 摠戎廳 등의 군문이 관할하므로, 官門聚點이 다른 곳과는 달리 정례화되지는 못하고 있었다. 영조 45년(1769)의 논의에서도 守·摠營 관할의 고을에 官門聚點을 정례화하면 수령들이 무성의하게 대충 시행할 우려가 있으니 그때그때 사정을 보아 실시키로 하고 있는 것이다.[181] 경기도의 경우에는 중앙군문이 지방군을 직할하고 있었고, 영장도 수령이 겸임하는 지역이었으므로 다른 지역과는 양상이 다르게 나타나고 있었다.

官門聚點이 정례화됨에 따라 그것을 실효있게 하는 방안이 마련되고 있다. 慶尙右兵使 申大顯은 조련의 정지가 잦고 대신 행하는 관문취점에서는 궐액을 살피는데 불과하니, 봄 가을 조련의 시행 여부와 관계없이 각읍 수령이 9월~2월까지 달마다 1차례씩 官門聚點

<hr>

181) 『承政院日記』 1295책, 영조 45년 8월 13일, 72집 441쪽. '摠戎使金孝大進伏曰 今秋習操停止 城營將巡點爲之事 定奪判下 而摠戎廳則昨年因筵稟 只令各邑官門聚點矣 今亦依昨年例擧行乎 … (左議政金)陽澤曰 摠使所請官門聚點 若每年專委本官之手 則本官多不惕念 彌縫雜頉 事甚疎虞 臣待罪守禦使時 稔知此弊矣 自前停操之時 發送千別將 逐年點閱 則大有實效 比諸城營將巡點 亦甚簡便矣 守摠兩營 同一軍制 停操未知爲幾番 別將往點 未知何軍 而若專廢此規 則戎政甚疎迂 雖不得逐年點閱 亦宜間年擧行 整頓卒伍之制 今年雖行本官聚點之令 此後則不可每用此例 宜隨時量勢稟處矣 上曰 然則臨時稟定可也.'

하되 '조련의 형식을 간략히 본떠[略倣操鍊之儀]' 시행할 것을 건의
하였다. 이에 대해 조정에서는 매달 모아 조련하는 것은 민폐가 우
려되지만, 조련이 정지된 해에 대신 官門聚點을 시행할 때 조련의
형식을 간략히 본떠 시행하는 것은 兵과 民 모두에게 이득이 된다
하여, 이로써 법식으로 정하여 각도에 내리도록 하고 있다.[182]

물론 이 시기에도 營將의 巡歷이나 兵使의 春秋 操鍊을 전과 같이
원칙대로 시행할 것을 주장하는 논의도 있었다.[183] 그러나 官門聚點
을 강화하여 간단한 조련을 실시하는 것은 이미 새로운 법식으로 자
리잡고 있었다. 英祖 51년(1775)의 기사에서, 習操나 點巡이 정지된
곳은 '新定式'에 의해 간단한 제식훈련을 조련의 예에 따라 실시할
것을 강조하는 것을 확인할 수 있다.[184]

英祖代에는 束伍軍 이외에도 다양한 地方軍이 존재하고 있었다.

---

182) 『備邊司謄錄』154책, 영조 46년 10월 10일, 15집 11쪽. '領議政金(致仁)
所啓 此慶尙右兵使申大顯狀啓也 以爲臣營處在要衝之地 近以饑癘之荐仍
每爲停操 而官門聚點 不過照其闕額而已 自今以後 無論春秋行操與否 各
邑守令 自九月至翌年二月 逐月一次聚點於官門 略倣操鍊之儀 一如西北
之制 而仍爲定式施行事 請令廟堂 稟旨分付矣 近年停操已久 詰戎可悶
帥臣論列 盖見於此 而第念雖無奪時遠赴之事 逐月聚操 民弊則多 倘於停
操之年 官門聚點之時 略倣操鍊之儀 俾知進退之法 則於兵於民 庶爲兩得
以此定式 諸道一體分付何如 上曰 依爲之.'

183) 『承政院日記』1317책, 영조 47년 5월 12일, 73집 701~702쪽. '武兼成塌
曰 聖世昇平 今已五十年 以中外言之 則京軍門 年復年逐朔鍊習 而至於
各道各邑 則雖有每年一次操鍊之例 而如或失稔 則或至四五年 而便作相
忘之域 豈不慨然 此後則另飭諸道 各其邑春秋練習 一爲定式 毋至日後緩
急時生疎之弊 … (訓鍊判官尹守仁)又曰 營將之巡歷各邑 摘奸軍器時 大
小邑軍政 頗有修擧之效矣 年前以貽弊列邑 特爲停廢 一並委之於節度使
巡審時 非不申飭 而列邑之擧行 反不如營將之爲苛察 故凡干戎政 不無不
如前之歎 營將巡歷 依前施行似好矣.'

184) 『承政院日記』1359책, 영조 51년 1월 12일, 76집 183쪽. '(領議政申)晦曰
諸道中或因昨年年事之失稔 今春習操及營將巡點 雖爲停止 至於官門聚點
則固宜着實擧行 一依新定式 坐作進退之法 略倣操鍊例爲之 而軍額之有
頉者 器械之破傷者 一一充定修補 俾無戎政疎虞之意 另加申飭何如 上曰
依爲之.'

'牙兵'은 그 대표적인 존재였다. 그렇지만 牙兵도 조련이 제대로 실시되고 있지는 않았다. 오히려 束伍軍 보다도 조련의 頻度는 떨어지고 있었다.

이미 顯宗 6년에 각도 牙兵에 대한 조련의 시행이 제도화된 적이 있었지만,[185] 주로 재정적인 목적에서 출발한 牙兵에 대한 조련이 시행되기는 어려웠다. 또한 설치가 각 지방의 사정에 따라 제각각으로 이루어졌던 만큼, 조련의 양상도 지역별로 큰 차를 보이고 있었다. 18세기에 들어와 그러한 추세는 더욱 확연하였다. 湖南지방은 3년에 1차의 조련을 시행하는 것이 관례였다. 그러나 그나마도 凶年이나 厲疫 등의 이유로 정지하여 오래도록 행하지 않고 있었다. 湖西 지방에는 6~7천의 牙兵이 있었지만, 50년 가까이 조련이 정지되고 있었다. 반면 황해도는 겨울의 세 달 동안 入防토록 되어 있었으며, 이 때 조련도 겸하여 행하고 있었다. 關西와 海西를 제외하고는 牙兵의 조련이 전혀 이루어지지 않자, 英祖는 앞으로는 농한기에 시행하도록 분부하고 있다.[186]

재정적 목적에서 이미 설치되었던 牙兵은 그렇다고 하더라도, 숙종대 후반에 감사의 親兵을 표방하며 설치되었던 湖西 지방의 牙兵도 전혀 조련이 이루어지고 있지 않았다. 1703년에 설치되었던 忠清道의 牙兵이 1761년 현재 50년 이상 조련이 행해지고 있지 않았다는 표현은 전혀 조련이 이루어지지 않았다는 말이었다. 조련을 행하지 않는 것과는 대조적으로 군액은 3천명에서 6~7천명으로 크게 증가

---

185)『顯宗實錄』권10, 현종 6년 7월 임인, 36집 472쪽 ;『顯宗改修實錄』권14, 현종 6년 10월 임술, 37집 468~469쪽 ;『顯宗實錄』권11, 현종 6년 10월 을해, 36집 487쪽.

186)『備邊司謄錄』140책, 영조 37년 5월 5일, 13집 543쪽. '行副司直洪獜漢曰 湖南亦有牙兵 有三年一次操鍊之例 而或值歉歲與厲疫之時 則不得行 故停廢已多年矣 臣之待罪本道時 適當年次 故狀聞行之矣 行副司直趙明鼎曰 黃海道 則牙兵冬三朔入防 自有節目 故操鍊亦能兼行 湖西 則有牙兵六七千名 而操鍊之廢 殆近五十年 … 上曰 今聞所奏 諸道監營 皆有牙兵 雖有參差 其數夥然 而兩西外 無習操之事云 有軍無操 可謂寒心 此後每年農歇時 狀聞行之 而若值歉歲 狀聞退行事 令備局分付.'

하고 있었다. 결국 束伍軍의 부실이나 상황의 변화 등 군사적인 이유를 들어 설치된 牙兵도 결국은 재정적인 수단으로 변질하고 있었다. 또한 조련을 규정대로 시행한다고 하더라도 속오군보다 훨씬 그 빈도나 강도가 약한 것이었다. 오히려 牙兵의 설치는 전체적인 지방군의 전력을 약화시키는 요인이 되고 있었다. 束伍軍을 牙兵으로 전환하는 경우가 가장 많았기 때문이었다. 이 해에 慶尙道 牙兵의 조련은 흉년을 이유로 정지되지만 속오군의 조련은 시행되고 있었던 데에서 그러한 사정을 짐작할 수 있다. '正軍(束伍軍)의 조련과 다르기 때문'에 牙兵의 조련 정지를 정당화하는 시각이 일반적이었다.[187] 地方軍 가운데 正規軍의 위치를 차지하고 있었던 속오군의 전력도 약화되고 있었던 상황에서, 나머지 지방군 兵種에 기대할 것은 거의 없었다.

英祖代에 이르면 春秋操와 함께 營將의 巡點도 함께 정지되는 경우가 빈번해지며, 대신 각 고을 단위의 '官門聚點'이 이를 대체하고 있었다. 이와 같은 조련의 축소현상은 앞에서 살펴본 것처럼 給復조치의 폐지를 감안하면 어느 정도 이해할 수 있는 것이기도 했다. 이미 본래의 신역을 兼役하고 있었던 속오군들로서는 조련의 정식 시행이 커다란 부담이 되고 있었기 때문이다. 또 '官門聚點'의 시행은 수령권의 강화라는 측면에서 바라볼 수 있는 것이기도 했다. 영장제의 시행과 함께 영장의 통제를 받음으로써 크게 제약받고 있었던 守令의 兵權은 영장제의 붕괴 및 조련 운영의 변화와 함께 회복되기 시작하였다. 官門聚點을 통해 束伍軍에 대한 통제까지 가능해지게 되었고, 각읍의 吏奴隊를 親兵으로 거느릴 수 있게 되었던 것

---

187) 『承政院日記』 1198책, 영조 37년 10월 7일, 67집 87쪽. '(領議政洪)鳳漢
曰 慶尙監司黃仁儉狀啓 備陳本道糧事 失稔之狀 仍以爲 陸操今方擧行
而至於牙兵 則折半排番入防 折半除番收米者 自是節目 而當此災年 納米
赴操 俱爲難支之弊 架山城操 私習合操之際 糜費亦甚多端 並特爲停止事
令廟堂分付稟分付旨爲請矣 牙兵習操與架山城操 則異於正軍操鍊 而本道
今年年事 未免失稔 宜有弛張之道 依狀請停止何如 上曰 依爲之.'

이다. 하지만 전체적으로 地方軍의 戰力은 급격히 약화되고 있었다. 이와 같은 추세는 正祖代에도 더욱 가속화되어, 결국 束伍軍의 虛設化를 가져오게 되었다.

제4장

朝鮮後期 地方軍制의 虛設化

Ⅰ. 正祖代 束伍軍制의 運營

1. 操鍊의 변화와 束伍軍의 徭役 동원

束伍軍은 良人이나 賤人이 본래의 身役과 함께 수행하는 兼役이었으므로, 本役의 부담 정도는 束伍役의 부담 형태에도 영향을 주고 있었다. 本役이 과중해지는 상황에서 兼役인 束伍役의 부담을 증가시킬 수는 없었기 때문이다. 특히 良役 문제의 해결이 국가적 관심사로 등장했던 肅宗~英祖代의 시기에 束伍役의 부담은 상대적으로 완화되게 된다. 그것은 束伍役의 내용이라고 할 수 있는 조련의 빈도나 강도가 줄어들고 있었던 사실에서 확인할 수 있었다.

良役變通論議는 英祖 26년(1750) 均役法으로 귀결되었지만, 良役 문제에 대한 근본적인 해결이 되지 못했다. 또한 兼役으로 이루어져 있는 束伍役의 형식에도 전혀 변화가 없었다. 이에 따라 正祖代에 들어오면 束伍軍은 본래의 군사적인 의미를 완전히 상실하게 된다. 그것은 두가지 형태로 나타났다. 하나는 束伍役의 내용이라고 할 수 있는 操鍊이 더욱 축소되다가 변질하는 과정을 거치는 것이고, 다른 하나는 束伍軍의 신분 구성이 賤人 중심으로 바뀌어가는 것이었다.

正祖代에 오면 속오군의 조련은 더욱 의미를 잃어간다. 그것은 다시 두 가지 측면에서 확인할 수 있다. 하나는 조련의 정지가 거의 항상화되는 것이고, 다른 하나는 조련의 정지 대신에 이루어지던 '官門聚點'이 속오군의 徭役 동원을 위한 장치로 변질하는 것이다. 正祖代의 조련 시행실태를 통계화하면 다음의 〈표 15〉와 같다.

〈표 15〉 正祖代 조련 실태의 통계

구분	충청 봄 합	충청 봄 영	충청 가을 합	충청 가을 영	전라 봄 합	전라 봄 영	전라 가을 합	전라 가을 영	경상좌 봄 합	경상좌 봄 영	경상좌 가을 합	경상좌 가을 영	경상우 봄 합	경상우 봄 영	경상우 가을 합	경상우 가을 영
년수	24	24	24	24	24	24	24	24	24	24	24	24	24	24	24	24
미확인	1	9		9	2	9		9	2	9		8	2	9		8
시행	1				1				1				1			
부분시행			2				3				3				3	
정지	23	14	22	15	22	14	21	15	22	14	21	16	22	14	21	16
정지비율(%)	95.8	58.3	91.7	62.5	91.7	58.3	87.5	62.5	91.7	58.3	87.5	59.3	91.7	58.3	87.5	59.3

출전 : 『朝鮮王朝實錄』 및 『備邊司謄錄』
비고 : '합'은 합동 조련[合操], '영'은 營將의 巡歷.

正祖代에는 조련을 거의 시행하지 않는 것이 확인된다. 兵使의 합동 조련의 정지비율은 90% 안팎으로, 이제 거의 행하지 않는 것이 관례가 되고 있다. 또한 營將 巡點의 정지도 이전 시기에 비해 훨씬 증가하고 있다. 英祖代까지 속오군의 조련이 그 빈도나 강도 등에 있어서 축소되는 추세에 있었다면, 正祖代에 들어와서 그러한 경향은 더욱 두드러졌다. 正祖 12년(1788)의 자료에서 우리는 그러한 사실을 확인할 수 있다. 이해 7월에 8도의 가을 조련[秋操]을 전후하여, 正祖는 英祖代 매해의 조련 상황을 조사해 보고하도록 지시하였다. 조사 결과 英祖代 50여년간에도 8道가 모두 조련을 행한 해는 비록 드물었지만, 8道가 모두 조련을 정지한 경우는 거의 없다는 사실이 밝혀졌다. 그런데 즉위 이후에는 8道 모두 조련을 정지한 경우가 자주 있었다는 사실을 알게 된 正祖는, 이미 정지 명령을 한 秋操는 할 수 없고 내년 春操부터는 유의해서 시행할 것을 명하고 있다.[1] 이는 正祖代에 들어와서 조련의 정지 빈도 및 그 범위가 더욱

---

1) 『承政院日記』 1644책, 정조 12년 7월 27일, 87집 649쪽. '上曰 向因諸道習操停否詢問 丙申以前至于先朝乙巳 各年行操停操 使之抄出以聞矣 觀此備局別單 先朝五十餘年間 八道行操 其例雖罕 而通八道停操 絶無而僅有 獨於丙申以後 頗有之 日前領相所奏 益覺歎服 以今所見 秋事頗有登熟之望 旣停之令 雖難更煩 明年春操 若而道外 不當又命停行 令廟堂依此預令知

확대되었음을 말해준다. 또한 이러한 경향은 이후에도 계속 지속되었으며, 이와 같은 추세는 앞의 〈표 15〉와 뒤의 〈부표 3〉에서도 쉽게 확인할 수 있다.

한편 正祖代에 들어와 牙兵의 조련은 더욱 행하지 않게 된다. 이 것은 正祖代 들어와 束伍軍의 조련을 계속 정지한 상황과도 관련이 있다. 하지만 간혹 束伍軍의 조련을 시행하는 해에도 牙兵의 조련은 행하지 않고 있었다. 正祖 4년 洪忠道 監營 牙兵의 習操는 束伍軍의 習操를 행했다는 이유로 정지하고 있으며,[2] 正祖 14년의 경우에도 마찬가지였다.[3] 正祖 21년 경기도의 경우에는 5년 1차의 습조가 20 여년이나 지켜지지 않자 7년에 1차례로 빈도를 조정하기까지 하고 있었다.[4] 역시 牙兵은 군사적인 목적보다는 재정적인 목적에서 운영되었다는 사실을 확인해주는 것이라고 볼 수 있다.

正祖代 束伍軍의 조련에 있어서 나타나는 특징적인 현상은 위와 같이 조련의 빈도가 축소되는 것과 같은 수량적인 변화뿐만 아니라, 조련 대신에 堤堰役에 속오군을 동원하는 것과 같은 質的인 변화라 고 할 수 있다. 즉 束伍役의 徭役化 현상이다. 물론 束伍軍을 부역에 동원하는 것이 正祖代에서 비롯된 것은 아니었다. 일찍이 束伍軍의 성립 초기인 宣祖代에 속오군을 부역에 동원하는 폐단이 지적된 이 래로[5] 光海君에서 孝宗에 이르는 동안에도 속오군을 부역에 동원하 는 사실을 쉽게 확인할 수 있다.[6] 이때까지는 山城役과 같은 각종 土木役에 동원하거나 上官이 불법적으로 사역하는 경우에 한정된

悉 來頭回啓時 以爲警咳之地 官門聚點 今年雖申飭 安知不有名無實乎 且 於嶺南則申飭 湖南湖西則未及申飭 亦令廟堂 兩湖一體申飭.'
2) 『備邊司謄錄』 161책, 정조 4년 9월 10일, 15집 889쪽.
3) 『備邊司謄錄』 177책, 정조 14년 8월 29일, 17집 641쪽.
4) 『備邊司謄錄』 185책, 정조 21년 윤6월 29일, 18집 661~662쪽.
5) 『宣祖實錄』 권94, 선조 30년 11월 계묘, 23집 340쪽 ; 선조 30년 11월 무 신, 23집 340쪽.
6) 『光海君日記』 권39, 광해군 3년 3월 신유, 31집 611쪽 ; 『仁祖實錄』 권 39, 인조 17년 7월 무진, 35집 65쪽 ; 『承政院日記』 133책, 효종 5년 10 월 23일, 7집 485쪽.

것으로, 제도화한 것은 아니었고 특히 조련과의 연관 관계가 있는
것은 더욱 아니었다.

肅宗代부터는 조련과 부역이 일정한 연관을 맺게 된다. 肅宗 3년
(1677)에는 경상도의 군병이 合操 실시후 防川役에 동원되고 있으
며,7) 肅宗 31년(1705)에는 전라도의 군병이 조련 2일 대신에 山城의
築城役에 동원되고 있다.8) 英祖 12년에는 大邱 城役에 동원된 속오
군에 대한 營將의 巡點이 정지되고 있다.9) 즉 숙종대 초반만해도 조
련을 실시한 이후에 추가로 부역의 부담이 주어지던 것이, 이후에는
조련이나 순점 등을 정지하는 대신 부역을 행하고 있는 것이다. 그
러나 이와 같은 부역에의 동원도 어디까지나 임시적인 것으로서 제
도화된 것은 아니었다.

英祖 16년(1740)을 전후해서는 조련 때에 束伍軍을 부역에 동원하
는 것이 제한적으로 허용된다. 慶尙監司 鄭益河가 '束伍軍兵의 봄 가
을 조련 때에 2년에 한해 각 하루씩 사역시킬수 있도록 조정에서 이
미 명령한 바 있으므로' 이에 따라 그해 가을 조련시에 安東 防築에
속오군 동원을 요청하고 있는 것으로 보아,10) 그 이전에 1회 조련에
1일을 넘지 않는다는 조건 아래 束伍軍의 부역 동원이 합법화되었다
는 사실을 알 수 있다. 그렇지만 허락을 받지 않고 束伍軍을 부역에

---

7) 『承政院日記』258책, 숙종 3년 2월 18일, 13집 700~701쪽.

8) 『承政院日記』425책, 숙종 31년 6월 9일, 22집 890쪽.

9) 『承政院日記』 818책, 영조 12년 2월 6일, 45집 604쪽. '(左議政金)在魯曰
 今春諸道水陸操停 只行營將巡點事 前已定奪分付矣 慶尙監司閔應洙狀啓
 以爲 大丘城役 今方營始 欲以各鎭所屬附近邑保束伍牙兵 分排赴役 今春
 巡操巡點 並有停止之請矣 巡操則旣令停止 而營下稍近邑束伍牙兵之入於
 赴役者營將巡點 亦令停止 以行民力何如 上曰 依爲之.'

10) 『承政院日記』919책, 영조 16년 8월 20일, 50집 229쪽. '(左議政金)在魯曰
 此慶尙監司鄭益河狀啓也 … 朝家旣有束伍軍兵 春秋操鍊時 限二年各限一
 日赴役之命 今年秋操時 當依此使役 而但未完之堤防 若於明年潦水 不幸
 圯缺 則誠有功虧一簣之歎 安東都會束伍軍之四次操鍊時 限一日赴役 與兩
 次操鍊時 限二日赴役 實無日數加減 自今年秋操 至明年春操 各限二日赴
 役 亟完大役事仰請矣.'

동원하는 것은 여전히 엄금되고 있었다.11)

正祖代에 들어오면 이러한 속오군의 조련과 부역과의 연관성이 점차 밀접해진다. 우선 부역의 내용이 堤堰役으로 단일화되어가며, 또한 조련 정지시에 堤堰役에의 동원이 제도화되는 것이다. 그런데 조련의 정지가 항상화됨에 따라서 제언역 동원도 연례적으로 행해지게 된다. 물론 이와 같은 변화는 正祖代 전반에 걸쳐 서서히 일어나고 있다. 정조 1년(1777)에는 安東의 松項·浦項 2곳의 제언 수축에 진관 소속 15읍의 烟丁과 僧軍을 3일씩 부역시킨 이외에, 조련 때에 속오군병을 2년간 각 1일씩 부역시키고 있다.12) 이때만 하더라도 종래의 부역 동원과 큰 차이점을 발견할 수는 없다. 安東은 이미 肅宗代부터 堤堰役에 束伍軍을 동원한 예가 있으며, 이 경우에는 연례화된 것으로 보기도 어렵기 때문이다. 하지만 이 이후로는 束伍軍을 堤堰役 이외의 다른 부역에 동원하는 경우를 찾기가 어렵다는 점을 감안하면, 또 후술하는 바와 같이 이듬해의 「堤堰節目」을 통하여 속오군의 제언역 동원이 명시되고 있는 점을 고려하면, 이 때부터 堤堰役으로 役種이 단일화되었다고 볼 수도 있을 것이다. 正祖 15년(1791)에도 慶尙道 堤堰役에 군정을 동원하는 사실이 확인된다.13)

正祖 23년(1799)에는 諸道의 가을 조련을 일체 정지하고 官門聚點

---

11) 『新補受敎輯錄』「兵典」, 軍律, 영조 6년. '築堰時私自調發束伍軍兵者 元犯梟示 許與該哨哨官令兵營決棍百度 以警日後.'

12) 『承政院日記』1410책, 정조 1년 12월 10일, 78집 657~658쪽. '(領議政金)尙喆曰 此亦慶尙監司李性源狀啓也 枚擧安東縣監金尙默牒呈 以爲本縣松項浦項兩堤之從古堅築者 專爲邑基 以爲今秋大水之衝破 邑居民事 半成沙場 失今不築 則千年古都 將一朝而廢 第此役處浩大 以一邑萬無完築之望 依辛亥庚申年例 鎭管十五邑烟丁 及僧軍 特限三日赴役 與本縣民丁 趁春初同力防築 前頭操鍊時 束伍軍兵 亦爲限二年 一日赴役 俾完大役事 並令廟堂稟旨分付矣 安東異於他邑 故從前築堰之時 輒用民力 即今事勢 有不可不變通 鎭管十五邑烟丁 及僧軍之限三日赴役 及操鍊時束伍軍兵限二年一日赴役事 依請許施 俾完大役 而若其爲民省弊之道 分付道臣及帥臣 使之着實擧行何如 上曰 依爲之.'

13) 『承政院日記』1696책, 정조 15년 11월 8일, 90집 81~82쪽.

케하는데, 三南 각읍은 堤堰役을 시행하는 곳에서 聚點하도록 하고 있다.14) 즉 이제는 제언역에의 동원이 조련의 정지와 그를 대신한 官門聚點의 형태로 행해지고 있는 것이다. 그런데 이러한 취점에서는 훈련[坐作]이 면제되고 있었다. 이제 官門聚點은 더 이상 조련이나 순점이 행해지지 않을 때에 그 대신 고을 규모로 '사사로이 조련[私操]'하는 군사훈련의 의미는 갖고 있지 않았다. 다만 속오군을 제언역에 동원하는데 필요한 제도적인 장치에 불과했던 것이다.

그렇다면 正祖代에 들어와 束伍軍의 堤堰役 동원이 제도화된 이유는 무엇일까? 바로 正祖 연간은 농업의 급선무로 水利 문제의 해결이 하나의 커다란 과제로 등장하고 있었던 시기였다.15) 그것은 水利施設과 불가분의 관계를 갖는 移秧法의 확대보급이 원인이었다. 따라서 정부는 그동안과 같이 移秧法 금지만을 대책으로 내세울 수는 없었고, 水利 문제를 해결하는 쪽으로 정책을 전환할 수 밖에 없었다. 正祖 2년(1778)의 「堤堰節目」은 그와 같은 정책 전환의 결과였다. 특히 堤堰節目에서는 규모에 따른 軍丁 등의 동원범위와 동원후 巡營에의 보고규정 및 동원의 절차 등을 규정하고 있다.16)

그 이전 시기까지 속오군 동원의 대종을 이루던 築城役과 같은 토목공사는 그 자체가 국지적이고 일회적인 것이었으며, 따라서 부역동원도 부정기적이었다.17) 하지만 正祖代의 堤堰役은 전국적인 것이

---

14) 『承政院日記』1811책, 정조 23년 7월 15일, 96집 102~103쪽. '徐英輔以備邊司言啓曰 … 今秋水陸操合操城操巡操面操巡歷巡點 並姑停止 … 未行操處官鎭門聚點 依近例申飭擧行 而三南各邑堤狀堰疏築之政 多以更待農歇用功爲言 若其多用役丁之處 則旣行聚點 又責赴役 易煩勞費 因其役處聚點附近軍民 除其坐作 專意役事 而近來聚點 皆有定期 似此等處 勿拘其期 參量役之早晩 民之便否 擧行之意 一體分付何如.'

15) 최원규, 1992, 「朝鮮後期 水利기구와 經營문제」 『國史館論叢』 39, 231쪽.

16) 『備邊司謄錄』159책, 정조 2년 1월 13일, 15집 553~554쪽. 「堤堰節目」 '一, 堤堰之小者 調其堰下田夫及附近軍丁 亦可修築 稍大者 雖用一二面民力 自本官可以量宜擧行 而至於最大處 一邑之丁不足 則勢當及其隣郡 而此等則報于巡營 自巡營發關知委 仍遣親紳或幹事營校 使之監董 而畢築後軍丁數爻功役形止 幷爲枚報巡營 以爲轉報本司之地爲白齊.'

었으며, 지속적인 修築을 필요로 하는 것이었다.[18] 따라서 이 시기에 제언역에의 동원이 제도화된 것이다. 또한 避役과 代立 등으로 인해 각종 役事의 부역 노동이 고용 노동으로 전환된 사정[19]은 束伍軍의 조련과 제언역 동원을 연관시킨 사정을 짐작할 수 있게 한다. 즉 18세기부터 축성역에서 募立制가 적용되듯이[20] 각종 요역을 募立制의 방식으로 운영할 수밖에 없었던 정부로서는 堤堰役에도 일반 농민의 요역 동원을 강제할 수 있는 사정이 아니었다. 따라서 堤堰役에 있어서도 募立制를 동원해야 하나 이와 같이 전국적인 규모의 역사를 모두 募軍을 고용하여 거행한다는 것은 재정적으로도 감당할 수 없었을 뿐만 아니라, 전국 전역에서의 募軍 또한 용이한 일은 아니었을 것이다. 束伍軍은 이러한 문제를 해결하기에 아주 적합한 존재였다. 그 조직이 이미 전국적으로 완성되어 있었기에 언제든지 대규모의 동원이 가능했기 때문이다. 또한 노동의 대가로서 지급해야 하는 비용은 조련을 면제함으로써 해결할 수 있었다.

正祖代에 들어와 民의 束伍役 부담은 변화의 계기를 맞게 되었다. 英祖代까지 간간히 행해지던 조련의 빈도나 강도는 훨씬 약화되었으나, '官門聚點'이라는 형식을 통하여 堤堰役에 동원되기 시작한 것이다. 이는 移秧法의 급속한 보급에 따른 수리 시설의 확충 필요성

---

17) 윤용출, 1998, 『조선후기의 요역제와 고용노동』, 서울대학교출판부, 24~25쪽.
18) 堤堰의 修築이 지속적으로 행해져야 함은 正祖 24년의 자료에서 확인할 수 있다. 官門聚點時의 堤堰修築役을 거듭 강조하는 과정에서 "많은 곳에서 官門聚點을 이용하여 堤堰修築을 했으나, 이미 修築이 끝났다하여 다시 役을 하지 않는 곳이 있으나 잘못"이라 하며 계속 살필 것을 명하고 있다. 『承政院日記』 1820책, 정조 24년 4월 25일, 96집 654쪽. '(領議政李)秉模曰 近見三南諸道官門聚點狀啓 則因其聚點 修築堤堰之邑 非不多矣 而間有以全已畢修築爲言 有若昨年一年之內 工役已完 更無可役者 然臣實未曉也 大抵堤堰之政 非但潰缺處修築而已 年復年來 疏之又疏 假令幾年用力 幾年食效 此所以爲先勞後逸之道 今若一番修築 彌縫外面 仍不思繼以疏鑿之道 則雖有修築之名 奚捄堙塞之弊哉.'
19) 尹用出, 앞의 책, 127쪽.
20) 같은 책, 101쪽.

이 증대되는 데에 따른 것이었으며, 또한 조선후기 徭役의 募立化 과정과도 연관되는 것이었다.

正祖 연간 말엽에 시작된 官門聚點 때 束伍軍의 堤堰役 동원은 純祖代 이후에 관행화된다.[21] 세도 정치 시기 이후 朝鮮의 군사력은 크게 위축된 것으로 파악되는데,[22] 그러한 경향은 중앙군과 지방군에 공통된 것이었다. 특히 지방군인 속오군의 경우에는 군사 훈련이 전혀 실시되지 않고 다만 부역에만 동원되기에 이르렀다. 이 단계의 속오군은 이미 군사적인 기능을 상실했다고 볼 수 있는 것이다. 현종대 이래 점차적으로 그 본래의 기능을 잃어가던 속오군이라는 조직은 합법적으로 민을 부역에 동원하는 장치로 변질된 것이었다.

2. 束伍軍 身分의 賤隷化

1) 兼役의 변통 논의와 身分의 賤隷化 과정

良役變通論議의 과정에서 束伍軍의 兼役 문제도 해결이 모색되고 있었다. 英祖 12년에 우의정 宋寅明은 束伍軍의 兼役을 해소하고 대신 私賤 등으로 충당케 할 것을 청하였다.

> 양역이 변통되기 전에 軍丁들의 폐단을 비록 일일이 釐正할 수는 없겠습니다만, 그 가운데 騎·步兵이 束伍를 兼役하는 것은 더욱 불쌍합니다. 근래 束伍의 役事가 매우 번거롭고, 걷는 바도 또한 많아 그들이 쓰는 비용은 양역의 身布에 밑돌지 않습니다. 그런데 騎·步兵으로 納布하는 무리는 또한 束伍役도 겸하니, 어찌 감당하겠습니까?

---

21) 國史編纂委員會에서 발간한 『各司謄錄』의 各道 監·兵營의 謄錄類를 살펴보면, 19세기 束伍軍의 조련이 항상적으로 정지되고 官門聚點은 堤堰役이 행해지는 곳에서 거행됨을 확인할 수 있다.
22) 李泰鎭, 1985, 「19세기초 勢道政治와 三軍門 都城常住兵制」 『朝鮮後期의 政治와 軍營制變遷』, 韓國研究院, 318쪽.

束伍는 私賤으로 충정하는 것이 예이니, 지금 良丁을 얻기는 어려워도 私
賤은 서북지방을 제외하고는 적지 않습니다. 그런데 수령들이 원한을 살 것
을 두려워하여 搜括함에 태만합니다. 양반과 閑散輩는 비록 많은 奴僕을 거
느리고 있어도 손을 댈 수 없습니다. 이에 따라 騎·步兵들이 많이 충정되게
되니 번번히 모두 兼役이 됩니다. 三南의 束伍는 거의가 다 兼役이니 일의
근거없음이 이보다 심할 수가 없습니다. 앞으로는 騎·步兵이나 그 밖의 納
布軍으로서 束伍를 兼役하는 것을 일체 엄금하십시오. 전에 이미 충정된 자
도 또한 모두 일일이 代定하도록 하십시오.23)

이에 따라 納布軍으로서 兼役하고 있던 束伍軍들의 頉下조치가
있게 된다. 그런데 이 조치는 오래지 않아 다시 새로운 문제를 야기
하게 된다. 즉 頉下된 良人들이 새로 부담하게 된 烟役의 부담이 兼
役보다 더 고통스럽다 하여 도로 束伍에 속하게 해 줄 것을 청하게
된 것이다. 한편 새로 충정된 私賤이나 雇工 또한 일정한 근거가 없
이 떠도는 丐乞과 다름없어서, 束伍軍 자체의 疎虞 또한 극심하게
되었다.24) 束伍節目의 규정에 의해 束伍軍에게는 烟役을 면제하도록

---

23) 『承政院日記』 825책, 영조 12년 5월 14일, 45집 968쪽. '(右議政宋)寅明曰
良役未變通之前 軍丁之弊 雖不能一一釐正 而其中騎步兵之束伍兼役 尤爲
可矜 近來束伍 事役甚繁 收斂亦多 其所糜費 不下於良役身布 而騎步兵納
布之類 又當此役 其何以支堪 束伍則例以私賤充定 此時良丁 雖曰難得 至
於私賤 則西北外諸道 不患不多 而守令輩 憚於取怨 怠於搜括 兩班及閑散
輩 雖有衆多奴屬 不欲下手 以其騎步兵之多於見充 輒皆兼役 三南束伍 幾
皆兼役 事之無據 莫此爲甚 此後則騎步兵及其他納布軍束伍兼役 一切嚴禁
曾前已充定者 亦皆一一代頉 而令兵使營將 各別嚴飭禁斷 每年巡操時 兒
弱一體查點 如有兼役者 則守令狀論罷職事 別爲定式 繡衣發遣時 兼役一
事 添入條目 如有犯禁者 則當該兵使營將與守令 一並定罪之意 預先嚴飭
何如 上曰 兼役之弊 聞甚駭然 依所達爲之可也.'

24) 『承政院日記』 865책, 영조 13년 12월 17일, 47집 719쪽. '(侍讀官鄭)益河
曰 … 而往者朝家爲慮其一身疊役 良束伍則使之一倂頉下 其代則以私賤
盡數充定 故爲守令者 卽以疲殘雇工及私奴艱辛充數 良束伍則依朝令一倂
頉下 而渠輩烟役 則還復如前 烟役之苦 甚於兼役 故良束伍頉下之類 皆願
依前隨行於束伍 而爲其守令者 亦不敢任自處斷矣 當初良束伍頉下之令 實
出於爲民之意 而民情之不願如此 且私賤雇工 無非無依丐乞之類 雖本邑私
點之時 亦多逃亡 況於緩急之際 可得其力乎 此宜有變通之道矣 上曰 當初

되어 있었다. 따라서 束伍에서 제외된 良人들에게는 도로 부담하게
된 烟役이 오히려 큰 부담이 되기도 하였다. 또한 私賤으로 代充됨
에 따라 발생하는 束伍軍의 質的인 저하 문제도 심각한 것이었다.
이 문제는 해를 넘겨 다음해 5월에 결정이 내려지지만, 결론은 유보
적인 것이었다.

　　작년 12월 17일 召對 入侍 때에, 試讀官 鄭益河가 아뢰었던 良人 束伍를
頉下하라는 명령을 변통하라는 건의에 대하여 비변사에서 논의하라는 명령
이 있었습니다. 이일을 변통할 것을 아뢴 것은 병진년(영조12년 · 1736)에 있
었습니다. 그 때 아뢰었던 것은, 戰卒이 모두 兼役으로 신역이 고통스럽고 무
거우니 유사시에 동원하는데 장애가 될 것을 걱정했던 것입니다. 단지 疊役
을 엄금할 것을 명령했을 뿐, 처음부터 良人 束伍를 제외하고 私賤으로 모두
채움으로써 良賤을 반드시 구별하려는 뜻은 아니었습니다.
　　결정된 후 지방에 알리던 때에, 또한 옛 군졸이 疊役에서 제외된 후에 새
로 들어온 자가 생소한 폐단이 없지 않을 것을 우려하였습니다. 그 가운데에
우두머리가 되는 부류는 비록 혹 첩역이더라도 이번에는 제외하지 말고, 새
로 들어온 자가 오래되어 익숙해진 연후에 차례로 제외를 허락하는 뜻을 분
부하셨습니다.
　　처음 알리던 즈음에 지방에서는 약간 고쳐진 바가 있었습니다. 이에 따라
수령이 첨정 · 수괄을 꺼리며 혹은 軍伍가 생소하다는 둥, 혹은 私賤이 疲殘
하다는 둥 어려움을 호소하는 말이 없지 않았습니다. 이것은 모두 당초에 결
정하여 알린 본 뜻을 모르는 것입니다. 작년 이후로 또한 흉년이 들어 軍伍
를 대정하는 일을 모두 잠깐 정지하였습니다. 이와 같은 새 변통도 또한 중
지중에 있습니다. 조정의 명령을 계속하여 바꾸는 것도 또한 곤란한 일입니
다. 신칙 여부는 앞으로 형세를 보아 결정하도록 하고, 지금은 일단 그냥 두
도록 하는 것이 어떠하겠습니까?25)

此令 盖出於慮其疊役之意矣 朝令雖不可續續變改 而今聞儒臣之言 亦有覺
悟處矣 以此意出擧條 令備局稟處可也.'
25)『承政院日記』871책, 영조 14년 5월 12일, 48집 31쪽. '又以備邊司言啓曰
昨年十二月十七日召對入侍時　因侍讀官鄭益河所啓　良束伍頉下之令變通
事　有令備局稟處之命矣　此事之陳稟變通　在於丙辰　而伊時陳稟者　以其戰
卒　皆成兼役　爲慮身役苦重　臨急掣碍之患　只令嚴禁疊役而已　初無良束伍
頉下　私賤盡充　良賤必爲區別之事　稟定後　知委外方之時　且慮舊軍之疊役
頉下後　新入者未必無生疎之弊　其中頭目之屬　雖或有疊役　今姑勿煩　待新

備邊司의 이 啓辭는 英祖의 승인을 받고 있다. 결국 良人으로서
束伍를 兼役하고 있는 자들을 제외토록 하였던 英祖 12년의 결정은
그대로 유효한 것이었다. 따라서 이후로는 束伍軍의 兼役이 해소되
는 것이 원칙이었다.

英祖 12년부터 14년 사이의 束伍 兼役에 대한 이 조치는 연구자들
사이에 약간의 이견을 가져왔다. 즉 이 결정으로 인하여 束伍軍은
賤隷化된다는 것이 기존의 입장이었다.[26] 반면에 이 조치는 본질적
으로 신분의 구분에 목적이 있다기보다는 疊役 또는 兼役의 해소에
초점이 있는 것으로 이를 계기로 속오군의 천예화를 논하기는 어렵
다는 주장도 제기되었다.[27] 또한 그 근거로서 正祖 22년 慶尙道 河
東의 軍案에 良人과 賤人이 함께 편성되고 있는 사실을 들고 있다.
서로 배치된 듯이 보이는 두 견해는 나름대로 수긍할 만한 근거를
가지고 있다. 하지만 두 견해는 서로 배제하는 관계라기 보다는, 동
일한 현상의 양 측면이라고 보아야 할 것 같다.

즉 이 조치 자체는 국가적 차원에서 속오군의 신분을 賤人으로 확
정한 것이라기 보다는, 속오 兼役의 해소로 보는 것이 타당하다. 하
지만 이 조치 이후 賤人들을 중심으로 賤隷化하는 추세가 현실적으
로 계속된 것 또한 사실이었다. 한편 기존의 연구에서는 良人의 束
伍役에서의 제외 조치에만 주목했지, 이후에 그 조치가 번복되는 사
실에는 주목하지 못했다. 영조 31년(1755)에 束伍軍은 다시 良·賤
혼성으로 구성하도록 결정된다.

속오군이 私賤을 중심으로 편성됨에 이르러서는, 그 질적인 저하

入者年久習熟後 次次許頉之意 論理分付矣 知委初頭外方 果有若干釐正
而因守令之厭憚簽括 或謂軍伍生疎 或謂私賤疲殘 果不無艱難之言 而皆不
知當初稟定知委之本意矣 昨年以後 又以凶歉 軍伍代頉等事 並皆姑停 此
等新變通 尤在停寢中 朝令之續續變改 亦涉顚倒 申飭與否 前頭可以觀勢
量處 今姑置之何如 答曰 允.'

26) 車文燮, 1973,「束伍軍 研究」『朝鮮時代軍制研究』, 檀大出版部, 212~213쪽.
27) 李謙周, 1990,「朝鮮後期 社會身分 變動問題에 대한 研究 -軍役의 良賤混
成과 관련된 側面」『蔚山史學』3, 12~15쪽.

가 문제되지 않을 수 없었다. 실제로 영조 25년에는 私賤으로 충정되면서 '의지할 수 없는 무리'로 채워져, 習操를 할 때에는 모두 도망하여 흩어지는 등의 폐단이 보고되고 있다.[28] 이에 해당 兵·水使와 營將을 징계하는 조치가 취해지지만, 良人들을 束伍에서 제외하면서 예상할 수 있었던 결과였다. 따라서 束伍軍의 질적인 저하에 대한 대책이 논의되지 않을 수 없었다. 그것은 束伍軍의 兼役을 허용해줄 것을 청하는 것으로 나타났다.

英祖 31년에 黃海兵使 趙東晋은 私賤으로 충당한 束伍軍의 어설픈 모양을 아뢰면서, 兼役을 허용하여 건장한 자들로 束伍軍을 충당할 것을 청하였다. 또 私賤 束伍는 퇴출하고 그들을 束伍軍의 資保로 삼을 것을 주장하였다. 官에서 그들에게 資布를 걷어, 戶首에게 지급해주자는 것이었다.[29] 이에 대해 조정에서 대신들이 이에 대해 의견을 개진하는데, 대체적으로 束伍軍의 兼役은 불가피하다는 것이었다. 논의 끝에 左議政 金尙魯의 견해가 받아들여지게 된다.

　　신역이 있고 없고 양인이고 사천이고를 가리지 말고, 단지 有根着·壯實한 무리로 차차 액수를 채우도록 합니다. 그중 兼役하게된 束伍의 資保는 退出 여부와는 관계없이 私賤으로 삼아, 官에서 일일이 충정합니다. 官에서 保布를 걷어서 나누어주되, 保布는 다른 私賤의 예와 같이 1인에 半疋로 정하여 시행토록 합니다. 만약 資保를 충정하여 지급하지 않은 고을이 있으면, 해당 수령은 발견이 되는 대로 아뢰어 처분하게 합니다. 다른 道에도 이대로 일체 시행할 것을 각도의 監司·兵使에게 분부하는 것이 어떻겠습니까?[30]

---

28) 『英祖實錄』 권70, 영조 25년 12월 계묘, 43집 359쪽. '湖南御史金致仁復命
　　白上曰 各邑束伍 全以私賤無依者充定 習操時輒逃散 將校輩驅來乞丐之流
　　臨急苟充 緩急有何可恃乎 上命重推道臣帥臣及營將 幷飭各道.'
29) 『承政院日記』 1116책, 영조 31년 2월 2일, 62집 80쪽. '(左議政金)尙魯曰
　　此黃海兵使趙東晋狀啓也 備陳私賤束伍疎虞不成樣之弊 仍請另擇兼役中精
　　壯者 編充團束 退出之私賤束伍 則移作兼役束伍資保 官捧資布 出給戶首矣.'
30) 같은 사료, 81쪽. '(金)尙魯曰 勿計有無役良私賤 只擇其有根着壯實之類
　　次次塡額 其中兼役束伍之資保 則以私賤毋論退出與否 自官一一充定 自官
　　徵給保木 而保木則依他私賤例 每名以半疋爲定 定式施行 如是定法之後
　　若有資保不充給之邑 則當該守令 隨其現發 狀聞覆處 而他道一體依此擧行

결국 良人 束伍의 兼役 해소조치는 20년이 못되어 다시 원점으로
돌아가게 된 것이었다. 따라서 束伍軍은 다시 兼役 명색으로 남게 되
었다. 良人을 다시 束伍軍에 편입시킨 것은 그 실효성을 위해서는 불
가피한 측면도 없지 않았다. 하지만 兼役이라는 형식은 良人의 부담
을 초래하는 것이었다. 물론 資保를 1명 지급해 줌으로써 그 보상을
하려고 했지만 無根着의 가난한 私賤에게 반필씩의 포를 걷는다는
것도 용이하지는 않은 일이었다. 이에 英祖 36년에 副司直 鄭纘述은
資保를 有根着한 閑遊者로 정해 줄 것을 청하게 된다.31) 아울러 束伍
軍의 수를 줄이고 정예화하며, 잡역을 면제해 줄 것도 청하였다. 하
지만 조련에 관계된 조항을 제외하고는 받아들여지지 않는다. 私賤으
로 資保를 정해준 뒤에 제대로 관리가 되지 않았음을 유추해 볼 수
있다. 이는 束伍 元軍에도 해당하는 것이었다. 따라서 속오의 액수를
줄여서 정예화할 것이 건의되고 있는 것이다.

束伍軍의 兼役이 해소되지 않고 그들을 減額하지도 않은 상황에
서는 束伍軍이 제대로 운영되기가 어려웠다. 이에 따라 이후에는 실
질적으로 賤隸軍化하였던 것으로 생각된다. 良人들은 冒稱 幼學 등
의 갖은 방법을 통해 束伍軍을 謀避해나가고 있어, 실제로는 세력이
없는 家戶의 奴僕이나 雇工등의 무리로 충당되었던 것이다.32) 따라
서 공식적으로는 여전히 束伍軍이 兼役으로서 良·賤 혼성의 군대
여야 했지만, 실제로는 賤隸軍化하고 있었다. 英祖 52년 行副司直 具
善復은 束伍軍의 허구화 시점을 均役法 이후로 상정하면서, 다시

事 分付於各道監兵使 何如 上曰 依爲之.'
31) 『承政院日記』1186책, 영조 36년 10월 27일, 66집 365쪽. '副司直鄭纘述疏
　曰 … 束伍之法 不可不一番更張 付有司 減其額數 使各邑抄出壯健可用
　者 除其雜役 以有根着閑遊之輩 定給自保 則可無聚散之患 且無虛錄之弊矣.'
32) 『承政院日記』1284책, 영조 44년 9월 23일, 71집 828쪽. '(行副護軍李)章
　吾曰 外方軍政 朝家前後申飭 非不嚴明 而團束軍丁 自是緩急所恃 而近來
　籍法不嚴 人心不古 冒稱幼學 圖入鄕案 免役多岐 有根着可合軍伍者 擧皆
　遺漏 只以無勢家孤奴 貧殘備賃之類 苟然充數 事極駭然 今年則巡操巡點
　並停止 如此之時 尤宜另飭 故敢達.'

良·賤을 혼성하여 소홀하지 않도록 청하고 있다.[33]

正祖代에 들어서도 束伍軍은 계속 빈잔한 사람들로 충정되고 있다. 校生·院生이나 軍校 등의 명색으로 형편이 조금 나은 良人들이 대거 冒屬하면서, 속오는 '의지할 데 없는 지극히 잔약한 백성들'로 충당되어 '아침에 채워넣으면 저녁에 달아나는' 지경이었던 것이다.[34] 특히 正祖 15년의 기사에서는 18세기 후반의 속오군이 천예화되고 있다는 점을 확인할 수 있다. 全羅右水使 卞至健이 물에 빠진 사람을 구출한 공로로 포상할 것을 청한 9명 가운데 '束伍를 役으로 하고 있는 자'가 1명이고, 나머지는 良人과 船人이었다. 그런데 束伍는 그 사람의 役을 제해주면 되지만, 良人·船人 등은 加資해주거나 米布를 지급해 주는 방법 이외에는 다른 대안이 없다는 것이다. 그런데 당사자들은 加資를 바라니 처분을 기다린다는 내용이었다. 이에 대해 조정에서는 우선 束伍의 경우 그 역을 면제한 뒤에 논의케 하도록 하고 있다.[35] 여기에서 束伍와 良人이 비교 대상이 되고 있는 점을 주목할 수 있다. 이는 당시 束伍의 대부분이 賤人으로 충당

---

33) 『承政院日記』1375책, 영조 52년 2월 8일, 77집 19쪽. '行副司直具善復書曰 … 各道束伍軍設施之初 毋論良賤 通同充定 故軍無空額 邑無虛簿 自夫良役變通之後 爲慮兼役之稍苦 乃以私奴 苟充成伍 朝編暮散 十亡七八 或當習操之時 雇人代立 以免目前之罪 有軍如此 脫有緩急 將何所恃 … 臣意以爲束伍充定 一依古例 良丁私賤 並令編伍 而作爲魚鱗作隊之法 俾無闕額疎虞之弊.'

34) 『承政院日記』1587책, 정조 9년 7월 26일, 85집 197쪽. '幼學趙煜疏曰 … 而至於束伍 則皆以無依至殘之民 苟充其數 朝補而夕逃.'

35) 『承政院日記』1693책, 정조 15년 8월 25일, 89집 898쪽. '林濟遠以備邊司言啓曰 因全羅右水使卞至健拯活人請狀啓合施之典 令廟堂草記稟處事命下矣 務安等邑九人之拯活人一百十九名於頃刻必死之際者 不特急人高義 有足嘉尙 其勸後之道 亟加褒賞 宜無所惜 而但九人之中 束伍爲役者 只是一名 餘外八名 俱以良人與船人 懸錄束伍 若使限己身除役 則在渠爲幸莫大 至於良人與船人 若非嘉資米布之外 更無他道 所謂若干米布 何足謂別般激勸之道 而渠輩之心 必以爲不及於加資之榮矣 雖然微賤之類 所願何居 有難遙度 更爲關問該營 從自願論報備布後 更爲商量稟處何如 傳曰 允 限己身除役者 先爲除役事 分付可也.'

되고 있었다는 현실을 반영하는 것이라고 생각된다.

이상에서 살펴본 바와 같이 18세기 후반에 束伍軍의 신분구성은 賤人들 중심으로 재편되고 있었다. 그러나 그것은 '현실적'인 현상이 었지, 결코 법제화된 것은 아니었다. '법제적'으로는 여전히 良·賤 혼성의 원칙이 지켜지고 있었다. 이렇듯 '현실적'인 측면과 '법제적'인 측면에는 괴리가 있었으며, 그것이 연구자들 사이에서 혼선을 빚게 하였던 것이다. 다음으로는 이 문제와 관련하여 河東의 軍案에 대해서 분석을 하도록 하겠다.

2) 『河東府束伍軍兵保人戊午式改都案』의 분석

18세기 후반의 束伍軍과 관계된 軍案으로는 正祖 22년(1798) 慶尙道 河東府에서 작성한 『河東府束伍軍兵保人戊午式改都案』이 있다.[36] 이 자료는 河東府에 소속된 束伍軍 保人의 명단으로, 기존의 논문에서도 대략적으로 검토된 바 있다.[37] 그 결과 18세기 후반까지도 속오군의 신분구성은 良·賤 混成이 지속되었음이 드러나, 기존의 연구에서 18세기 초반에 이미 속오군이 賤隸軍化되었다는 주장에 대한 재검토가 필요하다는 견해가 제기된 바 있다. 그런데 이 자료의 분석에는 보다 면밀한 주의가 필요하다고 생각한다. 재검토를 주장한 연구자 스스로도 인정하고 있듯이 18세기의 軍籍이 그 사실성을 의심받을 정도로 虛額·虛簿의 폐가 거론되고 있고, 실제로 이 자료에서도 그러한 점이 적지 않게 발견되고 있기 때문이다.[38] 그렇

---

36) 이 자료는 규장각에 소장되어 있으며, 문서번호는 〈奎12333〉이다. (이하 『개도안』으로 略記).

37) 이 자료는 柳承宙에 의해 처음 소개된 바 있으며, 그 후 李謙周에 의해 분석되었다. 柳承宙, 1969, 「朝鮮後期 軍需鑛工業의 發展 -鳥銃問題를 中心으로」『史學志』 3, 8쪽. ; 李謙周, 1990, 「朝鮮後期 社會身分 變動問題에 대한 研究 -軍役의 良賤混成과 관련된 側面」『蔚山史學』 3, 15~16쪽.

38) 李謙周는 保人의 父名이 거의 '夫之'로 기록된 점에서 그러한 의심을 하

지만 虛簿의 혐의에도 불구하고 이 자료는 몇가지 중요한 사실을 알려주고 있고, 따라서 그 사실성 여부에 유의하면서 분석할 필요가 있다. 즉 『개도안』에 기록된 내용 하나하나의 진실성은 의심의 여지가 있지만 전체적인 편제나, 편성 원칙 등과 관련해서는 일정한 원칙이 지켜지고 있고, 이는 나름대로 분석의 가치가 있다고 보여지기 때문이다.

자료의 기재 순서는 단위부대인 部-司-哨-旗-隊의 순서 아래 속오군 戶首의 직능 및 이름이 기재되어 있고, 행을 달리하여 保人의 이름과 나이, 父名, 소속 고을 및 주소, 신장, 수염 및 흉터 여부, 『개도안』에 실린 해 등이 기록되어 있다. 이 자료 중 하나의 기록을 예시하면 다음과 같다.

> 右部後司右哨 … 三旗 … 一隊 …
> 第六 奴好三
> 　　　保朴用淂 年五十 父夫之 係河東 住內橫甫 長四尺 髥疤無 己
> 　　　亥入

이 자료는 右部 後司 右哨 三旗 一隊의 제6번 대원인 奴 好三의 保人인 朴用淂에 대한 기록이다. 그의 나이는 50이며, 父의 이름은 夫之, 河東 소속에 內橫甫 마을에 살며 키는 4척이고 수염이나 흉터는 없으며 己亥年(正祖 3년·1779)에 등록된 것으로 되어 있다. 이러한 기재 양식은 앞에서 살펴본 16세기 말 束伍軍 成立期의 軍案과는 여러 가지 면에서 차이점으로 드러내고 있다. 이는 기본적으로 두 군안의 성격이 다르기 때문으로 생각된다. 즉 『편오책』과 『용모책』으로 전해지고 있는 성립기의 군안은 속오군 자체의 편성을 충실히 기록해 놓고 있는데 대하여, 『개도안』은 속오군의 保人에 대한 개편기록이라는 차이점이 있다. 따라서 '保人'의 관리에 초점이 두어

_____

엿는데, 후술하는 것과 같이 保人이 軍案에 등록된 시기 등에 있어서 虛簿의 혐의가 짙게 배어난다.

져 있는 만큼, 戶首에 대한 기록이 상대적으로 소홀해 속오군 편제의 전반적인 모습을 살피기에는 부족한 감이 있다. 즉 앞에서 살펴본『편오책』과『용모책』에 나타나있는 속오군병의 주특기가『개도안』에는 나타나있지 않으며, 특히『용모책』의 경우에는 속오군의 직역이 기재되어 있었던데 대하여,『개도안』에서는 직역을 추정할 수 있는 자료가 없다.

하지만 이 밖에는 속오군에 대한 軍案이 전혀 찾아지지 않는 현실에서, 부족한대로 사료를 적극적으로 이용할 필요가 있다. 한편 속오군 戶首에 대한 기록과 保人에 대한 기록이 함께 나타남으로 인해서, 성립기에는 찾아볼 수 없었던 束伍軍 保人에 대한 기록을 확인할 수 있다는 것은 이 자료가 갖는 장점이 될 수 있다. 특히 이 자료에는 속오군 保人이 軍案에 처음 편성되었던 시기가 함께 기록되어 있어, 束伍軍의 운영에 대한 여러 가지 문제들을 살펴볼 수 있는 단서를 제공하고 있다.

한편 두 자료에 거의 유사한 형태로 실려있는 자료들도 형식만이 유사할 뿐 내용에 있어서는 큰 차이를 보이고 있다. 즉『용모책』에는 신장이나 수염, 흉터 등이 어느 정도 충실하게 기록되었던데 대하여,『개도안』에는 신장은 전부 4척으로, 수염과 흉터는 구분없이 그저 '鬚疤無'라고 일률적으로 기록되어 있다. 이는 18세기 후반에 오면 용모의 파악이 실제적으로 행해지지 않고 형식적으로 이루어졌음을 반증하는 것이다. 이와 같은 형식적인 파악은 이후 19세기의 군적에서도 동일하게 나타나고 있다.[39] 이와 함께『개도안』에는 保人의 父의 이름이 기재되어 있으나, 215명중 162명(75%)의 父名이 '夫之'로 기록되어 있다.[40]

---

39) 李玗秀, 1993,「朝鮮末期의 軍籍 -陸軍博物館 所藏 軍籍文書의 分析」『學藝誌』3, 陸士 육군박물관, 52쪽, 66쪽.

40) 역시 19세기의 군적에서도 父의 이름의 상당수가 '夫之'로 나타나고 있다. (李玗秀, 같은 논문) 그것은 父名이 파악되지 않을 때 '不知'로 표기해야 할 것을, 기재 상의 편의상 同音의 '夫之'로 바꾸어 표기한 것으로 추정된다.

『개도안』에서는 기존의 '營'에 해당하는 최상급 부대의 명칭이 '部'로 나타나고 있는 것도 주목된다. 그 이하의 司-哨-旗-隊의 순서와 명칭에는 변함이 없으나, 營만이 部로 나타나고 있는 것이다. 또한 河東의 束伍軍이 2개 이상의 '部'에 속해있는 것도 주목할 만한 사실이다. '部'는 '營'에 해당하는 것으로, 하나의 鎭管에 설치되는 단위부대이다. 그런데 한 고을의 군병이 서로 다른 진관에 소속되어 있다고 하는 것은 거주지 중심의 편성원칙을 규정한 설치 당시의 기준과 합치되지 않는 것으로, 束伍軍의 운영이 심하게 변질되고 있음을 나타내는 것이라고 볼 수 있다. 성립기 평안도의 경우에는 큰 고을의 경우에도 한 고을이 司의 단위를 벗어나지 않고 있다.[41] 한편 최하급 단위부대인 '隊'의 책임자의 명칭도 16세기 말 평안도의 경우에는 '隊摠'이었던 것이, 이 자료에서는 '隊長'으로 나타나고 있다.[42]

이상과 같은 자료적 한계를 염두에 두면서, 자료의 분석에 들어가 보기로 하겠다. 『개도안』에 나타난 束伍軍의 戶首는 모두 196명이고, 保人은 215명이다. 戶首와 保人의 수에 이렇게 차이가 나는 이유는 2인의 保人이 지급된 戶首가 19명이 있기 때문이다. 2인의 保人이 지급된 경우는, 卷頭의 左別中哨의 戶首 5인을 제외하고는 14명이 모두 卜馬軍이었다. 英祖代 '束伍節目'에서는 卜馬軍에 대한 保人의 추가 지급 규정이 마련되어있지 않다. 따라서 卜馬軍에게 2인의 保人이 지급된 이유는 명확치 않으나, 그 역이 苦役임이 감안되었던 것 같다. 한편 左別中哨의 경우에는 상급부대인 部나 司의 소속여부가 명확하지 않은데, 말그대로 '別哨'이기 때문에 예외적으로 2명씩의 保人이 지급된 것이 아닌가 한다. 別哨 5명의 신분은 모두 良人이었으며, 소속 保人 10명도 모두 良人으로 구성되어 있다. 따라서

---

41) 이 책 제1장 Ⅱ절 2. 束伍軍의 編成 실태 참조.

42) 원래 『紀效新書』에서는 '隊'의 책임자가 '隊長'으로 되어 있는데, 柳成龍이 받아들이는 과정에서 '隊摠'으로 명명한 것으로 보인다. 戚繼光, 『紀效新書』 권1, 束伍篇, 「隊長腰牌陽面」 (1998, 『紀效新書』 上, 國防軍史研究所, 49쪽) ; 柳成龍, 『西厓集』 「年譜」 권2, 萬曆 24년 丙申 1월. (『총간』 52집, 519쪽)

別哨는 나름대로 일반 속오군과는 일정하게 구별되고 있다. 다음〈
표 16〉은 河東 束伍軍의 戶首와 保人을 그 신분 및 직능별로 구분해
서 도표화한 것이다.

　河東 속오군의 戶首와 保人을 합하면 良人이 약 70.6%, 賤人이
29.4% 정도의 비율이 된다. 이러한 분포는 성립기인 16세기 말 平安
道의 良人 73.8%, 賤人 26.2%와, 재편기인 17세기 후반 江原道 伊川
의 良人 65.3%, 賤人 34.7%의 비율과 큰 차이를 보이지 않는다. 따
라서 이러한 통계를 바탕으로 하여, 18세기 후반까지 束伍軍에 있어
서 양천 혼성이 지속되었다고 한 李謙周의 언급은 현상적으로는 충
분히 근거가 있는 주장이었다.

〈표 16〉 河東 속오군의 신분별 직능별 구분

구분		本部(%)	旗摠(%)	隊長(%)	一般(%)	火兵(%)	卜馬(%)	계(%)
戶首	良	10(62.5)	5(100)	14(100)	99(75.0)	13(86.7)	4(28.6)	145(74.0)
	賤	6(37.5)	0 (0)	0 (0)	33(25.0)	2(13.3)	10(71.4)	51(26.0)
	소계	16	5	14	132	15	14	196
保人	良	9(56.2)	4(80.0)	10(71.4)	89(65.4)	11(68.8)	22(78.6)	145(67.4)
	賤	7(43.8)	1(20.0)	4(28.6)	47(34.6)	5(31.2)	6(21.4)	70(32.6)
	소계	16	5	14	136	16	28	215
계	良	19(59.4)	9(90.0)	24(85.7)	188(70.1)	24(77.4)	26(61.9)	290(70.6)
	賤	13(40.6)	1(10.0)	4(14.3)	80(29.9)	7(22.6)	16(38.1)	121(29.4)
	총계	32	10	28	268	31	42	411

출전 : 『河東府束伍軍兵保人戊午式改都案』
비고 : 비율은 각 항목 내의 양천 비율

　다만 河東府의 전체 인구에 있어서의 良·賤 비율이 밝혀지지 않
는다면, 이러한 분석이 갖는 의미는 반감될 수 있다. 즉 戶籍 자료
등을 바탕으로 하여, 원래 母集團의 구성비와 비교를 해야 賤隷化의
참된 의미가 밝혀질 수 있을 것이다. 17세기 후반 江原道 伊川 호적
을 바탕으로 한 분석에서는, 束伍를 담당하는 職役의 壯丁만을 비교
했을 때, 良人은 25.8%가, 賤人은 33.8%가 각각 束伍軍을 兼役하는

것으로 나타난 바 있다.[43]

戶首와 保人을 구분해서 살펴보아도 큰 차이는 발견되지 않는다. 戶首는 良人이 74.0%, 賤人이 26.0%의 비율을 보이고 있고, 保人의 경우에는 良人이 67.4%, 賤人이 32.6%의 비율을 보이고 있다. 保人의 경우 戶首에 비해 賤人의 비율이 다소 높게 나타날 뿐이다. 다만 직능별로 구분해서 살펴보았을 때, 몇가지 주목할만한 사실이 발견되고 있다. 즉 戶首의 경우, 초급 장교라 할 旗摠이나 隊長의 경우에는 한명도 賤人이 발견되지 않고 있다. 성립기인 16세기 말 평안도의 경우 일부 旗摠과 隊摠이 賤人으로 구성되었던 것과 비교하면,[44] 장교의 임명에 있어서는 오히려 신분적인 기준이 더욱 엄격해진 것으로 볼 수도 있다. 하지만 이것은 시기적인 차이라기 보다는 지역적인 차이로 보아야 할 것 같다. 16세기 말의 경우 같은 평안도 내에서도 義州 진관의 경우에는 1명의 賤人 隊摠도 발견되지 않고 있었다. 한편 戶首 가운데 卜馬軍의 경우에는 다른 직능과 달리 賤人의 비율이 압도적으로 나타난다. 이는 卜馬軍이 苦役이었음을 나타내는 것으로, 유일하게 2명의 保가 지급되는 것과도 무관하지 않은 것이다. 保人의 경우에는 전체적으로 良人과 賤人의 비율이 직능별로 큰 차이를 드러내지 않는다. 이는 保人의 역할이 직접적으로 군사적인 기능을 수행했다기 보다는, 戶首의 경제적 기반을 마련하기 위해서 마련되었음을 나타내는 것이다.

戶首와 保人의 관계에 있어서는, 서로간에 별다른 지배-예속관계가 있었던 것으로는 보이지 않는다. 孝宗代에 처음 保人이 지급될 당시에는 戶首가 스스로 保人을 구하도록 함으로써 戶首와 保人간의 상호 관계가 설정될 여지가 있었지만,[45] 영조대 이후에는 官에서 직접 보인을 충정하였기 때문에 그러한 가능성이 원천적으로 봉쇄되었던 것으로 보인다. 『개도안』에는 戶首가 頉下된 뒤에, 새로 다른

---

43) 이 책 제3장 Ⅰ절 2. 束伍軍의 兼役 실태 참조.
44) 이 책 제1장 Ⅱ절 2. 束伍軍의 編成 실태 참조.
45) 이 책 제2장 Ⅱ절 1. 給保策의 시행과 軍額의 확보 참조.

戶首의 이름이 대신 기재된 흔적이 보이는데,[46] 保人의 명단은 함께 바뀌지 않는 것을 보아도, 戶首와 保人은 서로 무관했던 것으로 볼 수 있다. 戶首와 保人 사이에 다른 지배-예속관계가 설정될 여지가 없었기 때문에, 戶首와 保人 사이에 신분적인 역전 현상이 일어나기도 하였다. 賤人으로 속오군의 戶首로 있는 51명 중, 良人을 保人으로 하고 있는 경우는 33명이나 되었다. 이는 물론 신분적인 경계가 희박해져가는 현상을 보여주는 현상일 수도 있지만, 保人이 戶首에게 예속되지 않은 제도상의 문제를 반영하는 것으로 보여진다.

『개도안』 자체가 속오군 保人의 명단이기 때문에, 戶首에 대한 정보는 소략한 대신 상대적으로 保人에 대한 정보는 충실하다. 그 가운데 保人의 나이에 대한 정보와 처음 都案에 등록된 시기를 나타내는 정보는 여러 가지 측면에서 이용이 가능하다. 즉 都案에 등록된 시기를 통해서 해당 保人이 몇 년째 保人으로 있었는지를 알 수 있다. 또한 保人의 나이 기록을 참조하면, 처음 편성되었던 때의 나이를 추적할 수도 있다. 『개도안』의 保人 215명의 평균 연령은 47세로 23세에서 62세까지 분포하고 있었다. 이러한 연령 분포를 17세기 초반 및 후반의 자료와 비교한 것이 다음의 〈표 17〉이다.

〈표 17〉 朝鮮後期 束伍軍의 연령 비교

시 기	지 역	최 저	최 고	평 균
宣祖 29 (1596)	平安道 安州	12	57	30.5
肅宗 13 (1687)	江原道 伊川	18	52	36.7
正祖 22 (1798)	慶尙道 河東	23	62	47.2

출전 : 『河東府束伍軍兵保人戊午式改都案』

宣祖代와 肅宗代의 자료가 束伍軍의 戶首를 대상으로 한 것이라면, 正祖代의 것은 束伍軍의 保人을 대상으로 한 것이기 때문에 직

---

46) 개도안에 戶首의 이름이 교체되고 있는 경우는 모두 25건이다. 일례로 右部 後司 右哨 2旗 2隊 제10인 某采奉 대신에 李奉良이 代定되고 있다.

접적으로 비교하는 것에 무리가 따를 수는 있지만 전체적으로 평균
연령이 상승하고 있는 추세는 확인할 수 있다. 宣祖代의 자료가 束
伍軍의 성립기라는 점에서, 젊은 사람을 중심으로 편성하였기 때문
에 평균 연령이 가장 낮을 수 있었을 것이다. 또한 河東의 경우 保
人의 명단이라는 점에서도 원인을 찾을 수 있다. 즉 束伍軍兵의 경
우에는 50세까지가 원칙이었는데 비하여, 保人의 경우에는 良役의
규정과 같이 60세까지가 원칙이었던 것 같다. 따라서 전체적인 평균
연령이 상승하게 된 것으로 보인다. 전체 215명 중에 연령이 51세 이
상인 경우는 105명으로, 전체의 절반 가까이 되었다. 이로 보아 保人
의 경우에는 60세까지가 원칙이었던 것으로 보인다. 물론 61세 이상
으로 保人으로 있는 경우도 8명이나 되었다. 그런데 그 가운데 45년
을 초과해서 軍案에 남아있는 경우는 단 1건이었다.[47] 나머지는 나
이는 60세를 초과하였지만 軍案에 올라있던 기간이 양역의 부담 연
한인 45년 이내에 해당하는 경우였다.

『개도안』에 나타난 최저 연령이 23세라 하여 兒弱 충정이 없었던
것으로 볼 수는 없다. 처음 軍案에 등록된 시기와 나이를 비교하면
오히려 兒弱 충정이 상당히 잦았던 것으로 보인다. 軍案 등록 시기
가 확인되는 214명 중에 15세가 되기 전에 충정된 경우는 모두 22명
이나 되었다. 10% 정도가 아약 충정이 되었다는 것이다. 아약 충정
이 된 경우에는 복무연한인 45년을 초과해서 군안에 남아있는 경우
가 많았다. 앞에 61세 이상 중에 45년을 초과했던 金志才의 경우를
제외하고도 7명이나 더 있었다. 그런데 군안등록의 시기와 나이와를
비교하는 과정에서, 불합리한 경우가 발견되었다. 태어난 해보다 등
록된 시기가 더 앞선 것으로 나타나는 경우가 있었던 것이다. 214명
중에 그러한 경우는 5건이었다. 다음 〈표 18〉은 이러한 문제가 발생

---

47) 右部 後司 右哨 2旗 3隊 제1 姜乭淡의 保人인 金志才의 경우에 해당한
　　다. 金志才의 나이는 61세인데 癸亥年(1743)년에 군안에 올랐으니, 이해
　　(戊午·1798)를 포함하면 56째 軍案에 올라 있는 셈이 된다. 金志才가
　　처음 군안에 올랐던 당시의 나이는 6세인 셈이다.

한 사람들의 명단이다.

保人 金石太의 경우에는 나이가 41세인데, 戊寅年(1758)에 등록되어 41년째 복무중인 셈이다. 이 경우는 그래도 태어난 해에 등록한 경우가 되지만, 나머지 네 경우는 태어나기 전에 등록한 셈이 된다.

〈표 18〉 등록 시기가 앞선 경우

소속 부대	戶首	保人	나이	(생년)	등록년(서기)	연차	오차
?-?-左別中-1-2	金千孫	朴太中	43	1756	甲戌(1754)	45	2
右-後-後-1-1	奴 日三	金石太	41	1758	戊寅(1758)	41	0
右-後-後-1-2	奴 成三	李世奉	47	1752	辛未(1751)	48	1
右-後-後-2-2	朴千堂是	朴朔不	51	1748	辛酉(1741)	58	7
左-左-左-3-1	劉朔淡	朴命福	38	1761	甲戌(1754)	45	7

출전 : 『河東府束伍軍兵保人戊午式改都案』
비고 : -(생년)은『개도안』작성 시기인 1798년을 기준으로 역산
　　　 -연차는 복무 연차. 등록한 해와 개도안 작성된 해를 모두 포함.

朴朔不과 朴命福의 경우에는 무려 태어나기 7년 전에 군안에 오른 셈이 된다. 이와 같은 경우를 軍案의 虛簿化의 실례로 보아야 할지, 아니면 나이나 등록년을 기재함에 있어서의 단순한 착오로 보아야 할지 판단하기 어렵다. 다만 이러한 경우가 자료에 대한 신뢰도를 크게 떨어뜨리고 있음은 분명하다.

결론적으로 『개도안』에서 나타나는 이러한 착오는 그 당시 束伍軍의 운영 실태를 그대로 드러내주는 것이라고 생각된다. 즉 장기간 조련의 정지로 인한 실제적인 역할의 변질이 束伍軍의 改都案에도 그대로 반영되었다고 보이는 것이다. 신장이나 수염, 상처 등의 획일적인 표기나 실제 나이와 등록년과의 착오 등은 군안관리상의 그러한 미비함을 드러내주고 있는 것이다.

이러한 문제점에도 불구하고 이 자료를 虛簿로만 단정해버릴 수는 없다고 생각한다. 어느 시기의 軍案이나 虛簿의 가능성은 내포하고 있는 것이었다. 束伍軍에 대한 통제가 가장 심했던 孝宗代의 경우에도 軍案 작성이 부실하게 운영되는 경우가 확인된다. 孝宗 9년(1658)

에 嶺南의 暗行御史로 파견되었던 閔鼎重이 군병과 容貌疤記成册을 일일이 대조한 결과 마마자국이나 신장, 흉터, 나이 등에서 相異함이 발견되었다. 하지만 기록된 사람 자체는 맞는 것으로 보아 다른 사람이 代點한 것은 아니었고, 애초에 소홀하게 작성된 탓이었다.[48]

이렇듯 軍案은 어느 시기에나 완벽하게 작성될 수는 없었다. 다만 정도의 차이가 있을 뿐이었다. 束伍軍의 조련이 규정대로 시행되던 17세기에는 보다 사실에 가까웠다면, 조련이나 點考가 시행되지 않던 18세기 후반에 이르면 많은 부분에서 사실과 차이를 보일 수 있었다. 각종 容貌疤記와 관련된 부분이 획일적으로 기재되고 있었던 것도, 군병에 대한 점검이 이루어지고 있지 않던 상황을 반영하는 것이었다. 그렇다고 해서 기재된 군병의 실체 자체가 존재하지 않는 허구인 것은 아니었다.『개도안』에서 戶首가 탈이 생겼을 때 代定되고 있었던 것은 軍兵 개인에 대한 파악이 이루어지고 있었음을 보여준다.

河東 군안에 나타난 束伍軍의 신분 문제도 그대로 인정할 수 있다고 여겨진다. 즉 河東 지방의 속오군은 良·賤 혼성군으로서 존재하고 있었다. 천예화되고 있었던 당시의 '현실적'인 추세와는 배치되는 현상이지만, 지역에 따라 차이가 발생할 수 있는 것으로 보인다. 또 속오군에 편성된 良人과 賤人은 실제적인 처지에 있어서 크게 다르지는 않았을 것으로 판단된다. 앞의 제1장과 제3장의 사례 분석을 통해서, 속오군의 부담이 일부 직역으로 집중되는 추세를 확인할 수

---

48) 閔鼎重,『老峯集』권11,「嶺南暗行御史別單書啓」(『총간』129집, 271쪽) '事目內點兵時 御史親執容貌疤記成册 一一點看 以防代點者 臣謹依事目 親自點看 則各邑成册 一樣疎漏 軍人顔面縛鐵之互錯 身形長短之相違 固 不足言 而至如疤有而書無 疤無而書有 年歲或有十餘之差錯 父名或有案付 之頓異 臣驟見驚駭 莫知其由 然見其人爲狀 則決是久編之卒 有非一時代 點之類 故更加詳問 察其曲折 蓋各邑於軍案一事 視之尋常 主將點閱 亦不 執簿相準 以致初入軍伍之際 不爲詳問細記 或有旣問之後 雜書誤記者 或 聽他人之告 遽爲塡書而不復檢實 訛謬之甚 至於此多 有難盡摘 故只以其 中大段差違者 抄錄以啓 以備朝廷處斷 其中晉州咸陽成册稍勝 而居昌最爲 雜亂矣.'

있었다. 이러한 추세는 正祖代에도 예외가 아니었을 것이다. 따라서 束伍役은 일부 빈궁한 하층 良人이나 賤人들의 부담이 되어갔으며, 이들이 조정에 의해서는 '의지할데 없는 지극히 잔약한 백성들'이나 '세력이 없는 가호의 노복이나 고공들의 무리'로 파악되었던 것이다.

正祖代에 속오군의 조련이 徭役에의 동원 장치로 변질되고 신분 구성이 천예화한 것은 지방군에 더 이상 군사적인 의미를 둘 수 없는 상황이 되었다. 이러한 지방군제의 공백을 맞아 일부 지식인 사이에서는 자치적인 향촌 방위책이 모색되고 있었다.

Ⅱ. 純祖代 鄕村防衛策의 대두

束伍軍을 유사시에 동원할 수 있으려면 평소에 충분한 조련의 실시가 전제되어야 했다. 그러나 실제로 조련은 행해지지 못했고, 徭役 동원의 형태로 변질하고 있었다. 또한 그 신분 구성도 급격히 하락하고 있었다. 한편 새로 설치되기 시작한 각종 地方軍은 재정적인 목적으로 이용되어 본래의 군사적인 목적을 상실하고 있었다. 이러한 地方軍의 공백 상태를 맞이하여 실학자를 비롯한 진보적 지식인들은 나름대로의 대안을 모색했다. 그것은 鄕村 단위의 자치적인 방위책이었다. 이러한 구상은 18세기 전반부터 제기되기 시작하여 19세기에 오면 구체화된다.

18세기 實學者들의 지역방위에 대한 기본적인 구상은 향촌조직과 군사조직과를 일치시키는 것이었고, 그 모범은 중국의 제도였다. 李瀷은 古代의 周禮에서 比-閭-族-黨으로 이어지는 지방조직을 伍-兩-卒-旅의 군사조직과 연결, 守令 및 監·兵使에 예속시켜 유사시에 동원할 수 있게 하는 것을 구상하고 있었다.[49] 한편 柳壽

垣은 鎭管制度를 정비하고 束伍軍은 守令에게 소속시키되, 保甲 제도를 병행할 것을 제안하였다.[50] 10家를 甲으로, 10甲을 保로 하되 그 이상은 束伍軍의 將官에 예속시키는 것이었다. 역시 그 원형은 古代의 管子에 두고 있었다.

중국의 古制를 토대로 지역방위를 추구하는 實學者들의 원론적인 구상은 安鼎福에게서 좀더 현실적으로 나타난다.[51] 李瀷이나 柳壽垣의 주장이 당시의 지방제도를 전면적으로 개편하는 것을 전제로 하고 있는 것이었던데 대하여, 安鼎福은 面 이하의 말단 향촌을 단위로 한 자치방위론을 구상하고 있었던 것이다. 그는 「鄕社法」[52]을 통하여 종래의 향약 체제에 중국의 保甲法的 성격을 가미한 自衛團的 향촌편제를 제안하였다.[53] 그의 향촌조직은 統-甲-社-鄕의 편제로 이루어진다. 5家로 1統을, 2統으로 1甲을, 10甲으로 1社를 구성하고 社를 모아 鄕을 구성하는 것으로 이때의 鄕은 당시의 面에 해당하는 것이었다.[54]

---

49) 李瀷(1681~1763), 『星湖僿說』 제7권, 人事門, 「軍政」 및 제11권, 人事門, 「保甲」.

50) 柳壽垣(1694~1755), 『迂書』 권9, 「論束伍保甲」 '或曰 束伍何以處之 答曰 修明鎭管之制 以束伍付之守令 而兼行保甲 則詰奸禦寇 竝有實效矣 或曰 願聞其制 答曰 宜就戶口法中 編鄕編里之法 推行保甲之制 十家爲甲 立之長 十甲爲保 立之正 正之上 以束伍將官統之 … 此實管子寓兵於五家之意也.'

51) 安鼎福의 향촌자위론에 대해서는 다음의 논문 참조. 潘允洪, 1982, 「順菴 安鼎福의 鄕村自衛論 硏究」 『軍史』 5.

52) 安鼎福의 「鄕社法」은 그가 27세되던 英祖 14년(1738)에 저술되어, 英祖 33년(1757)에 완성되는 『臨官政要』에 부록으로 수록되었다. 『臨官政要』는 현재 몇 개의 다른 판본이 전해지고 있는데, 1974년 金東柱가 번역본을 내면서 교감하였다. 이 책에서는 金東柱의 번역·교감본을 참조하였다. 安鼎福 著, 金東柱 譯, 1974, 『臨官政要』, 乙酉文化社.

53) 安鼎福(1712~1791), 『臨官政要』 附錄, 「鄕社法」 '右卽古保甲法之遺制 而誠爲固國便民之要術也 一切敎化 一切政事 皆寓于此 若參以呂氏鄕約 及我朝先輩退溪寒岡栗谷 皆有鄕約法條已行之規略 相礼括而遵行之 則期月之間 斯已有效矣.'

54) 같은 사료. '一. 鄕社之籍 … ○五家爲統 … ○二統爲甲 … ○十甲爲社 … ○聚社爲鄕[今之面也].'

「鄕社法」에서는 종래의 향약과 같이 서로 돕고 규제하는 각종 조항을 규정하고 있는데, 주목할 것은 그 가운데 유사시에 군사조직화할 수 있는 방안을 준비하고 있는 점이었다. 鄕社의 禮로써 冠·婚·喪·祭 등과 같은 일상 생활의 예를 朱子家禮에 의거하여 시행할 것을 권장하면서 '射禮'를 특기하고 있다. '射禮'에서는 각각 신분에 따른 활쏘기의 연습 방법을 규정하고 있다.55) 또한 매 鄕마다 한적하고 너른 곳을 택하여 敎場을 설치하고 군사훈련을 실시할 수 있도록 하였다.56)

또한 安鼎福은 각 자치단위별로 일정한 장비를 갖추도록 하고 있는데, 戶마다 弓·鎗·劍·銃 중의 병기 하나와 木棍 1조를, 統마다 횃불과 포승 및 麻屨 각각 2건과 鉾鈸 1개를 준비하는 등 각 단위조직별로 자치방위에 필요한 각종 기구들을 마련케 하고 있었다.57) 이와 함께 鄕 단위로 요해처에 城堡를 쌓아 유사시에 대비토록 하고 있었다. 즉 적이 소수일 때에는 각 鄕·社가 서로 도와 격퇴토록 하되, 적의 규모가 클 경우에는 城堡에 들어가 '淸野戰術'을 펴면서 官軍의 도움을 기다리는 것이었다.58)

이상과 같은 安鼎福의 주장은 지방군제가 동요하면서 향촌 단위의 방위 필요성이 제기되던 18세기 중엽의 상황을 보여주는 것이었

---

55) 같은 사료. '一. 鄕社之禮 … ○射 每月朔望 士習射于學宮 齊民習射于別圃 庶人在官者 習射于公署 農民每以農隙習射 皆令能教不能 而官與鄕師提督之 或行鄕射禮.'

56) 같은 사료. '一. 鄕社之禮 … ○敎場 每鄕 就一寬閑處 爲敎場設壇 定敎師選軍民 敎試諸般武藝 能者中選.'

57) 같은 사료. '一. 鄕社之備 ○每戶 備兵器一件[弓鎗劍銃中一] 木棍一條[貧者只備此] 每統 炬二條 徽索以件[所以縛賊] 麻屨二件 鉾鈸一箇[所以警盜] 每甲 鑼一面 每社 中鼓一面 喇叭一箇[所以警衆] 旗一面 每鄕 大鼓一面 牛二隻 馬三匹.'

58) 같은 사료. '一. 鄕社之備 … ○每鄕 就地形要害處 築城一堡 若有緩急 則鄕民入保 器械粮資 盡爲輸運 則賊來 野無所掠 不能久屯矣[每鄕各社 相爲聲援 賊小則勦滅之 賊大則入保之 又有官軍 乘勢追擊 節度鎭管 以大軍臨之 賊必無所容而遁去矣.]

다. 그러나 아직까지는 地方軍이 완전히 형해화되고 있지는 않음을 보여주는 것이기도 하였다. 따라서 유사시 官軍의 도움을 기대하면서 城堡에 들어가 지연전술을 구사할 수 있었던 것이다. 그러나 18세기 후반 이후가 되면 지방군에게 그러한 도움 조차 기대할 수 없는 상황이 되고, 향촌방위론은 좀더 구체화된 형태로 나타나게 된다.

18세기 후반에도 지방제도와 군사제도를 연계시켜 전면적으로 개혁할 것을 주장하는 견해가 계속 제기된다. 洪大容은 전국을 9道로 하고, 그 이하에 각각 9개씩의 하부 단위가 郡-縣-司-面의 순서로 편제되는 지방제도를 구상하였다. 이는 大將-將-校-旗-隊의 군사제도와 직결되어, 각 행정단위의 장관인 道伯-郡守-縣監-司長-面任은 군직인 大將軍-將軍-校尉-旗摠-隊長을 겸하도록 되어 있었다.59) 이러한 제안도 역시 근본적인 제도개편을 전제하고 있었다는 점에서 실현 가능성의 측면에서는 의문이 제기되는 것이었다. 이러한 상황에서 丁若鏞의 '民堡議' 주장이 대두한다.60)

'民堡議'는 城堡를 쌓아 유사시에 대비하려고 하였다는 측면에서는 安鼎福의 주장과 연결되는 것이었다. 그러나 安鼎福의 주장이 소박하고 개설적인 것이었다면, 丁若鏞의 그것은 매우 체계적이고 구체적인 것이었다. 이는 당시의 지식인들이 가지고 있었던 위기의식의 반영이기도 했고, 그 대책은 그동안 알려져 있었던 관련 이론을 현실에 맞게 종합하는 형식으로 마련된 것이었다.

『民堡議』가 저술되던 純祖 12년(1812)은 바로 같은 해 봄에 일어

---

59) 洪大容(1731~1783), 『湛軒書』 內集 補遺 권4, 「林下經綸」 '分國爲九道 京都居一焉 道置伯一 分道爲九郡 伯營居一焉 郡置守一 分郡爲九縣 守治居一焉 縣置監一 分縣爲九司 監治居一焉 司置長一 分司爲九面 司治居一焉 面置任一 … 隊長統九卒 一隊共十人 旗摠統九隊長一旗共百人 校尉統九旗摠 一校共千人 將軍統九校尉 一將共萬人 大將軍統九將軍 大將共十萬人 … 道伯爲大將軍 郡守爲將軍 縣監爲校尉 司長爲旗摠 面任爲隊長.'

60) 丁若鏞의 '民堡議'와 관련해서는 다음의 논문이 참고된다. 趙珖, 1976, 「丁若鏞의 民權意識研究」 『亞細亞研究』 56 ; 鄭景鉉, 1978, 「19세기의 새로운 國土防衛論 -茶山의 《民堡議》를 중심으로」 『韓國史論』 4 ; 鄭夏明·李忠珍, 1981, 「丁若鏞의 軍事防衛體制觀과 '民堡議'」 『軍史』 3.

났던 洪景來의 난으로 민심이 흔들리던 시기였다. 그러나 이러한 내
란보다도 더욱 丁若鏞을 두렵게 했던 것은 남북의 외적, 특히 남방
의 일본 세력이었다.61) 특히 丁若鏞은 일본이 서양과의 접촉으로 신
무기로 무장하게 될 것을 우려하고 있었다.62) 한편 조선의 지방군은
모두 허설화되어 있었다. 兵·水營의 牙兵은 물론 束伍軍·別隊·水
軍 등이 모두 '虛名'뿐이었던 것이다.63) 이러한 상황은 丁若鏞으로
하여금 새로운 방위체제를 모색하게 했고, 그 모색의 결과로 제시된
것이 바로 '民堡'의 건설이었다.

丁若鏞의 '民堡議' 구상에는 중국에서의 역사적 경험이 바탕이 되
고 있었다. 宋代때의 '弓箭社' 이래, 元과 明을 거치면서 중국의 변방
수비는 '民堡'에 크게 의지하고 있었다. 이에 따라 明代에는 尹耕에
의해 '民堡'의 규모와 절차 등에 대하여 저술한 『堡約』이 나오게 되
고, 이는 다시 茅元儀의 『武備志』에 실려 널리 알려지게 된다.64) 丁
若鏞은 이렇게 중국의 경험을 크게 참조하였지만, 그것에 전적으로
의존하지는 않고 있었다. '民堡'에 대한 경험이 풍부한 중국의 이론은
수용하되, 그 적용은 우리의 현실에 맞게 변용하였다. 이에 따라 柳
成龍이나 趙憲 등의 견해를 적극적으로 소개하기도 하였고, 尹耕이나
茅元儀의 내용을 언급하면서 자신의 주장을 부연하기도 하였다.

---

61) 丁若鏞(1762~1836), 『民堡議』, '今年春[嘉慶壬申春] 西陲不寧 … 大抵域
    內之盜 雖練兵如李施愛 締黨如李麟佐者 都不足憂 畢竟梟自覆亡 惟是域
    外之寇 抵當無術 然北方之强 猶勝南方之暴 所可商略者 南寇而已.'
62) 같은 사료. '又長崎一島 與之接壤 西南番舶 皆聚此地 如瓜哇呂宋三佛齊
    占城琉求之屬 皆其朝暮往來 無異比鄰者也 火箭火砲淫技奇巧 日新月盛
    壬辰鳥銃 於今已爲古調 閃一星之火 而灰萬家之城者 不可勝數 若使此種
    有或自貳於日本者 則其禍必先及於我地 此其最可憂者也.'
63) 같은 사료. '眞若寇來 顧當奈何 我邦戎政 有將無卒 兵營水營 何嘗有標下
    親兵乎 牙兵虛名也 束伍虛名也 別隊虛名也 水軍虛名也.'
64) 같은 사료. '宋史蘇軾傳云 契丹久和 邊兵不可用 惟沿邊弓箭社 與寇爲隣
    以戰社自衛 猶號精銳 蓋亦因民之所自衛 而以之守國也 … 元明以降 中國
    邊備 專賴民堡爲重 … 其規模節目之詳 則蔚人郡司馬尹畊者 爲堡約十二
    章 其略載茅氏軍資之編 此皆弓箭社之遺法 今日之必宜講者也.'

『民堡議』에서는 民堡의 위치 선정문제로부터 축조 방법, 방어 및 경계방법, 편성 및 식량 조달 방법 등 예상할 수 있는 모든 분야에 대한 기존의 견해를 소개하고, 자신의 주장을 피력하고 있다. 그의 주장은 우리 고대 이래의 전통적 병법인 '據險淸野之法'에 근거하고 있는 것이었지만, 평시에 향촌민들을 군대편성으로 조직화하여 이를 전국적으로 확대하자고 주장하였다는 점에서 기존의 주장과는 구별되는 것이었다. 아울러 이미 소멸된 속오군제의 복원이 불가능한 사회현실에서, 구성 가능한 민간자위체제를 상비전력화하자는 주장이기도 했다.[65]

18세기 이래 지방군의 공백 상태를 맞아 실학자 등의 지식인들은 나름대로의 대안을 모색한다. 그것은 두 가지 방향으로 나타났는데, 하나는 지방제도와 군사제도의 전면적인 대개편을 추진하는 것이었고, 다른 하나는 지역 단위의 자치적인 방위책을 마련하는 것이었다. 그러나 두 가지 모두 세도정권으로부터는 받아들여지지 못했으며, 지방의 군사력은 결국 회복될 수 없었다. 이후 丁若鏞의 주장은 대외적 위기의식이 고조됨과 동시에 주목되기 시작하여, 이후 유사한 자치 방위론의 원형이 되었다.[66] 특히 申櫶의 주장은 1867년에 조정에서 공식적인 비변책으로 채택되고, 그가 지은 『民堡輯說』은 다량 인쇄되어 여러 고을에 배포되기에 이른다. 하지만 '西洋'이라는 새로운 대상이 등장한 19세기 후반의 상황은 그 이전과는 다른 차원의 대책이 필요한 시점이었다.

---

65) 鄭景鉉, 앞의 논문.
66) 편자 미상의 『漁樵問答』·『民堡新編』과 申櫶의 『民堡輯說』 등의 저술을 통해 정약용과의 관련성을 확인할 수 있다. 정약용 이후의 향촌 방위론과 관련해서는 鄭景鉉, 앞의 논문 참조. 그 가운데 申櫶의 국방론은 朴贊殖, 1988, 「申櫶의 國防論」『歷史學報』 117 및 崔鎭旭, 1997, 「申櫶의 內修禦洋策 硏究 -1860年代를 중심으로」, 고려대 석사학위논문 참조.

結 論

　壬辰倭亂을 맞아 응급적으로 편성되었던 束伍軍은 이후 몇 차례의 정비를 거쳐, 조선후기 지방군의 중추로 자리잡았다. 束伍軍은 여러 가지 측면에 있어서 이전 시기의 兵種과는 구별되었으며, 그것은 달라진 시대상황을 반영하는 것이었다. 우선 束伍軍은 身分의 구분 없이 편성되었다는 점에서 주목된다. 종래에는 軍役에 편성되지 않는 것이 원칙이었던 賤人이 束伍軍에 포함되게 된 것은 일차적으로는 전쟁기의 위급한 상황을 반영하는 것이지만, 그 후 제도화되었다는 점에서 의미를 갖는 것이었다. 朝鮮前期에는 雜色軍의 형태로서 편제 상으로만 軍役을 담당했던 賤人이 朝鮮後期에는 실제적인 기능을 갖는 束伍軍에 편제된 것이다. 이는 전통적인 신분구조에 변동이 일어나고 있음을 보여주는 것이었고, 또한 이를 계기로 조선후기 신분구조의 변동에 영향을 주기도 했다. 朝鮮前期 이래 노비층의 꾸준한 증가는 정부로 하여금 國役 體系에 대한 새로운 대책을 마련하지 않을 수 없게 했고, 전쟁은 자연스럽게 賤人層을 國役 부담에 포함시키는 계기를 마련하였다. 束伍軍에의 편입을 계기로 賤人들을 대상으로 한 각종 兵種이 만들어지며, 이러한 상황은 종래의 良賤 구별을 무의미한 것으로 만들었다. 즉 신분제의 동요현상을 초래하였던 것이다.

'兼役'으로 운영된 사실은 束伍軍의 가장 주요한 특징이 된다. 束伍軍은 자체가 독자적인 하나의 身役으로 인정되었던 것이 아니라, 본래의 役과는 별도로 부가적으로 지는 '兼役'이었던 것이다. 이 역시도 전쟁 당시에 身役의 여부와 관계없이 군대를 편성했던 상황에서 말미암은 것이지만, 그 골격이 그대로 유지됨으로써 속오군제의 운영에 큰 영향을 미치게 된다. 즉 '兼役'으로 유지된 까닭에 操鍊의 실시 등과 같은 속오군의 정상적인 운영을 불가능하게 했기 때문이다. 군사적인 문제가 가장 큰 관심이었던 시기에는 復戶의 지급 등을 통해 그 부담을 완화시킬 수 있었지만, 조정의 주된 관심이 재정적인 측면으로 옮겨가면서 '兼役'은 해당자에게 큰 부담이 될 수 밖에 없었다. 따라서 조정에서는 조련의 부담을 완화할 수 밖에 없었다. 게다가 조정의 재정정책은 '兼役'의 운영도 파행적으로 이루어지게 만들었다. 원칙적으로 유사시에 대비한 군대였으므로 신체적인 조건이 가장 주요한 선발 기준이 되어야 했지만, 새로 증설된 중앙군문에 소속된 군병들은 이런저런 이유로 속오군의 편성에서 제외되어 갔다. 賤人 가운데에서도 公賤들은 역시 속오군의 편성에서 제외되었다. 그 결과 속오군은 일부 빈궁한 良人이나 私賤들을 중심으로 편성되었으며, 質的인 하락을 피할 수 없었다.

束伍軍은 유사시에 대비한 예비군적인 성격을 지니고 있었으므로, 다른 身役과 같이 일정기간 복무하는 형태를 띄거나 일정한 물품을 납부하는 형태로 유지되는 것이 아니었다. '束伍役'의 주된 내용은 군사훈련에의 참가였다. 물론 外敵의 침입이 있거나 내란이 발생하면 우선적으로 투입되는 것을 전제로 하고 있었다. 평시에는 操鍊에 참가하는 것이 가장 중요한 임무였다. 하지만 操鍊의 운영도 시기적으로 크게 달라지게 된다. 군사적인 문제가 중요했던 시기에는 操鍊을 철저히 시행하면서 그것을 효율성있게 진행하는 장치로써 營將制度를 마련하고, 조련에 대한 대가로써 復戶의 지급이나 身役의 면제조치를 내려주었다. 하지만 군사적인 관심이 덜해지면서, 정부의 입장에서나 민인의 입장에서나 조련의 정상적인 시행은 부담으로 자리잡았다. 그렇다고 해서 속오군제 자체를 부정하고 유사시에 대비하는 새로운 대안이 마련된 것도 아니었다. 그런 상황에서는 조련을 형식적으로 실시하는 수 밖에 없었다. 봄·가을로 두 차례씩 실시되던 兵使의 합동 조련은, 1년에 한 차례만 시행하는 등 점차 시행의 빈도가 줄다가 결국은 거의 시행되지 않는다. 이를 보완하는 역할을 하고 있던 營將의 巡歷도 역시 마찬가지로 급격히 빈도가 줄어들게 되었다. 이를 대체하는 형태로 시행되었던 守令의 '官門聚點'은 결국 徭役동원을 장치로 변질함으로써, 속오군의 군사적 기능은 완전히 사라지게 된다.

束伍軍은 이상과 같은 특징을 지닌 朝鮮後期의 地方軍이었다. 이 책에서는 그것이 창설되는 시기로부터 형해화되는 시기까지, 위와 같은 특징을 중심으로 그 변화 양상을 살펴보았다. 이에 본문에서 서술된 내용들을 중심으로 요약함으로써 결론을 맺고자 한다.

宣祖代는 朝鮮後期 地方軍制의 성립기로 파악하였다. 束伍軍은 왜란을 맞아 中國 戚繼光의 병법을 받아들이면서 창설되었다. 이미 중국 남방에서 日本과의 전쟁을 통해 그 효용성이 입증되었던 이 병법은, 조선의 사정에도 적합한 것이었고 이에 따라 조선후기의 새로운 陣法으로 자리잡게 되었다. 하지만 그 구체적인 적용은 우리의 현실을 감안하여 이루어졌다. 즉 전래의 射手隊를 독자적으로 편제한다든가, 賤人들을 부대 편성에 포함시키는 등의 문제가 그러했다. 그 결과 弓矢를 중심으로 한 朝鮮의 무기체계는 급격하게 鳥銃을 중심으로 하는 것으로 변모해갔다. 이는 또한 조선후기 鑛工業의 발전에도 큰 영향을 미쳤다.

성립기 속오군의 구체적인 편성 실태에 대해서는 『鎭管官兵編伍册』과 『鎭管官兵容貌册』의 분석을 통해서 살펴보았다. 그 결과 새로 도입된 戚繼光의 병법이 실제적으로 적용되고 있음을 확인할 수 있었다. 특히 砲·殺手의 도입으로 무기체계가 변화하고 있었다. 그렇지만 아직까지는 전래의 무사를 중심으로 한 射手가 가장 많은 비중을 차지하고 있었다. 한편 속오군의 신분 구성은 良人이 73.8%를 차지해 천인에 비해 높은 비율을 보이고 있었지만, 殺手나 砲手에는 상대적으로 천인의 비율이 높게 나타나고 있었다. 이는 군역담당계층의 확대라는 점에서 의미를 둘 수 있는 것이었다. 三手 기예별로 직역의 분포에 있어서도 큰 차이를 보이는데, 射手가 전문화된 무사집단을 중심으로 구성되었다면, 殺手는 公私 賤人을 중심으로 구성되었고, 砲手는 다양한 구성을 보이고 있었다.

光海君代부터 孝宗代까지는 朝鮮後期 地方軍制의 강화기로 볼 수 있다. 이 시기는 군사적인 문제가 가장 큰 현안으로 등장한 시기이기도 했다. 日本과 淸을 상대로 한 두 차례의 전쟁, 그리고 淸에 대한 北伐論의 전개는 군사적인 문제를 가장 핵심적인 과제로 만들었다. 이에 따라 壬辰倭亂을 맞아 응급적으로 편성되었던 束伍軍은 수차례의 정비를 거쳐 정식으로 성립하게 된다.

束伍軍은 비상시의 응급적인 조치로 설치된 것이기 때문에 제도화하기 위해서는 보완책을 필요로 했다. 속오군은 본래의 身役에 부가적인 '兼役'으로 편성되었기 때문에 지속적인 유지를 위해서는 별도의 대책이 마련되어야 했다. 또한 束伍軍을 훈련시키는 것도 체계화할 필요가 있었다. 이는 朝鮮前期의 鎭管體制나 制勝方略 체제에 대응하는 새로운 방위체제와도 관련된 것이었다. 이는 營將制度의 성립으로 귀결되었다.

仁祖代와 孝宗代의 두 차례에 걸친 營將制의 정비를 통하여, 束伍軍에 대한 조련도 제도화될 수 있었다. 그 결과 영장이 1월에 1회씩 4개월간 각 고을을 순력하면서 試射·試放하는 제도가 확립되었다. 또한 봄·가을로는 監·兵使의 주관 아래 道 단위의 합동 조련도 시행되었다. 이 밖에 병사는 별도로 각 고을을 순력하며 군장이나 복색 등을 점검하고 있었다. 즉 속오군은 봄·가을의 합동 조련[春秋操]과 병사 및 영장의 순력을 각각 받도록 되어 있었다. 하지만 그것은 전국적인 것도 아니었고, 원활한 시행을 기대할 수 있는 것도 아니었다. 營將制度와 그에 의한 속오군의 조련은 三南지방을 중심으로 시행되고 있었으며, 이미 身役이 있는 民의 추가 부담을 전제로 한 것이었다. 이는 속오군에 대한 대우의 문제를 부각시켰다.

창설 당시부터 계속 문제가 되어오던 속오군에 대한 대우의 문제는 孝宗代에 給保·給復制가 시행이 됨으로써 구체화되었다. 北伐論을 표방하며 군비의 확충에 진력하던 孝宗은, 속오군에 대한 대우의 개선을 통해서 이를 이루려고 한 것이었다. 군사훈련에 참가한 속오군에게 復戶를 지급하거나 身役을 면제시켜줌으로써, '兼役'에 따른 부담을 해결하려 한 것이었다. 그러나 속오군에 대한 保人의 지급은, 반드시 속오군에 대한 '대우'의 개선만을 의도한 것이 아니었다. 그것은 속오군에 대한 물질적인 도움이라는 표면적인 목적 보다는 그를 통해 피역을 방지하고 민인들을 국가의 통제하에 두려는 의도가 더 강하게 드러난 조치였다. 군사력의 강화를 위한 효종의 의도적 노력은, 給保를 통해서 지방군액의 확대라는 형태로 나타나고 있었던 것이다.

顯宗代에서 英祖代에 이르는 시기는 朝鮮後期 地方軍制의 재편기로 파악할 수 있다. 이는 다시 현종~숙종 전반의 시기와 숙종 후반~영조대의 시기로 나누어 살펴볼 수 있다. 효종대까지의 속오군은 營將制의 설립을 통한 操鍊의 제도화, 給保制의 시행으로 표현된 軍額의 확보, 兼役 모순의 해소를 위한 給復策의 시행 등을 통해 강화될 수 있었다. 그러나 顯宗代 이후로는 조련의 불규칙한 시행과 급보 및 급복책의 폐지 등으로 점차 역할이 축소되게 된다. 이는 물론 북벌론을 의욕적으로 추진하던 孝宗의 사망도 한 원인이 되고 있었지만, 대내외적인 상황의 변동과 정부의 정책전환이 보다 큰 원인이 되고 있었다. 이 시기는 淸·日과의 군사적 긴장이 해소되어 정부의 관심이 군사적인 문제보다 재정적인 문제로 옮겨가고 있었다. 또한 이전 시기에는 새로운 군영의 경쟁적인 증설을 통한 군비의 강화로 특징지울 수 있는 시기였고, 이는 北伐論의 대두로 뒷받침되었다. 舊軍制에 중첩된 형태로서 새로 증강된 新軍營의 설치는 필연적으로 군역을 담당할 자원의 부족을 야기할 수 밖에 없었고, 이에 따라 현종대부터는 이의 해결을 위한 새로운 방안이 모색되지 않을 수 없었다. 그것은 양역변통론이라는 이름으로 길게 지속되었는데, 양역의 문제가 큰 국가적 과제로 떠오른 상황에서 지방군인 속오군의 운영은 축소되는 형태로 나타날 수 밖에 없었다. 속오군의 대상의 상당수가 양역을 지고 있었던 兼役者였기 때문에, 추가되는 조련의 부담을 감당하기 어려웠기 때문이다. 더불어 닥친 17세기 후반의 자연재해는, 정상적인 속오군의 운영을 방해하는 또 하나의 원인이 되고 있었다.

그 결과 속오군의 운영에는 많은 변화를 가져오게 되었다. 우선 전반적으로 속오군 조련의 빈도와 강도가 축소되어 가고 있었다. 춘추 양차 거행키로 되어 있었던 병사의 순력·조련은 흉년 등을 이유로 정지되는 예가 늘어갔으며, 거행하더라도 영조 중엽 이후에는 1년에 한차례만 실시하는 것이 관행화되고 있었다. 영장의 순점은 원래 병사의 巡操와 함께 행해지는 것이 원칙이었으나 점차 춘추조의 정지시에 그를 대체하는 역할을 수행하였고, 병사의 조련이 행해지는 경우에는 정지되었다. 영조대에 이르면 춘추조와 함께 영장의 순점도 함께 정지되는 경우가 빈번해지며, 대신 각 고을 단위의 '官門聚點'이 이를 대체하고 있었다. 이와 같은 조련의 축소현상은, 다음에서 살펴보는 바와 같은 給復 조치의 폐지를 감안하면 어느 정도 이해할 수 있는 것이기도 했다. 이미 본래의 신역을 兼役하고 있었던 속오군들로서는, 조련의 정식 시행이 커다란 부담이 되고 있었기 때문이다.

또한 속오군에 대한 給保 및 給復策은 17세기 후반 현종과 숙종대를 거치면서 크게 변화한다. 즉 영남의 속오에 대한 給保는 현종 5년(1664)경에 폐지되었다가 숙종대 후반의 시행 논의를 거쳐 英祖 6년의 제도화로 이어지며, 三南의 속오에 대한 給復은 곡절 끝에 숙종 9년(1683)에 폐지되고 있는 것이다. 給復의 폐지는 당시 재정 운영을 중시하는 정부의 입장을 반영하는 것이었다. 직접적인 세입 감축으로 이어지는 給復制의 유지는 정부로서도 부담이 되는 것이었고, 조련의 축소와 함께 給復의 폐지는 자연스럽게 이루어질 수 있었다. 반면에 給保의 문제는 당시의 양역변통론과 연계되어 논의되고 있었다. 당시의 給保論은 小變通論을 주장하는 少論들에 의해 주로 주장되고 있는데, 이는 양역제의 인정을 전제로 하는 주장이었다.

한편 이 시기에는 계층별·직역별로 束伍役의 부담이 특정한 부류에로 집중화되어 나타난다. 속오군의 職役과 兼役의 문제는 상호 밀접한 관계에 있었다. 職役에 따라서는 속오군을 兼役하기도 하고, 하지 않기도 하는 등 편차가 심했기 때문이었다. 양인 신분 중에도 驛吏나 일부 중앙 군영의 군병은 束伍役을 兼役하지 않았다. 하지만 나머지 대부분의 保人은 속오군을 兼役해야 했던 것이다. 또한 賤人이라해서 모두 속오군을 兼役하고 있는 것은 아니었다. 公賤의 대부분은 束伍役의 兼役에서 빠져나가게 되었고 私賤만이 속오군의 역을 부담하고 있었다. 그 결과 이미 兩班 및 中人 계층이 束伍의 부담으로부터 벗어난 이후로, 良人 및 賤人 계층에서도 각각 職役에 따른 집중화현상이 뚜렷하였다. 한편 束伍軍 내부의 신분 구성에서는 아직까지 賤隷化가 뚜렷이 진행되고 있다고 보기는 어려웠다. 賤隷化보다는 職役의 집중화로 나타나고 있는 것이 이 시기 束伍役의 兼役 實態였다. 같은 良人이라 해도 兼役하고 있는 職役의 명색에 따라서 束伍役의 兼役여부가 결정된다는 것은, 이 시기 良人들의 분화과정을 드러내 주는 것이었다. 이와 같은 사실은 江原道 伊川『戶籍』의 분석을 통하여 확인되고 있다.

숙종대 중반 이후로는 지방군제의 재편 움직임이 본격화된다. 장기간의 평화가 유지되고는 있었지만 淸과 日本은 여전히 잠재적인 위협 요소로서 존재하고 있었다. 아울러 淸을 위협할 것으로 예상되던 몽고나 새로 출몰하기 시작한 해적 등의 존재도 군사적인 관심을 불러일으켰다. 이러한 상황에서 발생한 戊申亂은 지방군의 재편 필요성을 제기하였다. 이에 따라 '束伍節目'의 반포를 통한 속오군제의 재편이 이루어진다. 그런데 절목에서 담고 있는 조항은 현실적인 것이 되지 못했다. '束伍節目'에서는 '兼役' 부분에 대한 대책이 전혀 나타나지 않고 있다. 물론 保人의 지급을 통해 속오 원군의 부담을 줄이려고는 했다. 그러나 束伍 元軍의 수를 줄이지 않는 상태에서 保人을 지급한다는 것은 전체적으로 속오군액의 증대를 의미했다. 본역인 양역의 문제도 해결되지 않고 있어서 어려움을 겪고 있는 상황에서 새로 속오 保人을 충정한다는 것은 현실적으로 가능하지 않았다. 결국 均役法이 良役에 대한 근본적인 대책이 되지 못했듯이, 給保도 통한 속오군에 대한 근본적인 대책이 될 수는 없었다.

이후 속오군의 兼役 문제를 해결하려는 시도가 있었지만, 양인을 제외하고 私賤만으로 군대를 편성하는 방안이어서 質的인 저하가 다시 문제가 되었다. 속오군은 다시 兼役 명색으로 돌아오게 되었고, 이에 따라 속오군은 파행적으로 운영될 수 밖에 없었다. 즉 규정보다 조련의 시행을 적게함으로써 속오군의 부담을 경감하던가, 실제 충정해야할 대상보다 훨씬 질이 떨어지는 대상을 충정하여 비현실적인 규정에 액수를 맞추는 수 밖에 없었다. 이후 속오군은 실질적으로 천예군화되어 간다.

숙종대 후반 이후 束伍軍의 운영이 제대로 이루어지지 못하면서, 조정에서는 다른 대안을 모색하지 않을 수 없었다. 그것은 새로운 兵種을 신설하는 방향으로 나타났는데, 크게 두 가지 방향으로 전개되었다. 하나는 守令을 중심으로 한 親兵을 설치·유지하는 것이었고, 다른 하나는 騎兵을 신설하는 것이었다. 특히 전국적인 편성을 가지고 있었던 束伍軍이 구실을 하지 못하는 상황에서 각 고을 단위의 군사조직의 필요성이 제기되었다. 이에 따라 吏奴隊 및 牙兵 등과 같은 守令 親兵이 생겨나게 되었다. 한편 日本을 적으로 가상한 『紀效新書』의 실효성이 의심되면서, 북방의 민족에 대항하는 기병의 필요성은 진작부터 제기되어왔다. 그러는 가운데 숙종대 중엽의 海防論은 각 道별로 기병을 확충시키는 계기가 되었다. 그러나 이렇게 새로 신설된 兵種들이 束伍軍을 대체하는 것은 아니었다. 즉 실제 운영에 있어서 군사적인 목적보다는 오히려 재정적인 목적에서 운영됨으로써, 궁극적으로 군사제도의 쇠퇴를 초래했던 것이다.

正祖代 이후 朝鮮後期의 地方軍制는 실제적으로 虛設化되는 것으

로 판단된다. 우선 正祖代에는 속오군을 조련하는 대신 堤堰役에 동원하는 質的인 변화 양상을 보이고 있다. 즉 束伍役의 徭役化 현상이다. 束伍軍의 堤堰役 동원은 純祖代 이후에는 관행화된다. 세도 정치 시기 이후 조선의 군사력은 크게 위축된 것으로 파악되는데, 그러한 경향은 중앙군과 지방군에 공통된 것이었다. 특히 지방군인 束伍軍의 경우에는 군사 훈련이 전혀 실시되지 않고 다만 부역에만 동원되기에 이르렀다. 이 단계의 속오군은 이미 군사적인 기능을 상실했다고 볼 수 있는 것으로, 18세기 이래 그 본래의 기능을 잃어가던 속오군이라는 조직은 합법적으로 民을 부역에 동원하는 장치로 변질된 것이었다.

이 시기 束伍軍의 형해화는 束伍軍의 軍案을 통해서도 확인할 수 있다. 장기간 조련의 정지로 인한 실제적인 역할의 변질이 속오군의 軍案에도 그대로 반영되었던 것이다. 한편 軍案을 통해 볼 때 신분적으로는 여전히 束伍軍이 良·賤 혼성군으로 구성되어 있다. 그러나 속오군에 포함된 良·賤의 처지는 크게 다르지 않았을 것으로 보인다. 이는 良人들의 分化로 인한 집중화의 결과로 파악할 수 있을 것이다. 즉 하층 양인들과 천인들의 혼성군으로, 실제적으로는 賤隸化되었다고 볼 수 있는 것이다.

한편 지방군의 공백 상태에 대하여, 실학자를 비롯한 진보적 지식인들은 나름대로의 대안을 모색했다. 그것은 安鼎福과 丁若鏞 등에 의한 향촌 단위의 자치적인 방위책이었다. 그러나 이러한 제안도 세도정권으로부터는 받아들여지지 않았고, 군사상의 공백상태에서 강제로 개항을 맞게 되었던 것이다.

參考文獻

1. 資 料

1) 年代記類
『朝鮮王朝實錄』『備邊司謄錄』『承政院日記』

2) 法典類
『經國大典』『續大典』『受敎輯錄』『新補受敎輯錄』『典錄通考』

3) 文集 및 兵書類
金慶餘,『松崖集』 金萬基,『瑞石集』 金尙憲,『淸陰集』 金壽恒,『文谷集』 金壽興,『退憂堂集』 金宇顒,『東岡集』 金堉,『潛谷遺稿』 金益熙,『滄洲遺稿』 金昌集,『夢窩集』 南九萬,『藥泉集』 茅元儀,『武備志』 閔鼎重,『老峯集』 朴世采,『南溪集』 朴知誠,『潛冶集』 徐宗泰,『晩靜堂集』 宋徵殷,『約軒集』 申琓,『絅菴集』 沈光世,『休翁集』 安鼎福,『臨官政要』 吳始壽,『水村集』 吳允謙,『楸灘集』 俞棨,『市南集』 尉繚,『尉繚子』 柳成龍,『西厓集』・『軍門謄錄』・『兵學指南』 柳壽垣,『迂書』 柳馨遠,『磻溪隨錄』 李景奭,『白軒集』 李敏敍,『西河集』 李民寏,『紫巖集』 李德懋,『靑莊館全書』 李德馨,『漢陰文稿』 李象鼎,『兵學指南演義』 李睟光,『芝峯集』 李時發,『碧梧遺稿』 李瀷,『星湖僿說』 李廷龜,『月沙集』 鄭琢,『藥圃集』 鄭經世,『愚伏集』 丁若鏞,『民堡議』 趙翼,『浦渚集』 趙憲,『重峯集』 戚繼光,『紀效新書』 崔錫鼎,『明谷集』 崔晛,『訒齋集』 洪大容,『湛軒書』 洪葳,『淸溪集』 黃愼,『秋浦集』

4) 古文書類 및 其他

『各營釐整廳謄錄』(奎 15062) 『全羅兵營吏奴作隊成册』(奎 4481)
『河東府束伍軍兵保人戊午式改都案』(奎 12333) 『戶籍』(奎 古大 4258-4)

2. 論 著

1) 單行本

金鍾洙, 1996, 『朝鮮後期 訓鍊都監의 設立과 運營』, 서울대 박사학 위논문.

童來喜, 1991, 『戚繼光』, 北京, 軍事科學出版社.

閔賢九, 1983, 『朝鮮初期의 軍事制度와 政治』, 韓國研究院.

배우성, 1998, 『조선후기 국토관과 천하관의 변화』, 일지사.

邊柱承, 1997, 『朝鮮後期 流民研究』, 고려대 박사학위논문.

徐台源, 1999, 『朝鮮後期 地方軍制研究』, 혜안.

鄭演植, 1993, 『조선후기 '役摠'의 운영과 良役 變通』, 서울대 박사 학위논문.

王兆春, 1991, 『中國火器史』, 北京, 軍事科學出版社.

柳承宙, 1993, 『朝鮮時代 鑛業史研究』, 高麗大學校出版部.

陸軍士官學校韓國軍事研究室, 1976, 『韓國軍制史 -近世朝鮮後期 篇』, 陸軍本部.

윤용출, 1998, 『조선후기의 요역제와 고용노동』, 서울대학교출판부.

李俊九, 1993, 『朝鮮後期 身分職役變動研究』, 一潮閣.

李泰鎭, 1985, 『朝鮮後期의 政治와 軍營制變遷』, 韓國研究院.

李弘斗, 1999, 『朝鮮時代 身分變動 研究』, 혜안.

張文達 編, 1988, 『中國軍事人物辭典』, 哈爾濱, 黑龍江人民出版社.

全炯澤, 1989, 『朝鮮後期 奴婢身分研究』, 一潮閣.

中國軍事史編寫組編, 1994, 『中國軍事史 -第1卷 兵器』, 北京, 解放
　　　軍出版社.

陳力恒·王景佳 主編, 1988, 『軍事知識詞典』, 北京, 國防大學出版社.

車文燮, 1973, 『朝鮮時代 軍制研究』, 檀大出版部.

------, 1996, 『朝鮮時代 軍事關係 研究』, 檀大出版部.

崔孝軾, 1995, 『朝鮮後期 軍制史研究』, 신서원.

許善道, 1994, 『朝鮮時代火藥兵器史研究』, 一潮閣.

2) 論　文

姜信曄, 1994, 「朝鮮後期 親騎衛」 『慶州史學』 13.

金盛祐, 1992, 「17·18세기 前半 '閑遊者層'의 증가와 정부의 대책」
　　　『民族文化研究』 25.

------, 1992, 「조선후기 '閑遊者'層의 형성과 그 의의」 『史叢』 40
　　　·41合.

------, 1998, 「壬辰倭亂 이후 戰後復舊事業의 전개와 兩班層의
　　　동향」 『韓國史學報』 3·4합.

金友哲, 1991, 「均役法 施行 前後의 私募屬 研究」 『忠北史學』 4.

------, 1998, 「17世紀 後半 江原道 伊川의 職役 分布와 束伍軍의
　　　兼役 實態 -伊川 『戶籍』의 분석-」 『軍史』 36.

나종일, 1987, 「17세기 위기론과 한국사」 『歷史學報』 94·95합.

盧永九, 1997, 「宣祖代 紀效新書의 보급과 陣法 논의」 『軍史』 34.

------, 1998, 「朝鮮 增刊本 《紀效新書》의 체제와 내용」 『軍史』
　　　36.

朴榮圭, 1963, 「朝鮮朝 顯宗 庚辛年間의 饑饉에 對하여 -特히 서울
　　　을 中心으로-」 『鄕土서울』 19.

朴贊殖, 1988, 「申櫶의 國防論」 『歷史學報』 117.

潘允洪, 1982, 「順菴 安鼎福의 鄕村自衛論 研究」 『軍史』 5.

范中義, 1990, 「戚繼光軍事學說及其歷史地位」 『兵家史苑』 2, 北京,
　　　軍事科學出版社.

서태원, 1993, 「束伍軍의 設置意義에 대한 硏究」 『紀全女子專門大
　　　學論文集』 13.

石原道博, 1966, 「壬辰丁酉倭亂と戚繼光の新法」 『朝鮮學報』 37·38
　　　合.

오종록, 1996, 「조선 초기 正兵의 軍役 -15세기 후반을 중심으로」
　　　『韓國史學報』 1.

柳承宙, 1969, 「朝鮮後期 軍需鑛工業의 發展 -鳥銃問題를 中心으
　　　로」 『史學志』 3.

------, 1976, 「朝鮮後期 鑛業政策論」 『韓國思想大系』 Ⅱ, 成大 大
　　　東文化硏究院.

------, 1996, 「朝鮮後期 銃砲類 硏究」 『軍史』 33.

李謙周, 1990, 「朝鮮後期 社會身分 變動問題에 대한 硏究 -軍役의
　　　良賤混成과 관련된 側面」 『蔚山史學』 3.

李京燦, 1988, 「조선 효종조의 북벌운동」 『淸溪史學』 5.

李鎭甲, 1984, 「1590年代 李朝鎭管官兵의 身長 및 筋力에 關한 硏
　　　究 -西厓先生遺稿 '軍門謄錄', '官兵編伍册' 및 '官兵容貌册'
　　　의 資料에 의하여」 『安東文化』 5, 안동대 안동문화연구소.

李泰鎭, 1997, 「'小氷期'(1500~1750년)의 天體 現象的 원인 -『朝
　　　鮮王朝實錄』의 관련 기록 분석 -」 『國史館論叢』 72.

李珺秀, 1993, 「朝鮮末期의 軍籍 -陸軍博物館 所藏 軍籍文書의 分
　　　析」 『學藝誌』 3, 陸士 육군박물관.

李弘斗, 1997, 「束伍軍을 통해 본 朝鮮後期 賤人의 身分變動」 『軍
　　　史』 34.

張云勛, 1990, 「淺談戚繼光的軍事哲學思想」 『兵家史苑』 2, 北京,
　　　軍事科學出版社.

張弼基, 1990, 「17世紀 前半期 束伍軍의 性格과 位相」 『史學硏究』
　　　42.

鄭景鉉, 1978, 「19세기의 새로운 國土防衛論 -茶山의 《民堡議》를
　　　중심으로」 『韓國史論』 4.

鄭求福, 1994, 「1596년 平安道 鎭管官兵編伍册」『古文書研究』 5.

鄭萬祚, 1977, 「朝鮮後期의 良役變通論議에 對한 檢討 -均役法 成立의 背景-」『同大論叢』 7.

------, 1977, 「均役法의 選武軍官 -閑遊者 問題와 關聯하여-」『韓國史研究』 18.

------, 1990, 「肅宗朝 良役變通論의 展開와 良役對策」『國史館論叢』 17.

정석종, 1994, 「영조 무신란의 진행과 그 성격」『조선후기의 정치와 사상』, 한길사, 162쪽.

鄭演植, 1985, 「17·18세기 良役均一化政策의 推移」『韓國史論』 13.

鄭夏明·李忠珍, 1981, 「丁若鏞의 軍事防衛體制觀과 '民堡議'」『軍史』 3.

趙 珖, 1976, 「丁若鏞의 民權意識研究」『亞細亞研究』 56.

------, 1982, 「19世紀 民亂의 社會的 背景」『19世紀 韓國 傳統社會의 變貌와 民衆意識』, 高大 民族文化研究所.

趙湲來, 1992, 「明軍의 出兵과 壬亂戰局의 推移」『韓國史論』 22, 國史編纂委員會.

최원규, 1992, 「朝鮮後期 水利기구와 經營문제」『國史館論叢』 39.

許善道, 1973, 「鎭管官兵編伍册」 (上·中·下)『國會圖書館報』 90·91·92.

------, 1973, 「'制勝方略' 研究 -壬辰倭亂 直前 防衛體制의 實相」 (上·下)『震檀學 報』 36·37.

------, 1973, 「「鎭管體制 復舊論」研究-柳成龍의 軍政改革의 基本施策-」『國民大學 論文集』.

부 표

〈부표 1〉 17세기 후반(顯宗~肅宗 전반) 조련의 실태 ①

연도	충청						전라						경상좌						경상우					
	봄			가을			봄			가을			봄			가을			봄			가을		
	합	병	영	합	병	영	합	병	영	합	병	영	합	병	영	합	병	영	합	병	영	합	병	영
1660(현종 1)	×			×		×	×			×		×	×			×		×	×			×		×
1661(2)	×			×			×			×			×			×			×					
1662(3)	×			×			×			×			×			×			×					
1663(4)				△	△	△				△	△	△				×	△	△				×	△	△
1664(5)	×						×						×						×					
1665(6)																								
1666(7)																								
1667(8)	×			×		○				×		○				×		○				×		○
1668(9)	×						×						×						×					
1669(10)													×			×			×			×		
1670(현종11)				×		×				×		×				×		×				×		×
1671(12)				×	×	×				×	×	×				×	×	×				×	×	×
1672(13)				×						×						×						×		
1673(14)	×	×	×	×	○	○	×	×	×	×	○	○	×	×	×	×	○	○	×	×	×	×	○	○
1674(15)				○	○	○				○	○	○				○	○	○				○	○	○
1675(숙종 1)																								
1676(2)																								
1677(3)			○	×	×	×			○	×	×	×	○		○	×	×	×			○	×	×	×
1678(4)				○						○						×						○		
1679(5)	×	×	×	×			×	×	×	×			×	×	×	×			×	×	×	×		
1680(6)																								

〈부표 1〉 17세기 후반(顯宗~肅宗 전반) 조련의 실태 ②

연도	충청						전라						경상좌						경상우					
	봄			가을			봄			가을			봄			가을			봄			가을		
	합	병	영	합	병	영	합	병	영	합	병	영	합	병	영	합	병	영	합	병	영	합	병	영
1681(7)																								
1682(8)	×			×	×	○	×			×	×	○	×			×	×	○	×			×	×	○
1683(9)	×						×						×						×					
1684(10)	×			×	×	×	×			×	×	×	×			×	×	×	×			×	×	×
1685(숙종11)	×	×	×				×	×	×				×	×	×				×	×	×			
1686(12)	×	×	×				×	×	×				×	×	×				×	×	×			
1687(13)	×		×	○	○	○	×		×	○	○	○	×		×	○	○	○	×		×	○	○	○
1688(14)	×	×	×							○	○	○				○	○	○				○	○	○
1689(15)																								
1690(16)	△																							
1691(17)																								
1692(18)																×		○				×		○
1693(19)																								
1694(20)																								
1695(숙종21)																								
1696(22)																								
1697(23)	×						×						×						×					
1698(24)																								
1699(25)	×	×	×	×	×	○	×	×	×	×	×	○	×	×	×	×	×	○	×	×	×	×	×	○
1700(숙종26)	○						○						○						○					

출전 : 『朝鮮王朝實錄』 및 『備邊司謄錄』

비고 : -'합'은 합동 조련[合操], '병'과 '영'은 각각 兵使와 營將의 巡歷.

　　　-○는 시행, ×는 정지, △는 부분적 시행. 표시가 없는 것은 확인되지
　　　않는 것.

〈부표 2〉 18세기 전반(肅宗 후반~英祖 전반) 조련의 실태 ①

연도	충청						전라						경상좌						경상우					
	봄			가을			봄			가을			봄			가을			봄			가을		
	합	병	영	합	병	영	합	병	영	합	병	영	합	병	영	합	병	영	합	병	영	합	병	영
1701(숙종27)																								
1702(28)	○			×		○				×		○				×		○				×		○
1703(29)	×	×		○			×	×		○			×	×		○			×	×		○		
1704(30)	×	×	○	○		○	×	×	×	○		○	×	×	○	○		○	×	×	○	○		○
1705(숙종31)					×						×						×						×	
1706(32)	×			○	○	×	×			○	○	×	×			○	○	×	×			○	○	×
1707(33)	×	×					×	×					×	×					×	×				
1708(34)				○			○						×	×					×	×				
1709(35)																								
1710(36)	×	×							○	△		△	×			○			×			○		
1711(37)	×															○	×	×				○	×	×
1712(38)							○	×																
1713(39)	×			○	×	○	×			○	×	○	×			○	×	○	×			○	×	○
1714(40)					×	○										×		○				×		○
1715(숙종41)										×		○												
1716(42)				×	×					×	×					×	×					×	×	
1717(43)				×		○				×		○				×		○				×		○
1718(44)	×			×	×	○	×			×	×	○	×			×	×	○	×			×	×	○
1719(45)	×			×		○	×			×		○	×			×		○	×			×		○
1720(46)	×			×			×			×			×			×			×			×		
1721(경종 1)	×			○	○	×	×			○	○	×	×			○	○	×	×			○	○	×
1722(2)																								
1723(3)	×			×	○	×	×			×	○	×	×			×	○	×	×			×	○	×
1724(4)																								
1725(영조 1)							×			×			×			×			×			×		

〈부표 2〉 18세기 전반(肅宗 후반~英祖 전반) 조련의 실태 ②

연도	충청						전라						경상좌						경상우					
	봄			가을			봄			가을			봄			가을			봄			가을		
	합	병	영	합	병	영	합	병	영	합	병	영	합	병	영	합	병	영	합	병	영	합	병	영
1726(2)																								
1727(3)	×	×		×		O	×	×		×		O	×	×		×		O	×	×		×		O
1728(4)	×	×					×	×				O	×				△		×				△	
1729(5)																								
1730(6)	×			O			×			O			×			O			×			O		
1731(7)	×	×	O	×	△	×	△	×	×	×	△	×				×	△	×				×	△	×
1732(8)	×	×					×	×					×	×					×	×				
1733(9)	×	×		×		O	×	×		×		△	×	×		×		O	×	×		×		O
1734(10)				O		×				O		×				O		×				O		×
1735(영조11)	×	△		O		×	×	△		O		×	×	△		O		×	×	△		O		×
1736(12)	×			×			×			×			×			×			×			×		
1737(13)	O	×		×		O	×	×		×		O	O	×		×		O	O	×		×		△
1738(14)	×			△		×	×			△		×	×			△		×	×			△		
1739(15)	×			△			×			△			×			△			×			△		
1740(16)	×	O		×		△	×	O		O		×	×	O		△		×	×	O		△		
1741(17)	×			O			×	×		O		△	×	×		O			△			O		
1742(18)	×			×			×			×			×			×			×			×		
1743(19)	×			△			×			△			×			△			×			△		
1744(20)	×						×						×						×					
1745(영조21)	×			×		△	×			×		△	×			×		△	×			×		△
1746(22)	O			O			O			O		×	×			△		O	×			△		O
1747(23)	×	O		O		×	×	O		O		×	×	O		O		×	×	O				
1748(24)																								
1749(25)	×	×		O		×	×	×		O		×	×	×		O		×	×			O		×
1750(영조26)	×	×					×	×					×	×					×	×				

〈부표 3〉 18세기 후반(英祖 후반~正祖) 조련의 실태 ①

연도	충청						전라						경상좌						경상우					
	봄			가을			봄			가을			봄			가을			봄			가을		
	합	영	관	합	영	관	합	영	관	합	영	관	합	영	관	합	영	관	합	영	관	합	영	관
1751(영조27)	×	×		○	×		×	×		○	×		×	×		○	×		×	×		○	×	
1752(28)	×	×		○	×		×	×		○	×		×	×		○	×		×	×		○	×	
1753(29)	×	×					×	×					×	×					×	×				
1754(30)				×	×					×	×					×	×					×	×	
1755(영조31)	×	×					×	×					×	×					×	×				
1756(32)	×	×		×	×		×	×		×	×		×	×		×	×		×	×		×	×	
1757(33)	×	×		×	×		×	×		○	×		×	×		○	×		×	×		○	×	
1758(34)	×	×		○	×		×	×		○	×		×	×		○	×		×	×		○	×	
1759(35)	×	×	○	×	×	○	×	×	○	×	×	○	×	×	○	×	×	○	×	×	○	×	×	○
1760(36)	×	×	○	×	×	○	×	×	○	○	×		×	×	○	×	×	○	×	×	○	×	×	○
1761(37)	×		○	△			×		○	△			×		○	△			×		○	△		
1762(38)	×	×	○	×	×		×	×	○	×	×		×	×	○	×	×		×	×	○	×	×	
1763(39)	×	×		×	×		×	×		×	×		×	×		×	×		×	×		×	×	
1764(40)	×	×	○	×	×	×	×	×	○	×	×	×	×	×	○	×	×	×	×	×	○	×	×	×
1765(영조41)	×	×		○	×		×	×		○	×		×	×		○	×		×	×		○	×	
1766(42)	×	×		○	×		×	×		○	×		×	×		○	×		×	×		○	×	
1767(43)	×	○		○	×		×	○					×	○		○	×		×	○		○	×	
1768(44)	×	×		×	×	○	×	×		×	×	○	×	×		×	×	○	×	×		×	×	○
1769(45)	×	×	○	×	×	○	×	×	○	×	×	○	×	×	○	×	×	○	×	×	○	×	×	○
1770(46)	×	×		×	×	○	×	×		×	×	○	×	×		×	×	○	×	×		×	×	○
1771(47)	○	×		×	×		○	×		×	×		○	×		×	×		○	×		×	×	
1772(48)																								
1778(49)																								
1774(50)	×			○	×		×	×		○	×		×	×		○	×		×	×		○	×	
1775(영조51)	×		○	×	×		×		○	×	×		×		○	×	×		×		○	×	×	

〈부표 3〉 18세기 후반(英祖 후반~正祖) 조련의 실태 ②

| 연도 | 충청 | | | | | | 전라 | | | | | | 경상좌 | | | | | | 경상우 | | | | | |
| | 봄 | | | 가을 | | | 봄 | | | 가을 | | | 봄 | | | 가을 | | | 봄 | | | 가을 | | |
	합	영	관	합	영	관	합	영	관	합	영	관	합	영	관	합	영	관	합	영	관	합	영	관
1776(52)	×						×						×						×					
1777(정조1)	×	×		×	×	○	×	×		×	×	○	×	×		×	×	○	×	×		×	×	○
1778(2)	×	×		×	×		×	×		×	×		×	×		×	×		×	×		×	×	
1779(3)	×	×	○	×		○	×	×	○	○			×	×	○				×	×	○	×	×	
1780(4)	×	×	○	○	×		×	×	○	×	×		×	×	○	○	×		×	×	○	○	×	
1781(5)	×	×	○	×	×	×	×	×	○	×	×	×	×	×	○	×	×	×	×	×		×	×	×
1782(6)	×	×		×	×		×	×		×	×		×	×		×	×		×	×		×	×	
1783(7)	×			×			×			×			×			×			×			×		
1784(8)	×	×		×	×		×	×		×	×		×	×		×	×		×	×		×	×	
1785(9)	×	×	×	×	×	×	×	×	×	×	×	×	×	×	×	×	×	×	×	×	×	×	×	×
1786(10)	×	×	×	×	×	○	×	×	×	×	×	○	×	×	×	×	×	○	×	×	×	×	×	○
1787(정조11)	×	×		×	×	×	×	×		×	×	×	×	×		×	×	×	×	×		×	×	×
1788(12)	×	○		×		○	×	○		×		○	×	○		×		○	×	○		×		○
1789(13)	×				○		×	×								○	×					○	×	
1790(14)	×			○	×		×			○	×		×			○	×		×			○	×	
1791(15)	×	○		×	×		×	○		×	×		×	○		×	×	×	×	○		×	×	
1792(16)	×	×	×	×			×	×	×	×			×	×	×	×			×	×	×	×		
1793(17)	×			○	×		×			○	×		×			○	×		×			○	×	
1794(18)				×	×	○				×	×	○				×	×	○				×	×	○
1795(19)	×						×						×						×					
1796(20)	×	×	○	×			×	×	○	×			×	×	○	×			×	×	○	×		
1797(정조21)	×	○		×	×		×	○		×	×		×	○		×	×		×	○		×	×	
1798(22)	×	×		×	×	○	×	×		×	×	○	×	×		×	×	○	×	×		×	×	○
1799(23)	×			×		○	×			×		○	×			×		○	×			×		○
1800(정조24)	×	×	○	×			×	×	○	×			×	×	○	×			×	×	○	×		

비고 : '관'은 수령의 官門聚點

用語 解說

蠲役 身役을 면제해주는 것. 三南 지방의 속오군에게 조련에 참가하는 대가로 취해진 조치로, 대상에 따라 復戶를 주거나 身役을 면제해 주었다. 【용례】 '慶尙全南道各山城所屬 忠淸道安興所屬束伍軍則別無營將逐朔聚會操鍊之擧 故不入於蠲役給復之中.' (『備邊司謄錄』18책, 효종 7년 9월 2일.)

兼役 두 가지 役을 겸하는 것. 주로 身役인 軍役·職役 등을 담당하고 있는 사람이 束伍軍에 편성될 경우를 가리킨다. 【용례】 '良役未變通之前 軍丁之弊 雖不能一一釐正 而其中騎步兵之束伍兼役 尤爲可矜.' (『承政院日記』825책, 영조 12년 5월 14일.)

官門聚點 각 고을의 官門에 모아 點考하는 것. 속오군에게 정기적으로 시행하는 병사의 習操와 영장의 巡點을 대신해 실시하였다. 【용례】 '各邑官門聚點 則各鎭邊將鎭門聚點 邑鎭分而爲之.' (『承政院日記』1160책, 英祖 34년 9월 5일.)

關防 요해처인 험한 지형에 시설을 통해 방어를 공고히 하는 것. 【용례】 '設險固圉 是謂關防 凡道路控會 嶺隘緊要 築城置兵 以備外侮 皆是物也.' (『萬機要覽』, 軍政編4, 關防.)

給保 軍兵에게 복무에 대한 대가로, 保人을 지급하는 것. 束伍軍에게는 孝宗代에 경상도에 처음 실시하였다. 【용례】 '始定慶尙道束伍軍給保法 因本道監司權堣之請 兵曹判書元斗杓主其議.' (『孝宗實錄』권13, 효종 5년 8월 丙寅.)

給復 復戶의 혜택을 주는 것. 復戶는 戶가 부담하는 雜役을 면제해

주는 것이다. 束伍軍에게는 대상에 따라 蠲役해주거나 復戶해 주었다.
【용례】'束伍軍給復免役色目　射手砲手旗手槍手殺手火兵書記.'(『備
邊司謄錄』18책, 효종 7년 9월 2일.)

旗摠　속오군의 단위부대인 旗의 책임자. 1旗는 3~5개의 隊로 구성
되었다.【용례】'哨官令旗摠　旗摠令隊摠　則所統只三人而已.'(『西厓
集』年譜 권2, 萬曆 24년 丙申 1월.)

紀效新書　중국 明代의 장수인 戚繼光이 지은 군사 교범. 왜구의 방
어에 효과를 발휘하였으며, 임진왜란을 계기로 우리나라에 전해졌
다. 조선후기의 군사제도에 큰 영향을 미쳤다.【용례】'今來所用 乃
戚將軍紀效新書 乃禦倭之法 所以全勝也.'(『宣祖修正實錄』권28, 선
조 27년 2월 庚戌.)

狼筅　속오군 편제 장비 중의 하나로, 戚繼光이 倭와의 전쟁 중에
개발하였다. 대나무 가지를 이용하여 倭의 長刀를 막는데 효과적이
었다. 殺手隊의 제3, 제4 대원이 사용하였다.【용례】'年大貌偉力猛
者二名爲第三第四充狼筅手'(『兵學指南』권2, 營陣正彀, 編兵 제1.)

冷兵器　화약을 사용하지 않는 兵器. 전래의 칼, 창, 활 등이 이에 해
당한다.【참고】陳力恒·王景佳 主編, 1988, 『軍事知識詞典』, 北京,
國防大學出版社.

老除　나이가 많아 身役에서 빠지는 것. 男丁은 16세에 신역 부담을
시작해, 60세에 이를 면하였다.【용례】'老除兒弱病廢零殘等雜頉段置
… 卽令代定.'(『備邊司謄錄』88책, 영조 6년 9월 25일.)

鎲鈀　속오군 편제 장비 중의 하나로, 원래는 漁撈나 狩獵·農業 등

에 쓰던 기구이나 戚繼光에 의해 개량되었다. 殺手隊의 제9, 제10 대원이 사용하였다. 【용례】'有殺氣膽性者二名爲第九第十充銳鈀手' (『兵學指南』권2, 營陣正縠, 編兵 제1.)

代定 군병이 사망하거나, 나이가 많아 役을 면하게 될 경우, 혹은 도망하였을 경우 다른 사람으로 그 궐액을 채우는 것. 【용례】'逃故 代定之類 必欲待歲末 合數磨勘於各營 則其間奸僞易生.' (『備邊司謄 錄』88책, 영조 6년 9월 25일.)

隊摠 속오군의 단위부대인 隊의 책임자. 1隊는 隊摠을 제외하고 11 명의 隊員으로 구성되었다. 【용례】'哨官令旗摠 旗摠令隊摠 則所統 只三人而已.' (『西厓集』年譜 권2, 萬曆 24년 丙申 1월.)

別武士 조선후기 兵種의 하나로, 肅宗代 海賊을 막기 위해 설치되 었다. 平安道·黃海道에 이어 英祖代에는 嶺南 지방에도 설치된다. 【용례】'備局言 海西最多武 而沿海亦多可虞之端 請依關西別武士例 監兵營各選三百名 防營選二百名 以兩班不事儒業中庶閒遊者 擇其武 才 充數試才施賞事 一依關西節目擧行.' (『肅宗實錄』권62, 숙종 44년 10월 신미.)

兵學指南 중국 明나라의 名將 戚繼光이 지은 『紀效新書』18편 중 操鍊法을 간추려 엮은 책. 柳成龍이 편찬을 주관하였는데, 조선후기 군대의 편성·운영 등에 교범으로 이용되었다. 正祖代에는 이를 다 시 해설한 『兵學指南演義』가 간행된다. 【용례】'又令柳公悉主其事 扣質疑難於帷幢之暇 而撮其操鍊之要 印布于中外 所謂兵學指南是已.' (『兵學指南演義』天, 兵學指南演義序.)

射手 활을 주무기로 하는 기술, 혹은 그 기술을 사용하는 병사. 조

선후기 三手 기예 중의 하나. 【용례】'束伍軍給復免役色目 射手砲手旗手槍手殺手火兵書記.'(『備邊司謄錄』18책, 효종 7년 9월 2일.)

私操 兵使나 營將이 지휘 하는 정규 훈련과는 별도로, 수령 등에 의해서 고을 이하의 단위로 이루어지는 군사 훈련. 【용례】『備邊司謄錄』127책, 영조 30년 9월 6일, 12집 531~532쪽. '令道臣嚴飭守令 依當初頒下節目 親行私操 而雖有故 一月一次 毋得廢閣 且法之不行 自上犯之 如使監兵營爲各邑倡 則各邑之漫忽 豈至此乎 諸營一體奉行 之意 分付各道 何如.'

殺手 長鎗·鎲鈀 등의 병기를 주무기로 하는 기술, 혹은 그 기술을 사용하는 병사. 조선후기 三手 기예 중의 하나. 【용례】'每編隊一司 先殺手四哨完 次鳥銃一哨.'(『紀效新書』권1, 束伍篇, 編伍法.)

三手 조선후기 무기 편제. 조총을 주무기로 하는 砲手, 활을 주무기로 하는 射手, 長鎗이나 鎲鈀 등을 주무기로 하는 殺手로 구성되었다. 조선후기의 중앙군이나 지방군 모두에 이 편제가 적용되었다. 【용례】'遣敎士于各道 訓習三手技法 置哨軍.'(『宣祖修正實錄』권28, 선조 27년 12월 갑진.)

巡點 兵使나 營將이 소속 고을을 순회하면서[巡歷] 軍兵·軍器를 점검하는 일. 아울러 軍兵들의 재주를 시험하고[試才], 사열하기도[閲武] 하였다. 【용례】'兵使合操 營將巡點 一時俱作 在官日多 在家日少 無暇收穫云.'(『淸溪集』권5, 「應旨陳弊疏」)

習操 兵使의 주관 아래 각 營 별로, 혹은 合同으로 陣法을 익히고 조련하는 일. 봄에 행하는 習操는 春操, 가을의 것은 秋操라고 부른다. 【용례】'習操者所以欲令軍卒 耳熟金鼓 目熟旌旗 而敎之以坐作進退之

節 使無臨急齟齬之患也.'(『肅宗實錄』권50, 숙종 37년 2월 丙寅.)

陞戶 保人이 戶首가 되는 일. 戶首에 궐액이 생겼을 경우, 새로 충정하지 않고 保人을 정군으로 올리는 것. 【용례】 '束伍奉足中 父子兄弟自願陞戶者 備局覆啓依願施行事 允下矣.'(『備邊司謄錄』18책, 효종 7년 11월 13일, 2집 515쪽.)

牙兵 '大將의 旗'를 뜻하는 '牙'에서 유래하여 각급 지휘관의 親兵이 원래의 의미. 감사·병사는 물론 수령도 牙兵을 두고 있는 경우가 있다. 이와는 별개로 각 군문에서 屯田 등에 屯牙兵의 형태로 설치하는 경우도 있다. 【용례】 '三南監兵營牙兵別隊之號 元非法典所載 出於亂後新創之規 而今當朝夕待變之日 監兵使手下親兵 不可盡減.'(『仁祖實錄』권31, 仁祖 13년 11월 丙辰.)

練兵實紀 중국 明代의 장수 戚繼光이 지은 병서. 『紀效新書』가 왜인들과의 전투 경험에서 쓰여졌다면, 『練兵實紀』는 胡人들을 대적하기 위한 목적에서 저술되었다. 한때 朝鮮에서도 北方 지역을 중심으로 그 이용이 검토되기도 했다. 【용례】 '練兵實紀 則是防胡大法 車載火器 阻截虜馬 又以騎步藏在車陣之內俟 其敗北飛追鏖殺 此其大略也.'(『宣祖實錄』권182, 선조 37년 12월 辛酉.)

營將 속오군의 최상급 부대 편제인 '營'의 將官. 1營은 3~5司로 구성되는 것이 원칙이었다. 소속 고을을 巡點하면서 束伍軍을 操鍊하거나 軍兵·軍器의 이상 유무 등을 점검하였다. 【용례】 '各邑守令將官 率所抄軍兵 自十月望後 至二月望前 每朔再次鍊藝 各於其邑爲之 營將則自十月亡後 至二月望前 三次習陣 仍爲鍊藝 每年歲末 監兵使會同 通五營習陣一次.'(『仁祖實錄』16, 仁祖 5년 4월 丙辰.)

圓牌 속오군 편제 장비 중의 하나로, 殺手隊의 제1, 제2 대원이 사

용하였다. 【용례】'以年少身中骨軟者二名爲第一第二充圓牌手'(『兵學指南』 권2, 營陣正彀, 編兵 제1.)

吏奴隊 각 고을 관아의 吏胥나 奴僕들을 편제하여, 유사시에 수령의 親兵으로 삼도록 한 것. 숙종대부터 편성이 논의되다가, 영조 4년의 戊申亂을 계기로 편성된다. 【용례】'各邑吏奴作隊 實是良法 而乍行旋罷 臣實惜之 各邑守宰 或當變亂 雖欲爲國捍難 旣無手下一兵 其勢末有 今若團束而鍊習 一如束伍之制 則臨急可無渙散之弊 而其有益於捍衛也不少矣 唐之土團卽此也 宜令備局 行關諸道 使之着實擧行好矣.'(『承政院日記』649책, 영조 3년 11월 13일.)

長槍(長鎗) 속오군 편제 장비 중의 하나. 殺手隊의 제5, 제6, 제7, 제8 대원과 隊摠이 사용하는, 殺手隊의 가장 기본이 되는 무기였다. 【용례】'有精神骨力者四名爲第五第六第七第八充長槍手' (『兵學指南』 권2, 營陣正彀, 編兵 제1.)

鎭門聚點 조련이 정지되었을 때에, 각 고을에서 官門聚點하는 것과 같이 각 鎭堡에서 실시하는 것. 僉使등 邊將의 주관 아래 실시되었다. 【용례】'各邑官門聚點 則各鎭邊將鎭門聚點 邑鎭分而爲之.'(『承政院日記』1160책, 英祖 34년 9월 5일.)

哨官 속오군의 단위부대인 哨의 책임자. 1哨는 3~5旗로 구성되었다. 속오군이 '哨軍'이라고도 불린데서, 가장 기본이 되는 단위임을 알 수 있다. 【용례】'每一旗下三隊五隊皆可 五十爲旗也 一哨宜下三旗以至五旗皆可 百人爲哨也 一把總下三哨以至五哨皆可 五百人爲司也.'(『紀效新書』 권1, 束伍篇, 明活法.)

親騎衛 조선후기 함경도에 설치된 특수 병종. 숙종 초반 중국의 三

藩의 난 등으로 위기 상황이 고조된 가운데, 기마병의 부족을 타개하기 위해 설치하였다. 【용례】'大抵別騎衛 卽北道親騎衛之類 乃是別擇待變之武士 軍裝馬匹 所當別爲整飭.'(『備邊司謄錄』82책, 영조 3년 11월 29일.)

頉下 軍案에서 여러 가지 이유로 제외되는 것. 老除나 物故, 逃亡 등이 그 주된 이유가 된다. 조정에서 일정한 대상들을 모두 한꺼번에 제외시키는 경우도 있다. 【용례】'而往者朝家爲慮其一身疊役 良束伍 則使之一倂頉下 其代則以私賤 盡數充定 故爲守令者 卽以疲殘雇工及私奴艱辛充數 良束伍則依朝令一倂頉下 而渠輩烟役 則還復如前 烟役之苦 甚於兼役 故良束伍頉下之類 皆願依前隨行於束伍 而爲其守令者 亦不敢任自處斷矣'(『承政院日記』865책, 영조 13년 12월 17일.)

把摠 속오군의 단위부대인 司의 책임자. 1司는 3~5哨로 구성되었다. 【용례】'凡習陣或調發時 大將傳令各營 營將傳令把摠 把摠以下以此傳令 各率其軍 齊赴信地 不可參差時刻.'(『西厓集』年譜 권2, 萬曆24년 丙申 1월.)

砲手 鳥銃을 주무기로 하는 기술, 혹은 그 기술을 사용하는 병사. 조선후기 三手 기예 중의 하나. 【용례】'且外方監兵使水營及各官 各以人衆多寡 隨便招集 願爲砲手之人 敎習放砲 一依近日訓鍊都監勸奬之規.'(『宣祖實錄』권49, 선조 27년 3월 기묘.)

合操 監司와 兵使가 관할하는 각 營의 군병을 모두, 혹은 일부 모아서 합동으로 조련하는 것. 【용례】'本道軍兵左後兩營 本月二十日會于淸州鎭合操 中右前三營 會于公山鎭 來閏月初三日合操事 已令節度使臣元翻馳啓 依前定日 左後兩營軍兵 合操於淸州鎭.'(『松崖集』續集 권1, 「左後兩營軍兵合操淸州鎭後啓」)

戶首 軍役을 직접 담당하는 元軍. 복무에 대한 대가로 保人(奉足)을 지급받았다. 【용례】 '臣書啓中 束伍奉足輩其戶首有頉 則陞爲其代之請 已蒙朝廷施行 而臣更念各邑束伍中 又有其父與叔父兄爲軍 而子姪與弟爲他人奉足者 其父與叔父及兄或有衰病 則來請爲代 而各邑拘於事目 不敢許云矣 臣更乞朝廷分付本道 若有子弟姪請爲其代者 並皆聽許爲當.'(『老峯集』권11,「嶺南暗行御史復命後承命書啓」)

火器 火藥을 사용하는 병기. 각종 銃類 및 砲類가 이에 해당한다. 【참고】 陳力恒·王景佳 主編, 1988,『軍事知識詞典』, 北京, 國防大學出版社.

火兵 취사병. 속오군의 가장 작은 편제 단위인 隊에 각각 1명씩 포함되었다. 【용례】 擔卽荷擔也 火兵乃炊爨之徒 故但著鋒刃於所荷之木 以防意外之變而已.'(『兵學指南演義』地, 권2, 營陣正敾, 遠近兼授 제5.)

찾아보기

<저자소개>

김우철 金友哲

충남 연기군 출생
고려대학교 사학과 졸업
고려대학교 대학원 석사·박사과정 졸업(문학박사)
공군사관학교 전임강사, 건국대학교·공주대학교 강사
현재 고려대학교 강사

고려사학회 연구총서⑤
朝鮮後期 地方軍制史

2000년 12월 20일   초판인쇄
2001년 1월 5일   초판발행

저   자 : 金 友 哲
발 행 인 : 韓 政 熙
발 행 처 : 景仁文化社
　　　　　서울시 麻浦區 麻浦洞 324 - 3
　　　　　電話 : 718 - 4831~2. 팩스 : 703 - 9711
　　　　　E-mail : kyunginp@chollian.net
　　　　　登錄番號 : 제10 - 18號(1973. 11. 8)

ISBN : 89-499-0111-0 93910   정가 : 15,000원
* 파본 및 훼손된 책은 교환해 드립니다.